"三区三州"旅游大环线 自驾路书

文化和旅游部资源开发司　编著

中国旅游出版社

项目统筹：王　丛
责任编辑：陈　冰
责任印制：冯冬青
封面设计：中文天地

图书在版编目（CIP）数据

"三区三州"旅游大环线自驾路书/文化和旅游部
资源开发司编著 . -- 北京：中国旅游出版社，2020.11
　ISBN 978-7-5032-6561-7

　Ⅰ.①三…　Ⅱ.①文…　Ⅲ.①旅游指南 – 中国　Ⅳ.
① K928.9

中国版本图书馆 CIP 数据核字（2020）第 196245 号

书　　名："三区三州"旅游大环线自驾路书

作　　者：文化和旅游部资源开发司　编著
出版发行：中国旅游出版社
　　　　　（北京静安东里 6 号　邮编：100028）
　　　　　http://www.cttp.net.cn　E-mail: cttp@met.gov.cn
　　　　　营销中心电话：010-57377108，010-57377109
　　　　　读者服务部电话：010-57377151
排　　版：北京中文天地文化艺术有限公司
印　　刷：北京工商事务印刷有限公司
版　　次：2020 年 11 月第 1 版　2020 年 11 月第 1 次印刷
开　　本：880 毫米 × 1230 毫米　1/16
印　　张：12.5
字　　数：424 千
定　　价：88.00 元
ＩＳＢＮ　978-7-5032-6561-7

序言

　　"三区三州"的"三区"是指西藏自治区，青海、四川、甘肃、云南四省的涉藏地区，新疆南疆的和田地区、阿克苏地区、喀什地区、克孜勒苏柯尔克孜自治州四地区；"三州"是指四川的凉山彝族自治州、云南的怒江傈僳族自治州、甘肃的临夏回族自治州。"三区三州"地区是国家层面的深度贫困地区，共有24个市州、209个县，总面积289.97万平方公里，占全国国土面积的30.2%；人口2587万，占全国总人口的1.9%，其中少数民族人口1963.14万，占少数民族人口总量的75.88%。2016年年底，"三区三州"共有建档立卡贫困人口318.54万，占全国贫困人口总量的8.2%，贫困发生率约为16.69%，相当于全国平均水平的3.7倍。"三区三州"地区贫困人口较为集中，自然条件极端恶劣，脱贫攻坚任务最重，是"短板中的短板"，是事关中国能否全面建成小康社会的"关键之地"，是最难啃的"硬骨头"。

　　同时，"三区三州"地区也是壮美自然人文景观和旅游资源富集区之一，80%以上区域位于全球海拔最高、素有"世界屋脊"和"第三极"之称的青藏高原区，是世界级的旅游目的地。为深入

△ 纳木措

贯彻党的十九大精神，全面落实《关于支持深度贫困地区脱贫攻坚的实施意见》，充分挖掘"三区三州"地区旅游资源潜力，不断适应西部地区旅游业转型升级需求，特别是自驾车旅游消费新需求，文化和旅游部于2019年年初策划设计了"三区三州"旅游大环线品牌，并通过组织宣传推介活动、支持成立宣传推广联盟、推动开设专列、开设线上旅游平台专区等方式，全方位、立体化开展宣传推广工作。

为充分发挥旅游大环线对贫困地区的带动作用，引导更多游客走进"三区三州"，文化和旅游部资源开发司指导中国旅游出版社、景域驴妈妈集团、中国旅游车船协会自驾游与露营房车分会等专业力量，策划编撰了《"三区三州"旅游大环线自驾路书》，吸引更多的旅游爱好者前往"三区三州"一览当地美景，同时带动沿线更多贫困地区和贫困人口通过参与旅游发展实现脱贫致富。

《"三区三州"旅游大环线自驾路书》覆盖"三区三州"绝大部分地区，书中设计了48条自驾线路，分别是：西藏六市一区（拉萨市、昌都市、林芝市、山南市、那曲市、日喀则市、阿里地区）14条线路；青海六地州（海北藏族自治州、海南藏族自治州、黄南藏族自治州、玉树藏族自治州、果洛藏族自治州、海西蒙古族藏族自治州）12条线路；甘肃甘南藏族自治州2条线路；甘肃临夏回族自治州2条线路；四川两地州（甘孜藏族自治州、阿坝藏族羌族自治州）4条线路；四川凉山彝族自治州2条线路；云南迪庆藏族自治州2条线路；新疆和田地区、阿克苏地区、喀什地区、克孜勒苏柯尔克孜自治州各2条线路；云南怒江傈僳族自治州2条线路。

在自驾线路中，我们还穿插了全国乡村旅游重点村（全国乡村旅游扶贫重点村），推介当地特色旅游资源和旅游商品，为自驾游客提供优质丰富的产品供给和线路选择，聚焦重点乡村、实现精准扶贫。

△ 翡翠湖

目录 CONTENTS

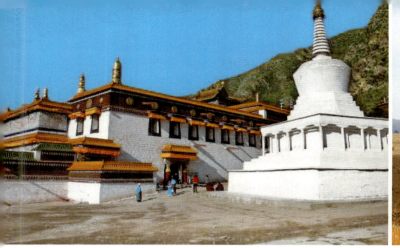

世界文化遗产与
世界自然遗产

「三区三州」沿线

九寨沟五花海

翡翠湖

世界文化遗产

布达拉宫

高高的红山上，垒砌着这座气势雄浑的藏式宫殿，最初是松赞干布为迎接文成公主修建，而后成为历代达赖的冬宫居所。这个建于 7 世纪的宫殿群是当今世界上海拔最高、规模最大的宫殿式建筑群，收藏着极为丰富的文物和手工艺品，每一座殿堂的四壁和走廊里，大多可以看到壁画。

大昭寺

大昭寺始建于唐贞观二十一年（647），是藏王松赞干布为纪念尺尊公主入藏而建的。藏语名"热萨"，"拉萨"得名也是因为大昭寺藏语谐音。大昭寺供奉文成公主进藏带去的 12 岁释迦牟尼等身像，极具历史意义。以大昭寺辐射周边成就了世界著名的"八廓街"。

罗布林卡

在政教合一的时代，罗布林卡是达赖喇嘛在夏天处理政事的地方。中华人民共和国成立后经过修缮，面貌一新。里面有苍松翠柏等树木 49 种，有牡丹、芍药等名花异草 62 种，飞禽走兽各类动物 15 种。

△ 布达拉宫

△ 大昭寺

丝绸之路

从张骞出使西域开始，这条路就成了中国连接世界的纽带。从汉朝开始，到唐代丝绸之路达到了鼎盛。到了明清时期，这条路因为闭关锁国慢慢地没落，但是这条纽带让世界知道了东方文明。

△ 嘉峪关

长城

从西周开始修筑长城到秦始皇修建抵御整个匈奴的长城，最后到明长城，经历了 2000 多年的风霜，涵盖中国 15 个省、市、自治区，最长的时候长城超过了 1 万公里。在"三区三州"留下的长城是以汉长城和明长城为主的长城遗迹。

世界自然遗产

黄龙

位于四川阿坝州松潘县，平均海拔 4000 米，以彩池、雪山、峡谷、森林"四绝"著称于世，享有"世界奇观""人间瑶池"的美誉。以钙华池为主的景色为全球独有。

△ 世界自然遗产——黄龙

△ 九寨沟

△ 九寨沟五花海

九寨沟

　　九寨归来不看水，是对九寨沟景色真实的诠释。泉、瀑、河、滩，108 个海子构成一个个五彩斑斓的瑶池玉盆。长海、剑岩、诺日朗、树正、扎如、黑海六大景观，呈 "Y" 形分布。翠海、叠瀑、彩林、雪峰、藏情、蓝冰，被称为 "六绝"。神奇的九寨，被世人誉为 "童话世界"，号称 "水景之王"。

四川大熊猫栖息地

　　四川大熊猫栖息地包括卧龙、四姑娘山和夹金山脉，地跨成都市、雅安市、阿坝藏族羌族自治州、甘孜藏族自治州。四川大熊猫栖息地拥有丰富的植被种类，是全球最大、最完整的大熊猫栖息地。全球 30% 以上的野生大熊猫栖息于此。另外，这里也是小熊猫、雪豹及云豹等濒危物种栖息的地方。

新疆天山

　　天山山脉是全球 7 大山系之一，天山把新疆划分为南疆和北疆。总长度达到 1760 公里。天山拥有得天独厚的旅游资源，天山天池、巴音布鲁克草原、独库公路成了天山的代名词。

三江并流

　　澜沧江、怒江、金沙江共同在云南境内奔流，因此称为三江并流，跨越了云南省丽江市、迪庆藏族自治州、怒江傈僳族自治州三个地州。形成江水并流不交汇的世界奇景。

△ 怒江老虎跳

48条自驾线路

『三区三州』沿线

塔克拉玛干沙漠

No.1 遇见稻城亚丁，从你的全世界路过

川西醉美线，蓝色星球上最后一片净土

【手绘线路图】

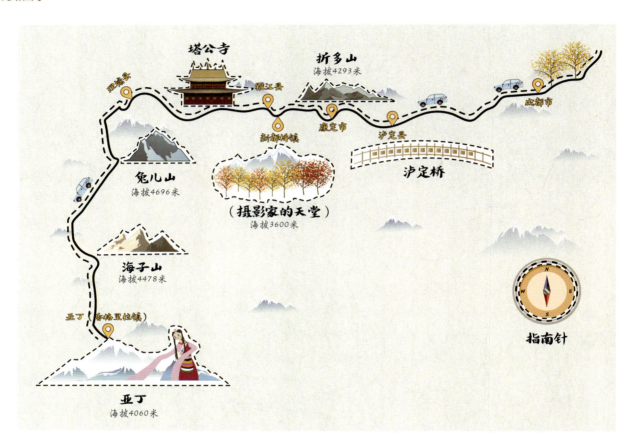

【线路概况】

这条线路由成都一路向西，从 G318 国道开始，是川藏线四川段，同时也是川藏最美的风景之一，全程经过康定、新都桥、理塘抵达稻城，沿途风景优美，有众多世界级的风景，有康巴地区举足轻重的寺庙"塔公寺"、犹如天梯的"天路十八弯——剪子弯山"、众多湖泊组成的"海子山"、蜀山之王"贡嘎雪山"，路上会有高山峡谷、草原和湖泊。还有世界第一高民用机场"亚丁机场"、世界第三高民用机场"康定机场"、中国革命的转折点"泸定桥"。这条线路集合了高原的美、高原的俊。用一里一幅画、一步一个景来形容再贴切不过。

【非遗体验】

这条线路上的非物质文化遗产很多，有康定的"四月八"转山会，理塘的千里藏寨、藏戏、锅庄和赛马会，稻城亚丁的乡城白藏房、阿西土陶。

【土特产】

泸定核桃、康定雪域人参果、康定雪茶、康定贝母鸡、高原独有野生雪鱼、雅江的松茸和高原的虫草。

【行程规划】

> **线路：**成都—新都桥—亚丁—稻城—雅江—成都
>
> **总里程：**1700 公里
>
> **推荐时长：**5 天

DAY1 **成都—磨西古镇—新都桥**
（行驶里程 420 公里）

早晨驱车上成雅高速，雅安转雅泸高速到达泸定下高速，前往磨西镇柏秧坪村浏览用午餐，午餐后前往参观泸定桥，感受大渡河的磅礴大气。随后沿着 G318 国道前往康定，之后翻越折多山抵达新都桥。

➦ **路况：**全程路况较好，大部分是高速，国道为一级路面。

1. 成都市区施行尾号限行规定，请车友务必了解。

2. 成雅高速、雅康高速均为两车道高速，请车友务必小心谨慎。

3. 雅康高速隧道较多，均限速 80 公里 / 小时，且大部分有区间测速，雅康高速属于山区高速，弯道较多。

4. 康定下高速后进入 G318 国道车流量较大，

△ 前往香格里拉的观景大道

请车友务必小心，折多山弯路窄、车流量大。

5.折多山下山到新都桥限速70公里／小时，沿途流动测速。

海拔情况

泸定县城：1321米；康定县城：2450米；折多山垭口：4293米；新都桥：3600米。

温馨提示：在翻越垭口的时候尽量不要打开车窗，保持车内温度和气压，预防高原反应。

沿途特色景区

大渡河——蜿蜒于大雪山、小相岭与夹金山、二郎山、大相岭之间，地势险峻。

泸定桥——中国工农红军在长征途中"飞夺泸定桥"，使之成为中国共产党重要的历史纪念地。

康定——情歌的故乡、茶马互市的重镇、锅庄文化的发祥地；这里风光迷人，歌声醉天下。

折多山——川藏第一关，拥有全球海拔第三的康定机场，能远眺蜀山之王贡嘎雪山。

全国乡村旅游重点村（或全国乡村旅游扶贫重点村）

★**磨西镇柏秧坪村**——拥有中国顶级温泉资源，推荐来这里泡贡嘎神汤。

★**甲根坝木雅村**——曾是茶马古道的重要通道和驿站，以高山草甸、雪山、钙华滩（池）和木雅文化著称。

旅行锦囊

加油站：

1.雅康高速只有天全服务区和泸定服务区开放，有95#和92#汽油以及0#号柴油供应（中国石化）。

2.康定东关加油站，下高速进入康定市区牌坊的左边，有95#和92#汽油以及0#号柴油供应（中国石油）。

3.瓦泽加油站有92#汽油以及0#号柴油供应（中国石油）。

4.新都桥加油站有95#和92#汽油以及0#号柴油供应（中国石油）。

餐饮推荐

雅安：各类雅鱼庄。

泸定：泸定桥边有很多特色美食。

康定：牛肉汤、牛杂汤。

DAY2 **新都桥—理塘—香格里拉镇**（行驶里程420公里）

由新都桥出发继续向西雅行，途经理塘更登亚批村继续前往稻城，沿途绝美风景让你目不暇接，舒适的路况让你体验驾驭的快感。沿途翻越6座大山抵达香格里拉镇。

路况：全程路况都是国道一级路面。

1.高尔寺山下山为梯级桥宜，弯道较大请谨慎驾驶，注意刹车，不要长时间踩住刹车，防止刹车片发烫增加制动距离。

2.上剪子弯山的路犹如天梯，弯道较多，切忌弯道超车，停车拍照一定停进停车区。

3.卡子拉山沿山脊，在行驶路边有悬崖，请放慢车速行驶。

4.高尔寺山隧道、剪子弯山隧道、理塘隧道限速30公里／小时。

5.理塘前往稻城路面宽敞，路况较好，但是山路请按限速行驶。

6.波瓦山下山往香格里拉镇限速70公里／

△ 剪子弯山天路18弯

△ 新都桥镇

△ 海子山兴伊措景区

△ 冲古草甸和夏诺多吉神山

小时，且全是下坡，请保持车速。

◆ 海拔情况

雅江县城：2530 米；理塘县城：4014 米；稻城县城：3750 米；高尔寺山垭口：4412 米；剪子弯山：4569 米；卡子拉山：4792 米；兔儿山 4696 米；海子山：4478 米；波瓦山：4695 米。

温馨提示： 在翻越垭口的时候尽量不要打开车窗，保持车内温度和气压预防高原反应。

◆ 沿途特色景区

塔公寺——康巴地区地位最高的寺庙之一，拥有上千年的释迦牟尼等身像。

熊宗卡——在云端俯瞰高原草甸、森林峡谷的绝佳美景。

乱石公园——各种乱石中还有很多湖泊夹杂。

各个山垭口——无限风光在险峰，在垭口能感受到高原壮美。

◆ 全国乡村旅游重点村（或全国乡村旅游扶贫重点村）

★ **理塘更登亚批村**——这里有理塘县新村赛马场，每年 7 月底 8 月初会在这里举办八一国际赛马节。

★ **稻城县吉乙一村**——紧邻 S217 省道，有红草地等自然风光。

◆ 旅行锦囊

加油站：

1. 雅江县城出入口各 1 个加油站，有 95# 和 92# 汽油以及 0# 号柴油供应（中国石油）。

2. 理塘县城口更登亚批村有一较大的加油站

属私人加油站，中国石油在理塘县城中央。

3. 稻城县加油站在尊胜塔林入口也是稻城县路边，有 92# 汽油以及 0# 号柴油供应（中国石油），建议在稻城县县城加满油前往香格里拉镇。

4. 自驾营地与酒店：318 自驾游营地、华美达安可、亚丁智选、日松贡布。

◆ 餐饮推荐

理塘：大河边高原雪鱼。

稻城：丽江红火塘、松茸炖鸡。

DAY3 **稻城亚丁一香格里拉镇**

由酒店出发前往稻城亚丁风景区门口转乘景区观光车前往亚丁风景区。景区可以游览一天时间，各位可提前备好干粮。

◆ 海拔情况

仙乃日观景台：4080 米；牛奶海：4600 米；五色海：4700 米。

温馨提示： 亚丁风景区海拔较高，请携带补水和甜食，景区内有泡面售卖，尽量自己带食品前往景区，并准备好垃圾袋。

建议线路：

• 线路一：亚丁村（海拔 4060 米）—扎灌崩（海拔 3800 米）—冲古寺（海拔 3900 米）—卓玛拉措（海拔 4080 米）。

• 线路二：亚丁村（海拔 4060 米）—扎灌崩（海拔 3800 米）—冲古寺（海拔 3900 米）—洛绒牛场（海拔 4180 米）—牛奶海（海拔 4600 米）—五色海（海拔 4700 米）。因为时间有限，建议游览第一条线路后返回。景区内严禁吸烟。

◆ 餐饮推荐

稻城：丽江红火塘、松茸炖鸡。

DAY4 **香格里拉镇一雅江县**
（行驶里程 340 公里）

早餐后驾车前往稻城、理塘，然后前往雅江县朝拜尊胜塔林，转白塔对于藏族人来说，不仅仅是自己的美好祈愿，更多的则是为家人保平安、祈福吉祥如意、家庭成员幸福健康的膜拜。

◆ 路况： 全程路况为国道一级路面。

1. 高尔寺山下山为梯级桥面，弯道较大请谨慎驾驶，注意刹车，不要长时间踩住刹车，防止刹车片发烫增加制动距离。

2. 上剪子弯山的路犹如天梯，弯道较多，切忌弯道超车，停车拍照一定停进停车区。

3. 卡子拉山沿山脊，在行驶路边有悬崖，请放慢车速行驶。

4. 高尔寺山隧道、剪子弯山隧道、理塘隧道限速 30 公里 / 小时。

◆ 海拔情况

雅江县城：2530 米；理塘县城：4014 米；稻城县城：3750 米；高尔寺山垭口：4412 米；剪子弯山：4569 米；卡子拉山：4792 米；兔儿山 4696 米；海子山：4478 米；波瓦山：4695 米。

温馨提示： 在翻越垭口的时候尽量不要打开车窗，保持车内温度和气压预防高原反应。

◆ 全国乡村旅游重点村（或全国乡村旅游扶贫重点村）

★ **西俄洛镇杰珠村**——被誉为孕育"康巴

△ 央迈勇神山

△ 卓玛拉措和仙乃日神山

汉子"的故乡，村里康巴汉子个个身材魁梧，雄姿英发。

★**祝桑乡奔达村**——特产有大芋头、南美梨、奇异果、生菜、葡萄、通菜、蕹菜和透明包菜。

❯ **旅行锦囊**

加油站：

1. 雅江县城出入口各1个加油站，有95#和92#汽油以及0#号柴油供应（中国石油）。

2. 理塘县城口有一较大的加油站属私人加油站，中国石油在理塘县城中央。

3. 稻城县加油站在尊胜塔林入口，也是稻城县路边，有92#汽油以及0#号柴油供应（中国石油）。

❯ **餐饮推荐**

理塘：大河边高原雪鱼。

雅江：松茸炖鸡、松茸炒腊肉。

❯ **DAY5**　**雅江—成都**（行驶里程480公里）

早餐后继续沿国道318返程，可以前往墨石公园，感受来自大自然的魅力，沿途风景可能与来时的风景又不相同，虽然是同一条路，但是高原一日有四季，同一条路的返回也能感受不同的天气。

❯ **全国乡村旅游重点村（或全国乡村旅游扶贫重点村）**

★**呷巴乡铁索村**——自然风光秀丽，有特色地方民宿，是徒步爱好者的好去处。

★**芦山龙门乡隆兴村**——这里有原生态蔬菜种植基地。

❯ **餐饮推荐**

天全县：桥头墨抄手。

成都市：火锅、川菜。

来自一个自驾旅游狂－风景发烧友的友情提示：

1. 高原风光好，但是日照强烈，空气干燥，昼夜温差大，所以要准备遮阳帽、墨镜、防晒衣、单衣、冲锋衣外套、唇膏、面霜。

2. 携带一点感冒药、止泻药等家居常备药品，以备出门在外的不时之需。

3. 进入高原前尽量不要感冒，放松心态，不要心里紧张害怕高原反应。

4. 准备一双舒适的运动鞋或休闲鞋，防水的。

5. 出发前一定要全方位检查车辆。

△ 亚丁村观景台

No.2 色达秘境，川藏北线穿越

丝路甘孜，康藏秘境

【手绘线路图】

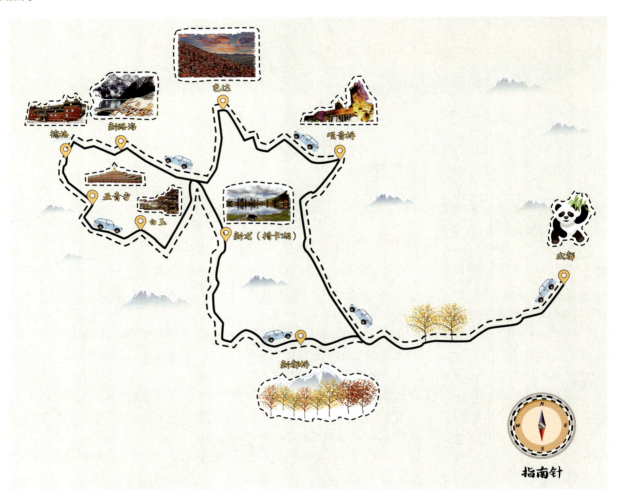

指南针

【线路概况】

G317 国道上美丽的风景、悠久的文化都会吸引你。此地虽路况复杂，但景色更为醉人。盘旋的山路与壮阔的山河交融后会放大内心的满足感，这种满足会让你暂时忘记高原反应，滋生出继续前行的决心。"汶川地震遗址""毕棚沟""米亚罗""西索民居""卡萨湖""五明佛学院""玉隆拉措""德格印经院""亚青寺""措卡湖"……这条线路可带你一网打尽高原应有的美景。

【非遗体验】

这条线路上的非物质文化遗产众多，桃坪羌寨的多声部羌乐、羌秀；炉霍的"石棺文化"；色达的"天葬"；德格的"格萨尔王文化""木刻雕版""手抄经书"等。

【土特产】

汶川车厘子、理县樱桃、高原特产野生食用菌、中药材、虫草松茸酒、山野菜、牦牛肉、羊肚菌、牛肝菌、虎掌菌等。

【行程规划】

线路： 成都—马尔康—色达—德格—白玉—新龙—康定—成都

总里程： 1800 公里

推荐时长： 6 天

DAY1 成都—理县—观音桥镇
（行驶里程 420 公里）

早晨驱车上成灌高速，都江堰转都汶高速到达汶川下高速，前往理县桃坪镇游览用午餐。午餐后前往参观桃坪羌寨，感受古羌文化。随后沿着 317 国道前往马尔康，之后前往卓克基镇纳足村游览，之后返回马尔康继续往西前往观音桥镇。

路况： 全程路况较好，大部分道路为高速路面，其余道路为国道路面。

1. 成都市区施行尾号限行规定，请车友务必了解。

2. 都汶高速车道较窄且限速 80 ~ 100 公里 / 小时，请车友务必小心谨慎。

△ 措卡湖

中国航油汶川加油站、中国石化羊角登加油站、中国石油理县桃坪加油站、中国石油理县加油站、中国石化理县加油站、中国石油八角碉藏寨加油站、中国航油马尔康中信加油站、中国石油马尔康加油站、中国石油观音桥加油站等。

❯ 餐饮推荐：

汶川：各类鱼生、豆腐庄。

理县：藏式土火锅、野山鲜、腊肉、野山菌等。

马尔康：牦牛肉汤锅、菌汤锅等。

---

3. 汶马高速途中部分路段会根据道路情况设立管制点，需要下高速后走一段国道再上高速继续行驶，请谨慎驾驶，控制车速。

4. 国道317沿途限速60~70公里/小时，村庄道路限速30~40公里/小时，沿途流动测速较多，请谨慎驾驶。

❯ 海拔情况

泸定县城：1326米；理县县城：1888米；鹧鸪山垭口：4185米；观音桥：2677米。

温馨提示： 在翻越垭口的时候尽量不要打开车窗，保持车内温度和气压预防高原反应。

❯ 沿途特色景区

桃坪羌寨——羌寨碉楼，这里还有多声部羌乐、传统技艺羌绣。

毕棚沟——奇石和冰川颇为出名，与米亚罗景区相连，适合徒步参观。

卓克基官寨——传统四合院的石碉城堡，嘉绒藏屋的平整风格与汉式回廊的结合。

古尔沟温泉——古尔沟神峰下，温泉池众多，每年深秋，红叶彩林配温泉，乃此条线路的标配之一。

❯ 全国乡村旅游重点村（或全国乡村旅游扶贫重点村）

★古尔沟镇小沟村——温泉资源丰富，并新开多家特色农家乐，推荐来这里泡温泉、赏红叶。

梭磨乡木尔溪村——地处梭磨河峡谷地带，两岸石壁峻峭，植被丰富，景色宜人，梭磨河大峡谷有三大著名景观：杜鹃如霞、秋林如屏、悬冰流珠。

❯ 旅行锦囊

加油站：

1. 都汶高速只有绵虒服务区开放有95#和92#汽油以及0#号柴油供应（此加油站排队加油情况很常见，建议出行前提前补满油料，以免耽误行程）。

2. 沿途加油站较多，基本每隔20公里左右都有加油站，但目前汶马高速暂未开放服务区，所以如果要补油，同样需要先下高速加油，再上高速，这些加油站分别是：

DAY2 观音桥—色达
（行驶里程200公里）

由观音桥出发继续向正途经翁达后，再经旭日乡旭日村继续前往色达，沿途绝美风景让你目不暇接，新修好道路跨让你体验驾驭的快感。之后抵达色达。

❯ 路况： 全程路况都是三级国道路面。

1. 从观音桥往炉霍方向沿317国道行驶120公里，岔口右侧的翁达镇（色尔坝）便是通往色达的大门，全程路况良好，限速60~70公里/小时。

2. 沿途道路均为铺装路面，路况良好，但是部分弯道处有限速40公里/小时的流动测速，请谨慎驾驶。

3. 沿途进入村庄均有测速拍照，村庄内限速40公里/小时，切勿超速。

❯ 海拔情况

色达县城：3800米；五明佛学院：3765米；天葬台：4010米。

温馨提示： 色达海拔较高，入住酒店后建议打开门窗通风，户外活动时请缓步慢行，不要做剧烈运动，避免高原反应。

△ 色达

△ 德格印经院

△ 桃坪羌寨

△ 五明佛学院

◆ 沿途特色景区

五明佛学院——每天早晨喇嘛们都会聚集于此，研习佛法，位于佛学院制高点的大幻化网坛城金碧辉煌。

天葬台——康区唯一能观赏天葬仪式的地方，每天 13:00 ~ 14:00 会有大批游客聚集于此，但整个天葬仪式禁止拍照。

色色路——宁玛派的朝圣路（548 国道），这 65 公里的路段风景如画。

◆ 全国乡村旅游重点村（或全国乡村旅游扶贫重点村）

★旭日乡旭日村——这里依山傍水，物产丰富，主要农产品有：沙果、韭菜、莲藕、茄子等。

◆ 旅行锦囊

加油站：

1. 观音桥出城 20 公里有中国石油雅西加油站（有 92#、95# 汽油以及 0# 号柴油供应）。

2. 中国石油雅西加油站向西继续行驶约 20 公里，有昆仑石油加油站（有 92#、95# 汽油以及 0# 号柴油供应，但 95# 汽油油枪偶尔会存在缺油情况）。

3. 昆仑石油加油站继续沿 317 国道行驶 15 公里左右，翁达镇上有色尔坝加油站（有 92#、95# 汽油以及 0# 号柴油供应，但 95# 汽油油枪偶尔会存在缺油情况）。

4. 色达县城加油站较多，但建议选择进入县城后在国道 548 右侧的中国石油色达金马加油站加油（有 92#、95# 汽油以及 0# 号柴油供应，但 95# 汽油油枪偶尔会存在缺油情况）。

5. 酒店：色达酒店选择较多，但是条件都较一般，且偶尔会出现停水停电情况。

◆ 餐饮推荐

色达：色达地理位置偏远，且海拔较高，建议选用汤锅或火锅类餐厅。

DAY3　色达—甘孜—德格
（行驶里程 350 公里）

由色达出发，经甘孜县来马镇觉日村、马尼干戈前往德格，马尼干戈从古到今都是一个驿站，东连四川盆地，西北可达青海玉树，西南去往西藏拉萨，历史上是茶马古道的重镇。继续沿着国道 317 前行，游览被誉为九天瑶池的玉隆拉措。之后穿越雀儿山隧道到达德格县，随后参观德格印经院后入住酒店。

◆ 路况：全程国道（铺装路面），路况较好。

1. 从色达出城往南行驶，路况较好，均为铺装路面。

2. 进入甘孜后，便能远眺雀儿山雪山，驾车行驶 95 公里即可到达马尼干戈。路上常有牦牛出没，需谨慎行车，避免不必要的损失。

3. 马尼干戈到德格 100 公里，需 2 小时。新贯通的雀儿山隧道是长达 7078 米的下坡隧道，限速 40 公里 / 小时，请提前控制车速，避免长时间持续使用刹车。

◆ 海拔情况

甘孜县城：3350 米；马尼干戈：4180 米；玉隆拉措：4040 米；德格县城：3250 米；德格印经院：3794 米。

温馨提示： 当天行程海拔普遍较高，户外活动时切记不要剧烈运动且需注意防晒，进入德格县城后道路较窄，且车辆行人较多，需谨慎驾驶。

◆ 特色景区

1. 玉隆拉措：在雀儿山雪山的映衬下碧波荡漾。

2. 德格印经院：超过 30 余万块木刻雕版及手抄经书藏于印经院的 3 层，其中不乏绝世孤本。

◆ 全国乡村旅游重点村（或全国乡村旅游扶贫重点村）

★来马镇觉日村——这里离县城不远，大力发展农牧业以及奶牛养殖业。

◆ 旅游锦囊

加油站：

1. 甘孜县城加油站较多，推荐进入县城前的国道 317 右侧的中石化农机加油站及县城内的中国石油加油站（有 92#、95# 汽油以及 0# 号柴油供应）。

2. 从甘孜县到马尼干戈，沿途加油站较少，且均为私人加油站，虽然 92#、95# 汽油及 0# 柴油等各标号油料均有，但品质不能保证，不建议选择。

3. 德格县城内有中国石油德格加油站（有 92#、95# 汽油以及 0# 号柴油供应）。

◆ 餐饮推荐

德格：高山虎掌菌、羊肚菌。

DAY4　德格—白玉—亚青寺
（行驶里程 280 公里）

驱车前往白玉、亚青寺，从德格到白玉途中，风景绚丽。在莫拉群峰间蜿蜒前行，到白玉后经近年大热的甘白路，湛蓝的拉龙措在阳光下光芒闪耀，之后抵达亚青寺。

◆ 路况：全程路况为国道二级路面。

1. 从德格出城经 317 国道行驶 25 公里转入 215 国道，路况良好。

2. 进入 215 国道（岗白路）后，均为铺装

△ 新路海——玉隆拉措

△ 亚青寺

路面，但弯道较多，且部分弯道盲区较大，注意谨慎驾驶。

3. 经 215 国道继续行驶 70 公里之后转入 455 省道（甘白路），欣赏 120 公里的绚丽风景，道路较好，且车辆较少。

> **海拔情况：**

白玉县城：3000 米；亚青寺：3900 米。

温馨提示： 欣赏沿途风景的同时，注意控制车速，弯道提前减速慢行。

> **沿途特色景区**

白玉寺——寺院规模宏大，风格独特，雄伟壮观。主要建筑有经堂七座、佛殿三座、灵塔三座、大型转经房八座及僧舍等。

亚青寺——始建于 1985 年，建在四面环山的草原湿地上，有数千间信徒居住的小木屋，纵横交错的河流包围了整个寺庙的建筑群，每当清晨或黄昏，诵经声随风远远传来，动人心弦。

> **旅行锦囊**

加油站：

1. 德格出县城 5 公里处，有德格中石油加油站（有 92#、95# 汽油以及 0# 号柴油供应）。

2. 从德格到白玉沿线加油站较少，且常有油料供给不足，抵达白玉县城后有白玉中石油加油站（有 92#、95# 汽油以及 0# 号柴油供应）。

3. 从白玉到亚青寺途中，仅抵达亚青寺前阿察乡有中石油加油站（有 92#、95# 汽油以及 0# 号柴油供应）。

> **餐饮推荐**

白玉：白玉松茸、白玉肉冻。

> **高原提示**

1. 当天应该都适应了高原，可以洗澡、洗头，不建议饮酒。

2. 切忌剧烈运动，高原地区温差较大，应及时添加衣物防止感冒。

DAY5 **亚青寺—新龙—雅江** （行驶里程 380 公里）

早餐后继续向东南返程，可以前往新龙措卡湖，途经麻日乡麦坝村感受来自大自然的魅力，沿途风景可能与来时的风景又不相同，虽然是同一区域但是高原一日有四季，沿途的风景依然优美，之后抵达雅江入住酒店。

> **路况：** 全程铺装路面为主，有少许碎石路段，但路程均不长，碎石路段请减速慢行，以预防爆胎情况出现。

> **海拔情况**

新龙县：3200 米；雅江县：2650 米。

温馨提示： 当天沿途及住宿海拔均较低。

> **沿途特色景区**

措卡湖——被誉为"人间仙境，九天瑶池"。措卡湖在当地称赞多措那玛，藏语意为乱石丛中的黑色海水，是一个淡水湖泊，湖面面积约 3 平方公里，措卡意为"绿宝石"。

> **全国乡村旅游重点村（或全国乡村旅游扶贫重点村）**

★ **麻日乡麦坝村**——风景宜人，毗邻措卡湖景区，特色农产品有：杨桃、小胡萝卜、木瓜和芦笋等。

> **旅行锦囊**

加油站：

1. 抵达新龙县城后有中国石油新龙加油站（有 92#、95# 汽油以及 0# 号柴油供应）。

2. 从新龙到雅江途中加油站较少，建议抵达雅江后再进行补油，县城内有中国石油

雅江加油站（有 92#、95# 汽油以及 0# 号柴油供应）。

> **餐饮推荐**

新龙：新龙香猪腿、坨坨肉、圆根萝卜。

雅江：雅江松茸、芋儿烧鸡、雅江野生菌。

DAY6 **雅江—康定—成都** （行驶里程 400 公里）

早餐后经新都桥、折多山、康定返回成都，结束此次愉快而充实的旅行。途经祝桑乡奔达村，抵达新都桥，翻越折多山后抵达康定，上雅康高速转或无高速抵达成都。

> **路况：** 全程路面较好，雅江到康定为铺装路面，康定到成都为高速公路。

> **海拔情况**

折多山：4298 米；康定：2560 米。

> **沿途特色景区**

折多山——是康巴第一关。折多山又是重要的地理分界线，西面为高原隆起地带，有雅砻江，右为高山峡谷地带，有大渡河。

全国乡村旅游重点村（或全国乡村旅游扶贫重点村）

★ **祝桑乡奔达村**——距离县城 87 公里，面积广阔，在当地适合种菜生长，现大力发展蔬菜大棚种植，主要农作物还有萝卜、白菜、番茄等。

> **旅行锦囊**

加油站：

沿途加油站较多，且补给配套完善（有 92#、95# 汽油以及 0# 号柴油供应）。

> **餐饮推荐**

康定：康定牦牛肉、雪域人参果、麦秋熏牛肉等。

No.3 热恋九黄，打马驰骋

邂逅世界自然遗产，赏顶级美景

【手绘线路图】

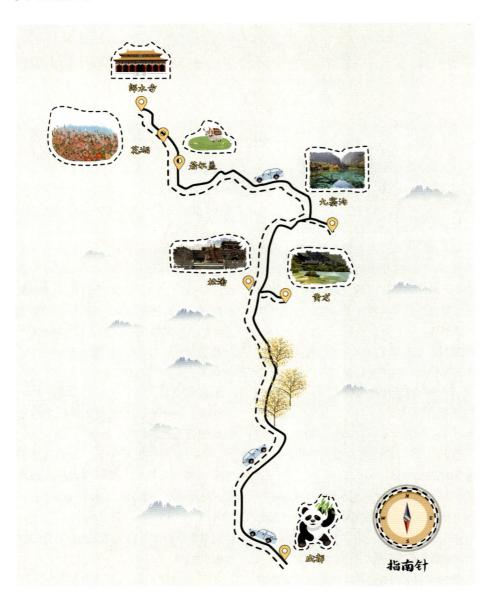

在四川与甘肃交界的地方，一个安静又风格独特的小镇上还有一座历经千年的寺庙郎木寺。沿途可谓风光迷人眼，十里景不同。

【非遗体验】

这条线路上的非物质文化遗产很多，例如藏族的唐卡、藏族的祥巴、藏文书法、藏香制作工艺、藏医药、茂县的羌绣等都是世界级的非物质文化遗产。

【土特产】

茂汶樱桃、车厘子、羌绣、枇杷、苹果、花椒，松潘贝母、虫草，黄龙香菇，若尔盖河曲马、牦牛、藏绵羊等。

【行程规划】

> **线路：**成都—汶川—茂县—松潘—黄龙—川主寺—九寨沟—若尔盖—郎木寺—若尔盖—成都
>
> **总里程：** 1400 公里
>
> **推荐时长：** 6 天

DAY1 成都—汶川—金波村—茂县—腊普村—松潘
（行驶里程 330 公里）

早晨驱车上成灌高速，经都江堰转都汶高速，至汶川到茂县，沿途可见浓郁的羌族村寨，午餐后继续一路沿着岷江行驶，到达叠溪海子欣赏美丽的地震堰塞湖风光，傍晚抵达千年军事重镇松潘入住酒店，随后参观巍峨的古城城墙。

▶ **路况：**全程路况较好，其中小部分是高速，其余为国家二级道路。

1. 成灌高速、都汶高速是进入川西一条车流量巨大的高速，请注意观察，安全驾驶。
2. 成灌高速限速120公里/小时，车速较快。
3. 都汶高速限速100公里/小时，个别路

【线路概况】

这是一条经典的川西线路，同时也是四川历年来主打的旅游线路。尤其是在繁花盛开的夏季，全程经过汶川、茂县、松潘到达九寨，随后再继续前往黄龙、若尔盖大草原、郎木寺再返回成都。从天府之国的成都出发，经过享誉世界的都江堰，跨紫坪铺水库正式进入川西，2008年那一场惊天动地的地震到今天也只留下了些许痕迹，过汶川之后，到达羌族聚居地茂县，巍峨的古羌城绵延在城边的高山上护佑着这一方土地，握紧方向盘，一座座风格鲜明的羌寨藏寨从眼前略过，穿行在岷江的河谷之中，美丽的叠溪海子偶然出现在眼前，不久之后经过古老的松州古城、川主寺到达美誉全球的世界级自然遗产——九寨、黄龙，而作为中国的第三大湿地的若尔盖大草原也在随后出现，

△ 翠海

保护研究中心卧龙神树坪基地，属于世界自然遗产地大熊猫栖息地范围。

★**永和乡腊音村**——茂县永和乡腊普村地处高半山区，为羌族聚居区，村民主要经济来源有花椒、反季节蔬菜、水果等。这里每年还会举行传统水龙节。

❯ **旅行锦囊**

加油站：

1. 都汶高速绵虒服务区有98#、95#和92#汽油以及0#号柴油供应（中国石油）。

2. 汶川、茂县、松潘县城均有中国石油及中国石化加油站，有95#与92#汽油以及0#号柴油供应（中国石油）。

❯ **餐饮推荐**

茂县：羌家九大碗等特色羌族美食。

松潘：牦牛肉、菌汤锅、清真美食。

段限速 80 公里 / 小时，所有隧道均限速 60 公里 / 小时，请注意控制好车速。

4. 从汶川至松潘都为国道 213，限速 60 ~ 70 公里 / 小时，村镇限速 30 ~ 40 公里 / 小时，弯道较多，车流量巨大。沿途大型货车及大型客车较多。

❯ **海拔情况**

茂县县城：1581 米；松潘县城：2851 米。

温馨提示： 沿途山体植被较少，时有落石，请注意观察，谨慎驾驶。

❯ **沿途特色景区**

紫坪铺水库——紫坪铺镇紧邻世界遗产都江堰，又是秦国蜀郡郡守李冰修筑的松茂古道通往西山娘子巅的唯一通道。

映秀地震遗址——这里矗立着一块写着 "5.12 震中映秀" 几个大字的巨大石头，几个大字格外醒目。这块巨石是地震时山体崩裂滚下来的，如今成为震中映秀的标志性路碑。

古羌城——地处岷江西岸金龟包、银龟包之间，坐西朝东，背靠水西，脚抵岷江，面向九鼎圣山，头枕蓝天白云，庄严雄伟，气势恢宏。

叠溪海子——叠溪，一个曾被毁灭的小城。灾难降临的那一天，一场地震掩埋了一座城，折断了一条江，但也留下一份补偿。不久，幸存下来的人发现了这一串高原堰塞湖。也就是如今的 "叠溪海子"。

松州（松潘）古城——被称作 "川西门户"，古为用兵之地。至今，巍峨的城墙依旧屹立着。

❯ **全国乡村旅游重点村（或全国乡村旅游扶贫重点村）**

★**绵虒镇金波村**——地处草坡自然保护区，紧靠位于汶川卧龙特区的中国大熊猫

DAY2 **松潘—俄寨村—黄龙—三舍驿村—川主寺**（行驶里程 63 公里）

早餐后途经川主寺，穿雪山梁隧道抵达有 "人间瑶池" 之称的黄龙风景区，景区可徒步或者乘坐索道，黄龙海拔较高，可根据自己的体力量力而行，最高可步行到黄龙寺，值得一提的是黄龙寺旁的五彩池，无数个大大小小的池子像是装满五彩颜料的调色盘。在阳光下光彩夺目，摄人心魄。沿途还能欣赏迎宾池、飞瀑流辉、洗身洞、盆景池、黄龙寺等。游览结束后回到川主寺入住酒店。

❯ **路况：** 全程路况都是省级二级路面。

雪宝顶海拔较高，公路沿山脊，在行驶路边有悬崖请放慢车速行驶。

❯ **海拔情况**

川主寺镇：2380 米；黄龙景区大门：3070 米

△ 世界自然遗产——黄龙

△ 九寨沟五花海

△ 黄龙

△ 黄龙钙华池

（景点最高处 3900 米）；雪宝顶：5000 米。

温馨提示： 在翻越垭口的时候尽量不要打开车窗，保持车内温度和气压预防高原反应。

⊙ 沿途特色景区

雪宝顶——是岷山山脉的主峰，也是前往黄龙的必经之地。

黄龙——以彩池、雪山、峡谷、森林、滩流、古寺、民俗著称。享有"世界奇观""人间瑶池"等美誉。

⊙ 全国乡村旅游重点村（或全国乡村旅游扶贫重点村）

★大寨乡俄寨村——紧靠松潘县城，村民靠挖虫草、养牛羊为生，没有其他收入来源。

★黄龙乡三舍驿村——村里专门成立滚滚树莓种植专业合作社，并拓展种植了近 200 亩树莓。

⊙ 旅行锦囊

加油站：

川主寺镇有中国石油加油站。有 95#、92# 汽油以及 0# 号柴油供应，当天路程较短，建议提前一天在松潘加满。

⊙ 餐饮推荐

川主寺：各类牦牛肉汤锅、菌汤锅都非常不错。

DAY3　川主寺—牙屯村—九寨沟
（行驶里程 86 公里）

早餐后，驱车从酒店出发前往九寨沟景区内进行游览，"九寨归来不看水"，是对九寨沟景色真实的诠释。翠海、叠瀑、彩林、雪峰、藏情、蓝冰，被称为"六绝"。神奇的九寨，被世人誉为"童话世界"，

号称"水景之王"。从景区出来后，前往酒店休息。

⊙ 海拔情况

九寨沟沟口：2000 米（景区内最高处 3200 米）。

温馨提示： 九寨沟景区内有诺日朗餐厅，可以用午餐，同时也有各类饮用水、小吃、零食供应。

⊙ 沿途特色景区

九寨沟——世界自然遗产、国家重点风景名胜区、国家 5A 级旅游景区、国家级自然保护区、国家地质公园、世界生物圈保护区网络，是中国第一个以保护自然风景为主要目的的自然保护区。

⊙ 全国乡村旅游重点村（或全国乡村旅游扶贫重点村）

★漳扎镇牙屯村——这里有 15 公里的骑游道，还有大片的薰衣草田，村里各类农家乐、客栈也有不少。

⊙ 餐饮推荐

九寨沟镇：各类美食应有尽有，物价偏高！

DAY4　九寨沟—求吉南哇村—若尔盖
（行驶里程 230 公里）

早餐后驾车离开九寨沟，经过川主寺之后，海拔逐渐攀升，进入尕里台草原，随后穿行在绿草茵茵的大草原，沿途牦牛成群，羊群成片，经班佑村之后到达若尔盖入住酒店。

⊙ 路况： 全程路况为省级一级路面和国家二级路面。

1. 川主寺到尕里台垭口山路居多，冬季道路容易有暗冰，请注意安全。

2. 尕里台到若尔盖沿途草原公路视线较好，容易超速，但是道路偶有起伏，一定要注意控制车速，以免失控。

⊙ 海拔情况

若尔盖县城：3400 米；尕里台观景台：3840 米。

温馨提示： 在草原上停车游览时请注意车辆尽量靠右。不要在道路上拍照。开车进入草场请注意咨询当地牧民，以免误入沼泽地。

⊙ 沿途特色景区

尕里台草原——中国水草最丰美的草场之一，是若尔盖大草原的一部分。

班佑村——班佑是 70 年前红军走出草地后，见到的第一个村寨。

若尔盖大草原——素有"川西北高原的绿洲"之称，是我国三大湿地之一。

⊙ 全国乡村旅游重点村（或全国乡村旅游扶贫重点村）

★班佑乡求吉南哇村——距离若尔盖县城 38 公里，位于一片辽阔的草原之上，风景优美，还成立了牦牛良种繁育专业合作社。

⊙ 旅行锦囊

加油站：

1. 班佑村有 95# 和 92# 汽油以及 0# 号柴油供应（中国石油）。

2. 若尔盖县城有几家较大的加油站，中国石油、中国石化都有，有 95# 和 92# 汽油以及 0# 号柴油供应。

⊙ 餐饮推荐

若尔盖县城：有藏式土火锅、特色藏餐、川菜等。

△ 九寨沟

△ 五彩池

DAY5 若尔盖—花湖—郎木寺—热尔乡项多村—若尔盖
（行驶里程 170 公里）

早起后驱车离开九寨沟，沿郎川线前往若尔盖花湖，花湖位于 213 国道旁，是热尔大坝草原上的一个天然海子，热尔大坝是我国仅次于呼伦贝尔大草原的第二大草原。随后前往郎木寺，郎木寺又叫"达仓郎木格尔底寺"，属藏传佛教格鲁派寺庙。参观结束后返回若尔盖入住酒店。

▶ **路况：** 全程路况都是国家二级路面。

▶ **海拔情况：**

若尔盖县城：3400 米；花湖：3468 米；郎木寺：3337 米。

温馨提示： 在草原上停车游览时请注意车辆尽量靠右。不要在道路上拍照。开车进入草场请注意咨询当地牧民，以免误入沼泽地。

▶ **沿途特色景区**

热尔大坝——热尔大坝是中国最平坦辽阔的湿地草滩，有黑颈鹤、黄鸭、高原鱼类等 10 余种高原湿地类世界珍稀动物。

花湖——是热尔大坝草原上的一个天然海子，在五六月份，湖畔五彩缤纷，好像云霞之地。

▶ **全国乡村旅游重点村（或全国乡村旅游扶贫重点村）**

★**热尔乡项多村**——风景秀丽，英才辈出，水美，空气好。拥有特色农产品：葱、山药、樱桃、青豆、西瓜、南瓜和豆瓣菜。

▶ **旅行锦囊**

加油站：

1. 若尔盖县垇有几家较大的加油站。中国石油、中国石化都有，有 95# 和 92# 汽油以及 0# 号柴油供应。

2. 郎木寺镇有小型的加油站，建议在若尔盖县城补给。

DAY6 若尔盖—松潘—成都
（行驶里程 480 公里）

早起用早餐，随后驱车原路返回成都，途中经松潘、茂县，来时悠悠闲闲，回时匆匆掠过，同样的景致不知道会不会有不同的惊喜。

温馨提示： 当天路程较远，一定要注意换驾或者停下来休息一下，切忌疲劳驾驶。

△ 九寨沟

No.4 神仙净土，带你去神秘的后花园

神仙居住的地方，被誉为神秘的后花园之地

【手绘线路图】

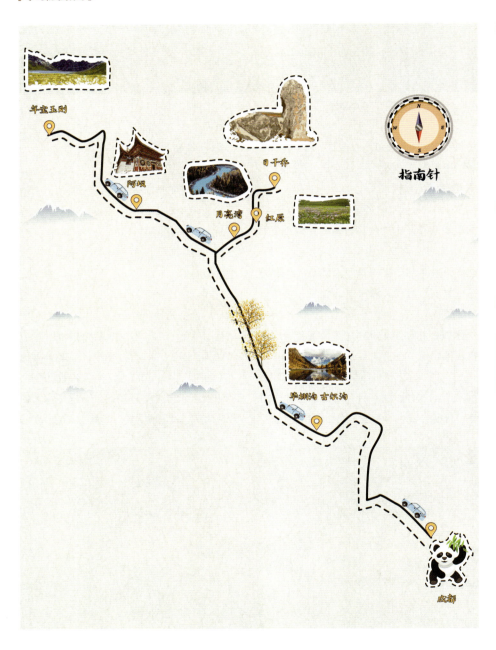

年宝玉则

阿坝

月亮湾

红原

日子乔

毕棚沟 古尔沟

成都

指南针

【非遗体验】

这条线路上的非物质文化遗产很多，有阿坝县的"莫郎节"，每年正月初三至十四；莲宝叶则神山朝山节，其间举办诵经、煨桑、朝湖、祭山、赛马、歌舞等活动。"扎崇节"是阿坝县传统商贸节日、规模最大的民间节庆，川甘青三省地区数十个县的群众前往参加，人如潮涌。

【土特产】

汶川车厘子，阿坝贾洛绵羊、蜂蜜、苹果，理县青红脆李、卡子核桃，红原牦牛肉奶粉、茂县野生沙棘，还有花椒等。

【行程规划】

线路：成都—汶川—阿坝—红原—成都
总里程：1300 公里
推荐时长：5 天

DAY1 **成都—毕棚沟—古尔沟**
（行驶里程 230 公里）

早晨驱车上成灌高速，都江堰转都汶高速到达桃坪羌寨下高速，前往桃坪羌寨游览，中午可以到理县吃午餐，后前往毕棚沟景区游览。这里是四姑娘山的后山，高山湖泊风景宜人。随后前往古尔沟入住，古尔沟温泉享誉四川，泡温泉可以洗去一身的疲劳。

➤ **路况：**全程路况较好，大部分是高速，小部分景区柏油路。

1. 成都市区施行尾号限行规定，请车友务必了解。

2. 成灌高速、都汶高速均为两车道高速，请车友务必小心谨慎。

3. 都汶高速隧道大多限速 80 公里 / 小时且大部分有区间测。

4. 全程高速车流量较大请车友务必小心，

【线路概况】

这条线路由成都一路向西转北，上 G213 国道四川段，同时也是 216 国道最美的一段风景之一，全程经过 2008 年汶川地震核心区域、理县、查真梁子抵达阿坝县城，沿途风景优美，有众多世界级的风景，有康巴地区著名的寺庙——各莫寺，有曾为国家培养军马的草场——龙日坝草原、红原大草原、众多湖泊组成的"海子山"，路上会有高山峡谷、草原、湖泊。还有四川高原民用机场之一的"红原机场"、中国工农红军长征走过的草地。这条线路集合了高原的壮美、高原的广阔。用一步一幅画、一地一个景来形容再贴切不过。

△ 毕棚沟

前往毕棚沟弯路较多，车流量大。

5. 毕棚沟到古尔沟限速 60 公里 / 小时，沿途流动测速。

▶ 海拔情况

汶川县城：1330 米；理县县城：1888 米；毕棚沟景区：2960 米；古尔沟：3500 米。

温馨提示： 在山区行驶转弯的时候尽量不要急刹车，各行其道，转弯处不占用车道。

▶ 沿途特色景区

紫坪铺水库——位于岷江上游，以灌溉、供水为主，结合发电、防洪、旅游等的大型综合利用水利枢纽工程。

桃坪羌寨——世界上保存最完整的尚有人居住的碉楼与民居融为一体的建筑群，享有"天然空调"美名。

甘宝藏寨——依山傍河而建，故得名甘堡，藏语意为"坡上的村落"。

毕棚沟——是一个集原生态景观博览、登山穿越、极地探险、滑雪滑冰、休闲度假于一身的大型原生态旅游风景区。

▶ 全国乡村旅游重点村（或全国乡村旅游扶贫重点村）

★水磨镇牛塘沟村——拥有极高的森林覆盖率，丰富的富氧离子，空气清新，还有高山农家乐特色农家菜。

★桃坪镇增头村——被列入第四批中国传统村落名录的村落，拥有保存最完整的羌族建筑文化艺术。

▶ 旅行锦囊

加油站：

1. 高速只有绵虒服务区有 95# 和 92# 汽油以及 0# 号柴油供应（中国石油）。

2. 桃坪乡加油站，在桃坪羌寨下高速沿国道 317，左前方能看到加油站，有 95# 和 92# 汽油以及 0# 号柴油供应（中国石油）。

3. 理县加油站有 95# 和 92# 汽油以及 0# 号柴油供应（中国石油）。

▶ 餐饮推荐

映秀：老腊肉。

汶川：羌藏农家菜。

理县：牛肉汤、牛杂汤。

△ 毕棚沟

△ 古尔沟温泉

△ 莲宝叶则

DAY2 古尔沟—龙日坝草原—阿坝
（行驶里程 250 公里）

由古尔沟出发继续一路向北，途经米亚罗继续前往阿坝县，沿途绝美风景让你目不暇接，舒适的路况可让你体验驾驭的快感。在龙日坝草原体验草原骑马的乐趣，傍晚抵达阿坝县城。

❯ 路况： 全程路况都是国道一级路面。

1. 从米亚罗上高速，高速限速 80 公里 / 小时。

2. 鹧鸪山下来是省道 248，全部是柏油路面。

3. 查真梁子上山下山，弯道较多，在行驶中注意保持车距，弯道注意减速行驶。

❯ 海拔情况

米亚罗镇：2735 米；鹧鸪山隧道：3200 米；刷经寺镇：3500 米；查真梁子垭口：4345 米；红原机场：3500 米；龙日坝草原：3400 米；阿坝县：3274 米。

温馨提示： 在翻越垭口的时候尽量不要打开车窗，保持车内温度和气压预防高原反应。

❯ 沿途特色景区

米亚罗红叶景区——我国最大的红叶景区之一，以瑰丽的金秋红叶、神奇的藏羌少数民族风情驰名中外。

俄木塘花海景区——每年 6 月上旬至 8 月上旬，方圆 3 万平方公里的草原便成为鲜花的海洋。

长江黄河分水岭——山脉南北，山南河流流入长江流域，山北河流流入黄河水域，非常壮观！

龙日坝草原——以前曾为部队的军马场，过去盛产良马，现在则遍地牛羊。

❯ 全国乡村旅游重点村（或全国乡村旅游扶贫重点村）

★ **阿坝县苟扎村**——这里是世外桃源，每年去探险的驴友络绎不绝。

★ **查理乡新民村**——人勤物丰，物产丰富，空气好，还有马铃薯、奇异果、莴苣、茄子、山药、苹果、洋葱等特产。

❯ 旅行锦囊

加油站：

1. 米亚罗镇八角碉藏寨加油站在上高速口，有 95# 和 92# 汽油以及 0# 号柴油供应（中国石油）。

2. 梭磨乡三家寨西洞口中国国储能源站有 92# 汽油以及 0# 号柴油供应。

3. 刷经寺加油站，有 95# 和 92# 汽油以及 0# 号柴油供应（中国石油）。

4. 壤口加油站，有 92# 汽油以及 0# 号柴油供应（中国石油）。

5. 麦尔玛加油站，有 92# 汽油以及 0# 号柴油供应。

❯ 餐饮推荐

刷经寺：酸菜水饺。

阿坝县：冷水野生鱼、和尚包子。

DAY3 阿坝—莲宝叶则—各莫寺—阿坝
（行驶里程 100 公里）

由酒店出发前往莲宝叶则风景区，自驾车可以前往风景区最高位置。景区可以游览 4 ~ 5 小时，可提前备好干粮，景区内也有方便米饭供客食用，下午前往格鲁派寺庙各莫寺。

❯ 海拔情况

扎尕尔措：4200 米；函赞格措：3850 米；曲登措：3900 米。

温馨提示： 莲宝叶则景区海拔较高请携带饮用水和甜食，景区内有泡面售卖，尽量自己带食品前往景区，并准备好垃圾袋。景区内严禁吸烟，违规罚款 200 元 / 次。

❯ 餐饮推荐

阿坝：手抓肉、血肠。

❯ 高原提示

1. 从停车场到扎尕尔措有木质栈道，步行约 1.2 公里，高原地区建议缓慢步行。

2. 请备几瓶氧气，景区海拔较高而且均为走路的景点，请一定要预防高原反应。

3. 回到酒店请一定要休息够了以后再开始洗漱，当天可以根据自己的身体条件选择是否洗澡，如在景区有高原反应请一定不要洗澡。

❯ 民俗习惯

1. 神山较多请尊重习俗，说话时不要对神山有侮辱性或蔑视性语气。

2. 如要给僧侣拍照，请征得对方同意。

3. 如要进入寺庙请确认寺庙转经方向是顺时针还是逆时针。

DAY4 阿坝—月亮湾—红原
（行驶里程 120 公里）

早餐后驾车前往红原县城，途中前往月亮湾湿地公园，在一望无垠的红原草原上，一道弯弯的河流如同新月般蜿蜒流过，蜿蜒而又明亮，晚上抵达红原县城。

❯ 路况： 全程路况为国道一级路面。

1. 全程省道 302 为全新柏油路面，转国道 248 前往红原。

2. 沿途弯道较多，切忌弯道超车，停车拍照一定停进停车区。

3. 部分路段限速 30 公里 / 小时，大多 60 公里 / 小时。

❯ 海拔情况

阿坝县城：3274 米；月亮湾：3500 米；红原县城：3500 米。

温馨提示： 在翻越垭口的时候尽量不要打开车窗，保持车内温度和气压预防高原反应。

❯ 沿途特色景区

月亮湾——月亮湾恰似舞动的长长飘带，

△ 龙日坝草原

△ 日干乔草原

画出一个又一个弯曲的弧线，晨光洒向水面，在月亮湾上泛起金色的粼粼波光。

红原大草原——地域辽阔，自然景观独特，资源丰富，素有高原"金银滩"之称。

各个山垭口——无限风光在险峰，在垭口能感受到高原壮美。

❷ **全国乡村旅游重点村（或全国乡村旅游扶贫重点村）**

★**麦昆乡日格扎村**——乡村的藏族同胞有绘画天赋，他们潜心学习黑陶、雕刻、唐卡绘画技艺，可以购买工艺品。

★**安曲镇下哈拉玛村**——大力传承发展民间手工艺，可以去看看有特色的民间手工艺品。

❷ **旅行锦囊**

加油站：

1. 阿坝县城出入口各有 1 个加油站，有92# 汽油以及 0# 号柴油供应（中国石油）。

2. 红原县城有较大的加油站，有 92# 汽油以及 0# 号柴油供应（中国石油）。

❷ **餐饮推荐**

红原：燕窝饼、红原牦牛奶粉。

DAY5 　**红原—日干乔—成都**
（行驶里程 500 公里）

早餐后继续沿国道 248，前往日干乔湿地公园，这里是世界上最大的高原湿地——若尔盖湿地保护区的重要组成部分。之后沿国道 218 返回成都。

❷ **全国乡村旅游重点村（或全国乡村旅游扶贫重点村）**

★**瓦切镇日干村**——全村草场资源、牧畜业良好，是远离大城市的安静乡村。

★**阿木乡峨扎村**——在这里牧民饲养牦牛产奶，加工牦牛鲜奶，还有牦牛奶粉，可以前去购买。

❷ **餐饮推荐**

瓦切县：瓦切鱼、酸奶、人参果。

成都市：火锅、川菜。

△ 月亮湾

No.5 一路向南，追逐五彩凉山阳光

月城西昌、红色生态之旅

【手绘线路图】

【非遗体验】

喜德彝族漆器髹饰技艺、西昌火把节（彝族火把节）、冕宁县藏族民歌（藏族赶马调）。

【土特产】

彝族漆器、彝族银饰、彝族服饰、凉山苦荞茶、凉山马铃薯、西昌石榴。

【行程规划】

> **线路：**成都—彝海—冕宁—西昌—螺髻山—普格—成都
>
> **总里程：**700 公里
>
> **推荐时长：**4 天

DAY1 **成都—彝海—冕宁**
（行驶里程 360 公里）

当天从成都出发上成雅高速，在雅安转雅西高速，经过腊八斤特大桥、泥巴山隧道、双螺旋隧道抵达彝海景区，下午抵达冕宁县。

> **路况：** 全程路况较好，大部分是高速，其余为景区道路。

1. 成雅高速区间测速较多，限速 100 ~ 120 公里 / 小时，其中从成雅高速成都收费站到成雅高速乐山分岔口处车流量很大，请控制车速，保持车距。

2. 雅西高速限速为 80 ~ 110 公里 / 小时，其中桥梁、隧道较多，因为是四川和云南的交通要道，货车也比较多，驾驶车辆注意安全，冬季注意泥巴山隧道、双螺旋隧道出口可能有暗冰。

3. 进入彝海景区道路较窄，路面均为水泥路面。

> **沿途特色景区**

彝海——它终年碧波粼粼，清澈见底，从湖泊发育上看彝海正处在湖泊发育的青春阶段。彝海四周青松苍翠，树木众多，芳

【线路概况】

从成都出发，沿着被国内外专家学者公认为国内乃至全世界自然环境最恶劣、工程难度最大、科技含量最高的山区高速公路——"雅西高速"抵达凉山彝族自治州，先进入见证了彝汉友谊的彝海景区，再到凉山彝族自治州最为有名的寺庙灵山寺，

8 月中旬如果赶上西昌火把节是很热闹的，接着南下前往峨眉山的姊妹山——螺髻山，得名来源于与峨眉山的"姊妹"关系："峨眉山似女人蚕蛾之眉，螺髻山似少女头上青螺状之发髻。"回程前一定要去喜德泡一泡温泉，洗去旅途的些许疲惫，然后再返程是一件挺惬意的事情。

△ 螺髻山

草盖地，各种山花争芳斗艳，湖面有野鸭成群结队，整体景观生机盎然，十分协调。同时，闻名于世的"彝海结盟"的历史故事就发生在这里。湖边有彝海纪念馆、纪念碑，向人们展示中国工农红军长征的历史篇章。

灵山寺——因背后紧靠着的那座高耸的大山叫灵山，所以叫灵山寺，是凉山彝族自治州境内最为有名的一座寺庙。

▶ **全国乡村旅游重点村（或全国乡村旅游扶贫重点村）**

★ **彝海镇彝海村**——坐落在红军长征途中"彝海结盟"地的彝海之滨。山水林木特别明亮清新，登高俯瞰，海子酷似一颗镶嵌在群山中熠熠闪光的蓝宝石，晶莹剔透。

★ **大桥镇大桥村**——紧邻彝海景区、京昆高速，当地民风淳朴，特产是土豆。

▶ **旅行锦囊**

加油站：

沿途高速路服务区均有加油站，其中新津服务区、蒲江服务区、荥经服务区、石棉服务区、菩萨岗服务区均为中国石化，有92#、95# 汽油以及 0# 号柴油供应，途中经过的县城均有中国石油加油站。

▶ **餐饮推荐**

雅安：雅鱼。

九襄镇：黄牛肉汤锅。

冕宁：烧烤。

DAY2　冕宁—邛海—西昌
（行驶里程 100 公里）

从酒店出发，上雅西高速抵达西昌市区，可直接前往邛海边入住当地民宿，邛海位于西昌市区南面，是四川省第二大淡水湖泊。

▶ **路况**：全程路况较好，大部分是高速，其余为市区道路。高速限速 100 ～ 120 公里/小时，市区道路限速 40 ～ 60 公里/小时。

温馨提示：进入西昌城区，前往邛海的道路，车流量大，沿途的自行车、摩托车较多，请保持车距。

▶ **沿途特色景区**

冕宁寺——位于冕宁县城 20 公里之外的东部小相岭西麓深山老林之中，因背后紧靠着的那座高耸的大山叫灵山，所以叫灵山寺。

邛海——邛海虽然叫"海"，却是一个大型的湖泊，形如蜗牛，镶嵌在青山幽谷之中。当年，马可·波罗曾在他的游记中这样描述邛海：碧水秀色，草茂鱼丰，珍珠硕大，美不胜收。足以见得这位意大利旅行家对邛海的喜爱。

▶ **旅行锦囊**

加油站：

冕宁县城、西昌城区都有 92#、95# 汽油以及 0# 号柴油供应（中国石油）。

▶ **餐饮推荐**

西昌：坨坨肉、火盆烧烤、米线、邛海醉虾。

DAY3　西昌—螺髻山—普格
（行驶里程 100 公里）

由酒店出发沿着国道 248 前往螺髻山景区，以"高山湖泊，冰川刻槽，杜鹃花海，角峰刃脊，云上雾海，原始森林"等典型景观享誉中外。之后前往普格县，普德温泉闻名中外，泡一泡神清气爽。

▶ **路况**：西昌市区到螺髻山景区为国道，二级路面。限速 40 ～ 60 公里/小时。道路较窄，货车较多。

温馨提示：螺髻山景区山顶景点海拔较高，切勿剧烈运动和奔跑。

△ 螺髻山风景

△ 螺髻山雪景

△ 邛海

沿途特色景区

螺髻山——螺髻山由于海拔高差大,视野开阔,与"蜀山之王"——贡嘎山遥相呼应,游人登山可观云海、日出、朝霞、雪山胜景,以及神奇的"佛光"。还可自下而上感受立体气候的垂直变化及高山奇特的气象景观,如时而彩霞万丈、蓝天相映,时而风起云涌、风声瑟瑟,时而浓雾弥漫,山峰忽隐忽现,山林幽静神秘莫测,恰如20世纪30年代登螺髻山的朱契教授所描绘的"大地茫昧之中,河山若隐若现,不知此身在何处,更不识其为天上人间"。

全国乡村旅游重点村(或全国乡村旅游扶贫重点村)

★ **安哈镇大箐村**——紧邻国道248,是西昌到螺髻山景区的必经之地,特产有马铃薯。

旅行锦囊

加油站:

西昌市区、普格县城均有中国石油、中国石化加油站,螺髻山景区也有中国石油加油站,有95#和92#汽油以及0#号柴油供应(中国石油)。

餐饮推荐

普格:罗非鱼、普格黑山羊。

泡温泉注意事项:

1. 肚子饿时,不可以马上泡温泉,因为空着肚子泡温泉很容易头晕。

2. 如果坐了很久的车或是走了很远的路,非常累了,不可以马上去泡温泉,不然会越泡越累。

3. 睡眠不足或是熬夜,如果突然泡温度很高的温泉,可能会发生休克或是脑部缺血情况。

4. 心情很兴奋或是很生气,心跳变快的时候,也不适合泡温泉。

5. 刚吃饱饭或是喝完酒,不可以马上去泡温泉,不然可能出现消化不良及脑溢血的情况。

6. 营养不良或是生病刚好,身体很差时,千万不可以去泡温泉。

7. 有心脏病、高血压及动脉硬化的人,泡温泉之前,要先慢慢地用温泉擦身体,再泡温泉,这样才不会影响血管的收缩。

8. 有癌症、白血病的人不适合泡温泉,因为容易刺激新陈代谢,使身体很快变衰弱。

9. 如果得了急性感冒、急性疾病及传染病的人,不要去泡温泉。

10. 女生生理期来时或前后,怀孕的初期和末期,最好不要泡温泉。

11. 泡温泉的时间,要根据温泉的温度来决定,太热时不可以泡太久。

12. 如果在泡温泉的时候感觉身体不舒服,就应该马上离开,不要继续泡温泉。

DAY4　普格—成都 （行驶里程520公里）

从酒店出发沿着国道248在西昌上雅西高速,途经冕宁县、石棉县、雅安市抵达成都。

全国乡村旅游重点村(或全国乡村旅游扶贫重点村)

★ **大箐乡胜利村**——紧邻国道248,是普格到西昌市区的必经之路。该地黑猪肉被称为猪肉界的"神户牛肉",可从这称呼中窥见其肉质的鲜嫩与极致口感。

餐饮推荐

荥经:挞挞面。

汉源:贡椒鱼火锅。

△ 邛海

△ 西昌卫星发射中心

△ 邛海湿地

No.6 摩梭风情，探秘人间女儿国

24℃的摩梭秘境，格姆的眼泪——泸沽湖

【线路概况】

指南针

泸沽湖

西昌

普格

成都

【行程规划】

> **线路：** 成都—西昌—泸沽湖—普格—成都
>
> **总里程：** 1500 公里
>
> **推荐时长：** 5 天

DAY1 **成都—雅安—西昌**
（行驶里程 420 公里）

早晨驱车上京昆高速，行至雅安转雅西高速，途经冕宁漫水湾用午餐，一路从海拔400余米的成都平原翻过数重高山，跃升至海拔2000多米的云贵高原。路况良好，行车方便，抵达西昌后，若时间还早，可前往邛海游玩。

▶ **路况：** 全程路况较好，均为高速。

1. 成都市区施行尾号限行规定，请车友务必了解。

2. 成雅高速、雅西高速均为两车道高速，请车友务必小心谨慎。

3. 雅西高速桥隧道较多，需注意灯光的变换。长上坡和长下坡路段也较多，需留意车速的控制。

▶ **沿途特色景区**

大渡河——蜿蜒于大雪山、小相岭与夹金山、二郎山、大相岭之间，地势险峻。

腊八斤特大桥——世界第一高墩，全桥桥面、基座等加在一起使得全桥高度在200多米，汽车如同在高空中飞驰，云雾中大桥若隐若现，蔚为壮观。

泥巴山隧道——西南地区第一长隧道，位于青藏高原和四川盆地交会处；龙门山断裂带边缘，是雅西高速关键控制性工程。

从成都出发，走京昆高速昆明方向，途经雅西高速，到达泸沽湖，自驾时间需要12小时左右，分成两段，成都—西昌（6小时），西昌—泸沽湖（6小时）。成都—西昌，全程高速，一路风景非常好，途中车上可观世界第一高墩腊八斤特大桥，穿过西南地区第一长隧道泥巴山隧道，穿越花海雅西，领略瀑布沟库区桥梁群的壮观，一路感受雅西高速魅力。这一段虽然距离很长，但是畅通无阻。而西昌—泸沽湖段，都是柏油路，路边是千篇一律的黄土坡，这一段路虽然不是高速，好在非常平坦，不算难走，但是连续转弯很多，上坡下坡非常频繁，为了安全，建议白天行驶。这条线路，对车型没有要求，哪怕低底盘的轿车也可以毫无顾虑地走完全程。

【非遗体验】

雅安石棉木雅藏族的"什结拉布"，泸沽湖摩梭人母系氏族习俗走婚制，摩梭人的甲搓舞、手工纺织、达巴口述史、转山节，普格的彝族月琴音乐、彝族舞蹈。

△ 草海

孟获城——拥有高山生态草甸，是大熊猫放归地，这里还流传着三国时期诸葛亮七擒孟获的故事。

▶ **全国乡村旅游重点村（或全国乡村旅游扶贫重点村）**

★**孟获村**——高山生态草甸、全球首例野生大熊猫易地放归地，红石滩、烽火台、月亮湖为其代表性景观。

★**石棉大湾村**——粮食生产基地，主导产业为玉米、蔬菜、蚕桑和干果。

▶ **旅行锦囊**

加油站：

1. 雅西高速整段加油站较多：雅安南收费站、荥经收费站、龙苍沟收费站、九襄收费站、汉源北收费站、汉源南收费站、石棉收费站、栗子坪收费站、彝海收费站和冕宁收费站。

2. 由于汽油挥发性强，根据相关规定不能设置临时汽油加油站，车辆还需驶出收费站就近加汽油。

3. 荥经服务区左侧、冕宁北（菩萨岗）服务区左侧和右侧设置有临时厕所，设有临时柴油加油站。

▶ **餐饮推荐**

雅安：各类雅鱼。

天全：桥头堡抄手。

西昌：火盆烧烤、坨坨肉、酸菜土豆鸡。

DAY2 **西昌—泸沽湖**
（行驶里程 200 公里）

从西昌沿着省道 307 一路向西，翻越小光山，穿过磨盘山隧道，抵运盐源，一路均为柏油路，路况较好，抵达之后稍作休息，可开车进入景区游览。

▶ **路况：** 全程路况大部分为盘山公路。

1. 全路段属省道 S307 线，双向两车道，部分柏油路面，部分水泥路面，部分土石路面。

2. 后半段路面发卡弯和回头弯较多，上坡下坡非常频繁。注意避让货车，为了安全，建议白天于。

温馨提示： 盘山路较多，晕车的朋友建议提前准备晕车药。

▶ **沿途特色景区**

泸沽湖——古称鲁窟海子，又名亡所海，俗称亮海。森林资源丰富，山清水秀，空气清新，景色迷人，当地摩梭人奉为"母亲湖"。也被人们誉为"蓬莱仙境"。

▶ **全国乡村旅游重点村（或全国乡村旅游扶贫重点村）**

★**大箐乡胜利村**——资源丰富，有云南松、桦木、杜鹃花等丰富的生态资源。

★**盐源白乌镇柯登村**——农产品丰富，盛产橘子、绿苹果、黄瓜、花椰菜、木瓜、苋菜、芋瓢等。

▶ **旅行锦囊**

加油站：

西昌至泸沽湖途中，海甸镇、金河镇、平川镇、盐源镇均有加油站。

▶ **餐饮推荐**

西昌：西昌火盆烧烤、坨坨肉、猪膘肉。

泸沽湖：苏里玛酒、牛头饭。

△ 泸沽湖傍晚

△ 泸沽湖

△ 泸沽湖

DAY3 泸沽湖草海—泸沽湖大落水

当天一整天都在泸沽湖景区游览，可以坐船游湖，也可坐船至湖内的岛上游览，晚上有摩梭篝火晚会，有兴趣的可参加。

❯ **建议线路**

线路一：泸沽湖观景台—走婚桥—划猪槽船访亲爱的客栈—女神湾—情人树—大落水。

线路二：泸沽湖观景台—大落水码头—洛克岛—里格岛—尼赛村—小落水—泸源崖。

温馨提示：

1. 摩梭人有走婚制民俗，风俗差异大，不建议与当地人走婚，以防冒犯。

2. 由于地处高原，天气变化明显，紫外线强，注意防晒。

3. 里格村没有银行自动取款机，目前泸沽湖周边只有大落水村和泸沽湖镇有银行自动取款机，所以请自备足够现金。

❯ **餐饮推荐**

泸沽湖：彝族坨坨肉、猪膘肉。

DAY4 泸沽湖—普格温泉
（行驶里程 300 公里）

早餐后继续沿 S307 国道行驶，翻越毛盖山，穿过楔子岩，途经西昌，下午抵达普格，办理酒店入住后可前往著名的普格温泉，这里建有现代化的浴池和游泳池，有多处石灰岩溶洞和峡谷景观，泡一泡这里的温泉洗去一身疲乏。

❯ **路况：** 这里的路况部分是省道，部分是国道。

1. 泸沽湖到西昌路段为盘山公路，发卡弯和回头弯较多，往来货车频繁，谨慎驾驶，切记超车，注意避让。

2. 国道 G248 西昌至普格宁南分路口畅通，普格地处山区，早晚路面因气温较低，易产生湿滑结霜现象。

温馨提示： 西昌至普格有山体滑坡隐患路段，行驶时切记留心，确保安全后谨慎通过。

❯ **沿途特色景区**

螺髻山——是凉山彝族自治州国家 4A 级旅游景区螺髻山—泸山—邛海风景区的组成部分。

泸山邛海——景区与西昌城区连成一体，组成了国内不多见的山、水、城相依相融的独特自然景观。

❯ **全国乡村旅游重点村（或全国乡村旅游扶贫重点村）**

★ **洛乌沟乡团结村**——主要种植玉米、马铃薯、荞麦、燕麦、黄豆等农产品，村内有铁和铅锌矿。

★ **普格县甘天地乡甘天地村**——甘天地乡的日都迪撒是彝族的第一个火把节场地，彝族的火把节发端于此。

❯ **旅行锦囊**

加油站：

1. 泸沽湖至西昌途中有 4 个加油站，依次位于金河镇、平川镇、盐源镇、梅雨镇。

2. 西昌至普格途中有 2 个加油站，位于螺髻山风景区与普格县城内。

△ 草海

△ 网红民宿

◆ 餐饮推荐

普格：彝族餐、罗非鱼。

DAY5 普格一成都
（行驶里程 510 公里）

早餐后走京昆高速，之后上雅西高速，经过荥经、雅安抵达成都，这一天的驾驶时间较长，中途注意休息。

◆ 全国乡村旅游重点村（或全国乡村旅游扶贫重点村）

★ 冕宁彝海镇彝海村——1935 年红军长征时，刘伯承元帅与果基小叶丹在彝海边结为兄弟，这就是举世闻名的"彝海结盟"。

★ 大桥镇大桥村——村内经济以药材种植为主，同时也是冕宁县最大的马铃薯种植基地。

◆ 餐饮推荐

冕宁县：彝族餐、冕宁火腿。
成都市：火锅、川菜。

自驾提示：

1. 云贵高原风光好，虽然海拔不算高，但是日照强烈，空气干燥，紫外线强，昼夜温差大，所以要带上遮阳帽、墨镜、防晒衣、单衣、唇膏、面霜。

2. 出门在外，为了更舒适地游玩，建议准备一双舒适的运动鞋或休闲鞋，防水的最好。

3. 出发前一定要全方位检查车辆。

△ 远眺里克半岛

No.7 九色甘南，草原之旅

追寻草原风光，感受藏传佛教文化风情

【手绘线路图】

刘家峡水库

夏河（拉卜楞寺）

合作

碌曲

桑海风景区

玛曲
（黄河第一弯）

兰州

指南针

【线路概况】

这条线路从兰州出发，一路欣赏广阔美丽的高原风光，还能感受浓郁的藏传佛教文化风情。在圣境天堂般的甘南，草原上弥散着沁人心脾的酥油香，拉卜楞寺的辩经声随着炊烟一同升起，这里绿草如茵，野花遍布，草场茂盛，色彩斑斓。

【非遗体验】

这条线路上的非物质文化遗产很多，有拉卜楞寺保存的经籍、晒佛节、跳神节、酥油灯会、博峪采花节。

【土特产】

藏药、虫草、风干牦牛肉、酸奶、酥油茶。

【行程规划】

线路： 兰州—夏河—碌曲—玛曲—兰州
总里程： 890公里
推荐时长： 4天

DAY1 兰州—刘家峡水库—夏河
（行驶里程260公里）

早晨驱车前往刘家峡水库，这里被誉为"高原明珠"，景色壮观。向阳码头以东，10里河岸白沙展露，绿柳婆娑，被称为"十里柳林"，景观奇妙，带给人一种回归自然、人在画中游的美好氛围。

▶ **路况：** 全程路况较好，大部分是高速，国道为一级路面。
兰州市区施行尾号限行规定，请车友务必了解。

▶ **海拔情况**
刘家峡水库：2100米；夏河：3000米。

▶ **沿途特色景区**
桑科草原——在野花盛开的季节里体验藏族的民俗和生活。
甘加草原——安静享受蓝天、白云、绿草的浑然一体。

▶ **全国乡村旅游重点村（或全国乡村旅游扶贫重点村）**
★甘加乡八角行政村——这里是一座丝绸之路南线上少有的高原战略驻屯设防的古城堡。

▶ **旅行锦囊**
加油站：
沿途加油站覆盖。

▶ **餐饮推荐**
夏河：手抓牛羊肉、各类面食、牦牛酸奶、藏餐。

DAY2 拉卜楞寺—碌曲
（行驶里程110公里）

早餐后前往拉卜楞寺，它是藏传佛教格鲁派六大寺院之一，被誉为"世界藏学府"。寺院坐北向南，建筑庄严巍峨、宏伟壮观。雕梁画栋，金碧辉煌，气势磅礴，具有藏民族独特风格。

▶ **路况：** 全程路况较好，大部分是高速，国道为一级路面。

△ 尕海

> **海拔情况**

拉卜楞寺：2931 米；碌曲：2900 米。

> **温馨提示**

该地区紫外线强烈需要注意防晒。

> **沿途特色景区**

贡唐宝塔——拉卜楞寺的标志建筑，登上宝塔顶可以看到拉卜楞寺全景。

达宗湖——一览神湖风光。

> **全国乡村旅游重点村（或全国乡村旅游扶贫重点村）**

★**桑科乡桑科行政村**——这里拥有桑科草原、桑科古城遗址。

> **旅行锦囊**

加油站：行驶里程较短，请提前为爱车加满油。

> **餐饮推荐**

清真美食、面片、酸奶子。

> **高原提示**

1. 切忌剧烈运动，景区海拔太高，游览时请注意动作慢一点，不宜剧烈跑跳。

2. 高原地区温差较大应及时添加衣物防止感冒。

DAY3　碌曲—玛曲
（行驶里程 120 公里）

由酒店出发前往尕海风景区，它是甘南地区最大的淡水湖，也是一个未被开发的处女湖，尕海汇集山丘的流水，经舟曲注入洮河，至今仍保留着原始牧场的状况。在这里看鸟飞鱼跃，水鸟在空中盘桓，时而掠过水面，轻落于草甸，一起一落间，身姿舒展优美。下午前往黄河第一弯，登上一座小山包，黄河九曲第一弯的美丽景象跃入眼底。

> **海拔情况**

尕海：3200 米；九曲黄河第一弯：3500米；玛曲：3700 米。

温馨提示：该地区紫外线强烈需要注意防晒。

> **沿途特色景区**

七仙女峰——一座山势奇特的山脉延伸在黄河岸边，自然形成七座大小不一的小峰。

贡赛尔喀木道——这里曾是吐蕃赞普赤德松赞的军事指挥部遗迹。

> **全国乡村旅游重点村（或全国乡村旅游扶贫重点村）**

★**阿万仓乡沃特村**——这里有娘马寺，还有国家级非遗藏族唐卡。

> **餐饮推荐**

清真美食、藏餐

DAY4　玛曲—兰州
（行驶里程 400 公里）

早餐后驾车返回兰州，途经郎木寺。这里山势奇峻、云雾缭绕、宛如仙境。一条小溪从镇中流过，溪北是甘肃的"赛赤寺"，南岸属四川若尔盖县的安多达仓郎木寺，中间夹着回族的清真寺，两个藏传佛教的寺庙在这里隔"江"相望。

> **路况：** 全程国道加省道路况较好。

> **海拔情况**

合作：2884 米；郎木寺：3650 米。

温馨提示：该地区紫外线强烈需要注意防晒。

> **沿途特色景区**

米拉日巴九层佛阁——供奉着藏族民众中最富传奇色彩、妇孺皆知的米拉日巴尊者的佛阁。

> **全国乡村旅游重点村（或全国乡村旅游扶贫重点村）**

★**郎木寺镇贡巴村**——贡巴村附近有则岔石林、郎木寺、尕海乡、西仓寺、郎木寺仙女洞等旅游景点。

> **旅行锦囊**

加油站：沿途中石油覆盖，中石化较少。

> **餐饮推荐**

手抓牛肉、烤肉串等回族清真美食。

△ 拉卜楞寺

△ 桑科草原

No.8 草原撒欢，辽阔草原甘南、若尔盖

辽阔草原，感受大自然的神奇辽阔

【手绘线路图】

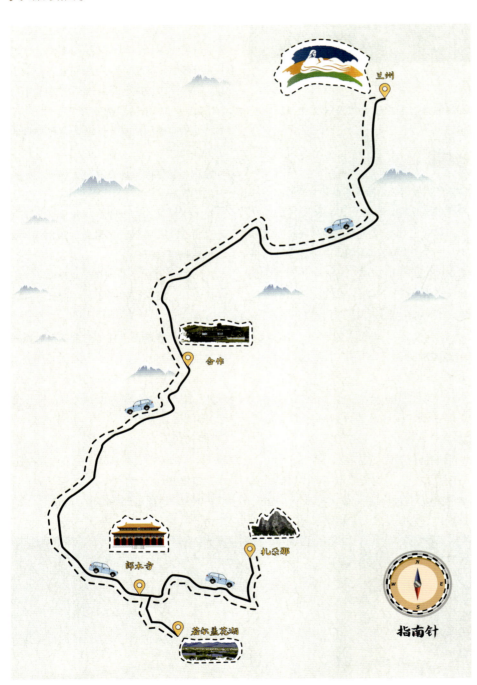

寒湿地草原"和"中国黑颈鹤之乡"的美誉，素有"川西北高原的绿洲"和"云端天堂"之称，在这里可以尽情狂欢撒野，感受大自然的神奇魅力。

【非遗体验】

这条线路上的非物质文化遗产很多，每年藏历五月十五日前后三天，在拉卜楞寺举行隆重的展佛活动，将原来佛（无量光佛）、当下佛（释迦牟尼佛）、未来佛（强巴佛）这三大幅刺绣佛像展挂在展佛台的向阳面壁上，僧众和信教群众要顶礼膜拜，敬上哈达，磕头祈求佛祖祛灾降吉。

【土特产】

牦牛肉、酸奶、酥油茶、羊肉包子、藏餐、高原的虫草。

【行程规划】

> **线路：**兰州—合作—拉卜楞寺—扎尕那—若尔盖—郎木寺—兰州
> **总里程：**1200 公里
> **推荐时长：**5 天

DAY1　兰州—合作
（行驶里程 230 公里）

早晨从兰州出发上康临高速经临夏县转兰郎县到达合作市，中午在夏河午餐，午餐后开始游览拉卜楞寺景区，它是藏传佛教格鲁派六大寺院之一，被世界誉为"世界藏学府"。是甘南地区的政教中心，拉卜楞寺保留有全国最好的藏传佛教教学体系。游览完毕继续驱车前往桑科草原，桑科草原属于草甸草原，平均海拔在 3000 米以上，草原面积达 70 平方公里，是甘南藏族自治州的主要畜牧业基地之一。每年 7～9 月搭起藏包，为游客准备新鲜奶茶、糌粑、手抓羊肉等特色风味，还为游客准

【线路概况】

这条线路从兰州出发，告别西北荒漠一路向草原进发感受川西的柔美，一路经临夏、合作、扎尕那、若尔盖、郎木寺返回兰州的一个小环线，扎尕那地形既像一座规模宏大的巨型宫殿，又似天然岩壁构筑的一座完整的古城，郎木寺所处的四川、甘肃交界，自古就是川、甘、青各族民众朝拜黑虎女神的圣地。参观这里可以感受佛教文化，若尔盖县享有"中国最美的高

△ 尕海湖

备了马匹、牦牛、射击、篝火晚会等草原旅游节目。游人在这里可以尽情体味神秘淳朴的藏族风情。晚上返回合作市用餐入住。

⊙ **路况：** 全程高速为主，进入夏河县为省道，县城道路变窄，车辆行人较多，需要注意安全。

⊙ **海拔情况**

夏河县：3000 米；合作市：2884 米。

温馨提示： 该地区紫外线强烈需要注意防晒。

⊙ **沿途特色景区**

临夏——马家窑文化、半山文化、齐家文化等文化遗址星罗棋布，因国家博物馆珍藏的"彩陶王"出土于临夏，被誉为"中国彩陶之乡"。

⊙ **全国乡村旅游重点村（或全国乡村旅游扶贫重点村）**

★ **胭脂镇庄头村**——特色种植业主要有当归、柴胡、防风、红芪、黄芪等中药材。

★ **合作勒秀乡**——全乡地势北高南低，西北为丘陵地带，东南部为森林、河谷地带。境内林木茂密，峡谷幽深，山清水秀，素有"小江南"之称。

⊙ **旅行锦囊**

中石油、中石化加油站：沿途加油站覆盖。

⊙ **餐饮推荐**

夏河：手抓牛羊肉、各类面食、牦牛酸奶、藏餐。

合作市：石亭羊肉、藏式蕨麻米饭、酥油茶。

⊙ **DAY2　合作—尕海—迭部县**
（行驶里程 230 公里）

早餐后上兰磨高速经过夏河机场、碌曲前往尕海景区，尕海湖是甘南第一大淡水湖，是青藏高原东部的一块重要湿地，被誉为高原上的一颗明珠，尕海湖水草丰茂，许多南迁北返的珍稀鸟类在此落脚和繁殖，黑颈鹤、灰鹤、天鹅等珍禽遍布湖边草滩。下午继续经兰磨线转国道 318 前往迭部县入住。

⊙ **路况：** 全程路况较好，大部分是高速，国道为一级路面。

△ 尕海

△ 尕海

△ 拉卜楞寺

△ 临夏市

❯ 海拔情况

尕海：3500 米；迭部县：2900 米。

温馨提示： 该地区紫外线强烈需要注意防晒。

尕海景区是各种珍稀鸟类栖息之地，请爱护环境。

❯ 沿途特色景区

玛曲黄河第一弯——站在玛曲黄河桥上，俯瞰母亲河，宽广的河面上，黄浊的河水奔流而去。"V"形的河道环抱着玛曲草原，雪山与湖泊相交错，人文景观独特。

❯ 全国乡村旅游重点村（或全国乡村旅游扶贫重点村）

★ **旺藏乡茨日那村**——1935 年中国工农红军长征途经此地时，毛泽东曾居住在该村一幢木楼上，并在这里向红四团下达了"以三天的行程夺取腊子口"的命令。为保护革命文物，县人民政府还在毛泽东居住的木楼前立碑纪念并打造茨日那毛泽东旧居。

★ **拉仁关乡则岔村**——山势巍峨陡峭，石林屹立，流水清澈，林木葱郁，常有珍禽异兽出没，景色神奇秀丽，令人叹为观止。

❯ 旅行锦囊

加油站：沿途中石油加油站有很多。

❯ 餐饮推荐

迭部县——清真美食、面片、酸奶子、肉肠。

❯ 高原提示

1. 切忌剧烈运动，景区海拔太高，游览时请注意动作慢一点，不宜剧烈跑跳。

2. 高原地区温差较大应及时添加衣物防止感冒。

❯ 民俗习惯

1. 迭部县属于全民信佛地区，请尊重当地习俗，不宜随意对着别人拍照。

2. 请勿抚摸小孩的头。

DAY3 扎尕那一日游

扎尕那是天然石头城，位于甘肃省甘南藏族自治州迭部县西北 30 余公里处的益哇乡的一座古城，藏语意为"石匣子"。地形既像一座规模宏大的巨型宫殿，又似天然岩壁构筑。扎尕那山势奇峻、云雾缭绕、宛如仙境。藏寨内游牧、农耕、狩猎和樵采等多种生产活动合理搭配和互补融合，成为人与自然和谐相处的一个典范。可以在扎尕那一日游，徒步游览这神仙净土，晚上继续入住迭部县。

❯ 路况：

县城到景区为省道道路，道路较窄需要注意安全。

❯ 海拔情况

扎尕那：3000 米；迭部县：2900 米。

温馨提示： 该地区紫外线强烈需要注意防晒。

扎尕那景区徒步较多，请穿好走的鞋子，景区条件有限，也需要自行准备干粮。

❯ 旅行锦囊

加油站：沿途没有加油站，需提前在县城将油补满。

❯ 餐饮推荐

迭部县——清真美食、面片、酸奶子、肉肠。

DAY4 迭部县—花湖—郎木寺
（行驶里程 120 公里）

早餐后驱车前往若尔盖大草原，热尔大坝草原是四川最大的草原，是全国第二大草原，仅次于呼伦贝尔大草原，海拔 3468 米。浩原沃野，广袤无垠，是中国最平坦的湿地草原。原野上绿草如茵，簇簇野花，五彩斑斓，遍地牛羊如散落在草原的颗颗珍珠，同时也是全国最大的黑颈鹤保护区。每年的 5～7 月，阳光充足，水色纯美，湖畔开满了鲜花，漫步若尔盖花湖，枕黄河涛声，观日落牧归，共水天一色。下午大家可以在景区旁边草原上尽情驰骋感受草原的辽阔，晚上入住郎木寺镇。

❯ 路况：全程国道加省道路况较好。

❯ 海拔情况

若尔盖花湖：3400 米；郎木寺：3650 米。

温馨提示： 该地区紫外线强烈需要注意防晒。

骑马的时候建议都让藏族人牵着马匹避免出现摔跤。

❯ 沿途特色景区

若尔盖大草原——浩原沃野，广袤无垠，是中国最平坦的湿地草原。

全国乡村旅游重点村（或全国乡村旅游扶贫重点村）

★ **热尔乡项多村**——项多村坐落在四川省阿坝州若尔盖县热尔乡。沿途风景秀丽草原辽阔，水美，空气好。

❯ 旅行锦囊

加油站：沿途中石油覆盖。

△ 扎尕那

△ 扎尕那

▶ 餐饮推荐

若尔盖——手抓牛肉、酸奶、羊肉包子、藏餐、酥油茶。

郎木寺——手抓牛肉、藏餐。

DAY5　郎木寺—兰州
（行驶里程400公里）

郎木寺山势奇峻，云雾缭绕，宛如仙境。一条小溪从镇中流过，溪北是甘肃的"赛赤寺"，南岸属四川若尔盖县的安多达仓郎木寺，中间夹着回族的清真寺，两个藏传佛教的寺庙在这儿隔"江"相望。午餐后驱车返回兰州结束此次行程。

▶ 路况： 全程国道加省道路况较好。

▶ 海拔情况

兰州：1500米；郎木寺：3650米。

温馨提示： 该地区紫外线强烈需要注意防晒。当天返程里程数较多请注意休息。

▶ 全国乡村旅游重点村（或全国乡村旅游扶贫重点村）

★郎木寺镇贡巴村——贡巴村附近有则岔石林、郎木寺、尕海乡、西仓寺、郎木寺仙女洞等旅游景点，有藏羊、碌曲藏獒、碌曲蕨麻猪、碌曲县药材、碌曲冬虫夏草等特产。

★桑科乡桑科——这里有桑科草原、桑科古城遗址等景点，也有蕨麻、冬虫夏草等特产。

▶ 旅行锦囊

加油站：沿途中石油覆盖，中石化较少。

▶ 餐饮推荐

兰州——有正宁街手抓牛肉、烤肉串等回族清真美食。

临夏——有面片等回民美食。

△ 扎尕那

No.9 醉美黄河大坝，领略西北风华

甘南自然风光，当地特色美食

【手绘线路图】

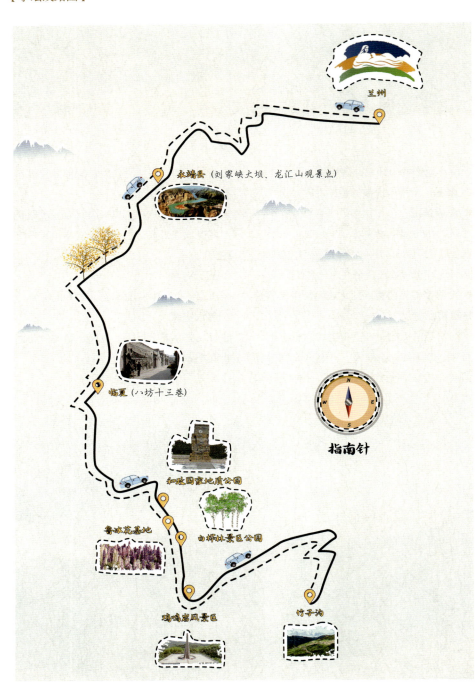

兰州

最靖县（刘家峡大坝、龙汇山观景点）

临夏（八坊十三巷）

和政国家地质公园

薰衣草基地

白桦林景区公园

鸡鸣岩风景区

竹子沟

指南针

【非遗体验】

这条线路上的非物质文化遗产有临夏蛋雕、松鸣岩花儿会、河州贤孝、临夏砖雕、保安族腰刀锻制技艺等。

【土特产】

西瓜、啤特果、蚕豆、双低油菜、蕨菜、马铃薯。

【行程规划】

线路：兰州—临夏—和政—康乐—兰州
总里程：365 公里
推荐时长：4 天

DAY1 兰州—刘家峡大坝—临夏
（行驶里程 150 公里）

早晨驱车上 309 国道、213 国道一路向西，永靖是个花城，这里有闻名遐迩的 4、5 月的郁金香，7 月的马鞭草与荷花，8 月的唐菖蒲，10 月的百合……刘家峡在龙汇山观景台，黄河和洮河呈"Y"形交汇。在两条河流的交汇处，河水一清一浊，互不交融，形成了一条"泾渭分明"的分界线。临夏，八坊十三巷是一条具有特色的古街，这里还有很多名小吃。

⊙ **路况**

1. 全程路况较好，国道为一级路面。
2. 沿途 309 国道、213 国道较多，均限速 80 公里。
3. 观景台附近车流量较多，注意车速和行人安全。

温馨提示： 出行前仔细进行车辆检查，保证在出行途中正常行驶。

⊙ **沿途特色景区**

永靖——有名的甘肃花城，4、5 月的郁金香，7 月的马鞭草与荷花，8 月的唐菖蒲，10 月的百合。

刘家峡——黄河和洮河呈"Y"形交汇。

【线路概况】

甘南地区的奇观是黄河、洮河交汇，河水一清一浊，互不交融，形成了一条"泾渭分明"的分界线，由此分割出了独特的甘肃异地风情。被誉为甘南后花园的永靖，一季一花，装扮着国家地质公园。甘南还有晚古生代地层中盛产的海洋（浅海）古生物化石，被古生物学界誉为"东方瑰宝、高原史书"。

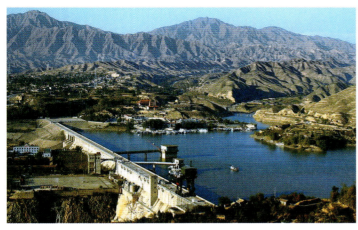
△ 刘家峡水库

△ 黄河母亲雕像

在两条河流的交汇处，河水一清一浊，互不交融，形成了一条"泾渭分明"的分界线。

临夏——人文风光中的一大特色。自古八坊十三巷就因为八座清真寺形成了八个教坊、十三条街巷而得名。

❖ 全国乡村旅游重点村（或全国乡村旅游扶贫重点村）

南龙镇杨家村——这里人居环境很好，是春赏杏花的好去处。

临夏市王坪村——遥看雪山之美，近享田园风光。

折桥镇苟家村——千亩西瓜"邂逅"苟家村，深耕西瓜种植，让生活比瓜甜。

❖ 旅行锦囊

加油站：沿途加油站较多，勿担心车辆补给。

❖ 餐饮推荐

东乡手抓、临夏发子面肠。

DAY2　临夏一和政
（行驶里程 50 公里）

早上驶入高速 G310 或者 S309 道路上，尽情置身大自然中，一路前往和政古生物化石国家地质公园，这里有晚古生代地层中盛产的海洋（浅海）古生物化石，发育良好的晚新生代地层中蕴藏着极为丰富的古脊椎动物化石，被古生物学界誉为"东方瑰宝、高原史书"。下午鲁冰花基地看鲁冰花。

❖ 路况：全程路况都是国道一级路面。

❖ 沿途特色景区

和政古生物化石国家地质公园——西北唯一一座古生物化石博物馆。

鲁冰花基地——鲁冰花，又叫"羽扇豆"，是蔷薇目、豆科、羽扇豆属植物。

❖ 全国乡村旅游重点村（或全国乡村旅游扶贫重点村）

★马家堡镇张湾村——啤特果、蚕豆、双

低油菜、蕨菜等特产。

❖ 旅行锦囊

加油站：沿途加油站较多，勿担心车辆补给。

❖ 餐饮推荐

和政：河沿面片、康乐酿皮子、桶子肉。

DAY3　和政一康乐
（行驶里程 55 公里）

早上驱车前往鸡鸣岩风景区游玩，这里是省级风景名胜区、国家级森林公园，有明成化年间的玉皇阁、菩萨大殿、圣母宫、独岗寺等庙宇，镶嵌在悬崖绝壁，掩映在万绿丛中，春日晨起，整个太子山笼罩在一片云涛雾海之中，山峰时隐时现，美不胜收，药水峡水库波光粼粼。下午到太子山自然保护区鸣鹿乡境内，传说这里很久之前满山遍野都是竹子，竹子沟因此而得名。这里是露营、徒步的好去处。

温馨提示： 景区内严禁吸烟。

❖ 餐饮推荐

康乐酿皮子、康乐搅团、牛羊杂割。

❖ 沿途特色景区

鸡鸣岩风景区——国家级森林公园。

竹子沟——太子山自然保护区鸣鹿乡境内，传说很久之前满山遍野都是竹子，竹子沟因此而得名。

❖ 全国乡村旅游重点村（或全国乡村旅游扶贫重点村）

★康乐县——这里有景古红色政权革命纪念馆。

★景古镇景古村——当归、党参、蚕豆为主要农特产。

DAY4　康乐一临洮一兰州
（行驶里程 110 公里）

早餐后驾车前往白桦林观光园，观光园位

于烈洼村高家窝铺，"这里天气凉爽、风景优美，吃着农家菜，欣赏着田园风光，呼吸着新鲜空气，心情很舒畅"。下午结束本次出行开始返程，返回温馨的家。

❖ 路况：全程路况为国道一级路面。

❖ 沿途特色景区

佛归寺生态旅游园——传说十二长人因体长，难入临洮县城，于是南行，人们好奇追随，追至城南紫云山前，长人一晃不见踪影，追随者更为好奇，从紫云山寻找，在紫云山平台发现"长人"足印，而不见"长人"，因而认为仙归于此，从此紫云山香火不断，声名远播，自唐代始，有人开始在紫云山上修建寺庙，名曰"佛归寺"。

南屏山——在陇中这块干旱贫瘠的土地上，它如同一颗明珠镶嵌在沈河之滨，又以其秀身美姿沉睡于"洮岷花儿"的神奇源头。这便是陇中旅游胜地——临洮南屏山，因山势高同屏障，故而得名。

白桦林——这里有水上空中索道、稻草玩偶、网红桥、轮胎秋千等乡村民宿。

❖ 全国乡村旅游重点村（或全国乡村旅游扶贫重点村）

★中铺镇家沟村——这里有大丽花、花卉、洮河鱼、干甜醅等特产。

★新营乡金场沟村——马铃薯之乡，现在已成全县最大的马铃薯外销集散地。

❖ 旅行锦囊

加油站：沿途加油站较多，勿担心车辆补给。

❖ 餐饮推荐：

和政：啤特果。

临洮：石子馍。

No.10 离地高飞，俯视山川河流

体验极限运动滑翔的视觉刺激

【手绘线路图】

【线路概况】

这是一条集极限运动、人文宗教、民族风情、自然风景、黄河风光为主要亮点的甘肃中部小环线。全程从兰州出发经过永靖县、积石山县、民和县返回兰州，沿途旅游元素非常丰富，有被誉为"高原明珠"的刘家峡水库；有全亚洲最适合滑翔的基地之一的刘家峡国际滑翔营地，可与世界级的滑翔基地相媲美；有"鬼窟"之称的炳灵寺石窟；有白垩纪时期紫红色细砂岩堆积而成的丹霞地貌石林，还有保安族风情的大敦村；更有飞流叠瀑，奇花异草遍布的大墩峡；黄河母亲更是一路陪伴。这条线路有丰富多变的旅游元素，不间断地刺激着自驾游爱好者的眼球，可以说移步换景，趣味无穷。

【非遗体验】

这条线路上的非物质文化遗产很多，有以世界级非物质文化遗产"花儿"和国家级非物质遗产砖雕为主的民族民俗文化。每年农历六月初一到初六，穿着艳丽服装的各族人民从四面八方接踵而来，登山会歌，常聚有数万人，整个花儿会包括拦路、对歌、敬酒、告别等程序，都是在优美的歌声中进行的，从山脚到山顶，从河边到树林，整个临夏都回荡着悠扬高亢的花儿，被国内外专家誉为"民歌的海洋"。

【土特产】

永靖县百合、黄河珍珠米、红枣、刘家峡黄河鲤鱼，积石山县保安腰刀、筏子、阜地手抓羊肉、积石酿皮、大河家鸡蛋皮核桃、干馃、面肠。

【行程规划】

> **线路**：兰州—刘家峡国际滑翔营地—炳灵寺石窟—炳灵石林—大墩峡—兰州
> **总里程**：390公里
> **推荐时长**：3天

DAY1 兰州—永靖县—刘家峡国际滑翔营地
（行驶里程 95 公里）

早晨驱车沿兰磨线、荣兰线至关山乡南堡村参观，随后经永靖县，转县道 X381，前往刘家峡国际滑翔营地，途中观赏美丽的刘家峡水库美景。到达营地之后体验国际级别的滑翔体验，离地飞入天际，俯瞰刘家峡水库。

▶ **路况**：全程路况一般，对车型没有要求，多为山路或县道。

1. 兰州市区有限行规定，请车友务必了解。

2. 沿途山路居多，过弯注意不要占道，小心慢行。

3. 大部分路段限速 60 公里/小时，沿途城镇限速，注意按规定时速行驶。

▶ **海拔情况**

永靖县城：1633 米；刘家峡滑翔营地起点 2300 米，降落地 1720 米；大墩峡景区 2352 米。

温馨提示：请大家根据自身身体情况慎重选择是否体验滑翔。

△ 炳灵寺

△ 兰州市

◉ 沿途特色景区

刘家峡水库——1974 年建成的刘家峡水电站不仅能够发电、防洪，也供游客荡舟水上，由于大坝阻挡，水流变缓，黄沙沉淀，库区内湖面辽阔，环境幽雅，是一个良好的生态观光地。

刘家峡国际滑翔营地——刘家峡国际滑翔营地是一处休闲度假、户外运动的理想之地，作为全亚洲最适合滑翔的基地之一，可与堪称世界三大滑翔基地的澳大利亚滑翔基地、南非滑翔基地、中国嘉峪关滑翔基地相媲美，受到国内喜欢冒险和挑战的青睐、体育爱好者的关注。

◉ 全国乡村旅游重点村（或全国乡村旅游扶贫重点村）

★**关山乡南堡村**——空气清新，花团锦簇，绿荫成林，广聚人气，主要农产品：芦笋、蕹菜、高粱、番茄、南美梨。

◉ 旅行锦囊

加油站：

1. 永靖县城有中国石化和中国石油加油站，均有 95#、92# 汽油以及 0# 号柴油供应。

2. 陈井镇有中国石油加油站，有 95#、92# 汽油以及 0# 号柴油供应。

◉ 餐饮推荐

永靖县：黄河鲤鱼、手抓饭等各类西北美食。

刘家峡国际滑翔营地：滑翔降落地周边有各类农家乐。

DAY2 刘家峡—炳灵寺石窟—炳灵石林
　　（行驶里程 60 公里）

由刘家峡出发前往位于黄河北岸的大寺沟，而岸边的峭壁之上就是有 1600 年历史的炳灵寺石窟，黄河北岸大寺沟的峭壁

之上、随后途经杨塔乡胜利村前往炳灵石林，炳灵石林散落在炳灵寺以北的群山之间。奇峰怪石构连成串，环环相扣，彼此遥相呼应，构筑成一个大气磅礴的石头世界。

◉ 路况：全程路况都是县级路面。

◉ 海拔情况：

炳灵寺石窟：2076 米；炳灵石林：1783 米。

温馨提示：游览景区时请注意脚下安全，主要保护文物，爱护环境。

◉ 沿途特色景区

炳灵寺石窟——这座开凿在黄河北岸大寺沟的峭壁之上的石窟，是"长安—天山廊道的路网"中的一处遗址点，被列入了世界遗产名录。

炳灵石林——这是一座气势磅礴的天然雕塑博物馆，这里千峰林立，万壑争艳，峰峰成奇，岩岩成景。

◉ 全国乡村旅游重点村（或全国乡村旅游扶贫重点村）

★**杨塔乡胜利村**——这里有一座乡村记忆馆，收集了许多村民使用过的生产生活和文化民俗用品，楼、耙、五斗橱、煤油灯、风箱等一件件富有乡村特色和泥土气息的老物件，游客来到这里可以回忆一下过去。

◉ 旅行锦囊

加油站：沿途没有加油站，但全天路程较近，行车时间不长，无须担心。

DAY3 炳灵石林—大墩峡—大墩村—兰州
　　（行驶里程 235 公里）

从酒店出发后，驱车前往大墩峡景区游览，景区内飞瀑遍布，更有奇特古老的变质岩景观；冬季来临，晶莹的冰挂悬在枝头，更加赏心悦目。随后前往大河镇韩陕家村

用午餐，下午可以去大墩村感受一下浓郁的保安族民俗。再然后驱车返回兰州。

◉ 路况：全程路况由县道 + 乡道 + 高速组成。

前往大墩峡景区前的道路为乡道，道路狭窄，个别为土路，沿途占道停车较多，请注意小心慢行。

◉ 海拔情况

大墩峡景区：2352 米。

温馨提示：

1. 大墩峡景区有专门的停车场，沿途私人停车场较多，请注意选择。停车费一般为 20 元 / 车。

景区内游览需徒步 4 ~ 5 小时，请注意准备好少量干粮和饮用水。

2. 山间栈道为木质，下雨天及冬天请注意脚下安全，注意防滑。

◉ 餐饮推荐

大河家镇：保安族美食众多。

◉ 沿途特色景区

大墩峡景区——位于甘、青两省五县交会处。峡谷内群山叠翠，灌木丛生，谷底清溪潺潺，山间飞瀑遍布，更有奇特古老的变质岩景观，同时也有大禹文化、保安族民俗文化等人文特色。

大墩村这里是保安族的聚居地，浓郁的保安族民俗文化让这里有了独特的风情。

◉ 全国乡村旅游重点村（或全国乡村旅游扶贫重点村）

★**大河镇韩陕家村**——附近有大墩峡、大山庄峡景区、积石民俗村、鲁班石、积石山保安族东乡族撒拉族自治县博物馆等旅游景点，有大河家鸡蛋皮核桃、面肠、筏子面肠、干馃、盘馓等特产。

No.11 探秘尼雅文化之旅

访尼雅遗址，赏大漠胡杨巅峰穿越之旅

【手绘线路图】

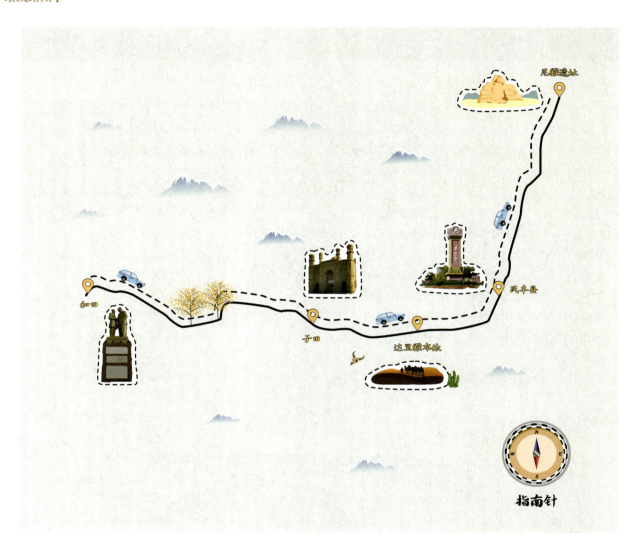

指南针

【线路概况】

和田市位于新疆西南部和田地区，塔克拉玛干沙漠南侧边缘的绿洲内，是古代"丝绸之路"上的重镇。玉龙喀什河源于昆仑山，流经洛浦县、和田市，河里盛产白玉、青玉和墨玉，自古以来是和田出玉的主要河流。和田最有名的是玉泉湖夜景。动感、变幻无穷的音乐喷泉水景，是和田的一张亮丽名片。和田县的"葡萄长廊"创造了葡萄栽培史上的奇迹，蔚为壮观。徜徉其间，脚下是乡间小路，头顶翡翠般的葡萄，一派田园景色，使人犹入仙境，流连忘返。

【非遗体验】

和田是有名的歌舞之乡，最著名的是于阗乐舞。

【土特产】

和田玉、艾德莱斯绸、和田地毯、维吾尔族小花帽、和田小刀。

【行程规划】

线路：各地—和田—达里雅布依—民丰—和田—各地
总里程：1270公里
推荐时长：4天

DAY1 和田
（行驶里程 10 公里）

指定时间到和田集合，抵达酒店后放下行李，前往和田夜市寻觅美食。来到和田如果不去和田夜市，就不算到和田，和田夜市的美食种类多样，羊肉串、羊蹄子、烤包子、凉皮、烤鱼……

▶ 路况：路途较短，均在市区。
和田市区人流量较大，请车友开车注意。

▶ **沿途特色景区**

和田夜市——和田夜市是和田的旅游"名片"。

△ 和田夜市

> **旅行锦囊**

加油站：和田加油站较多，中石化、中石油均有。

> **餐饮推荐**

和田夜市：红柳羊肉串、酸奶粽子、玫瑰烤馕、炭火烤鸽子。

DAY2　和田—于田—沙漠穿越—达里雅布依
（行驶里程 600 公里）

早上前往于田，办理进入达里雅布依相关手续，前往达里雅布依的路途行驶难度较高，此行为沙漠穿越，需充分预留行程时间。

> **路况：**和田至于田全程路况都是国道三级路面。

于田进入达里雅布依为沙漠公路，路程较为颠簸，建议驾驶 SUV、越野车等通过能力较强的车型。

> **沿途特色景区**

达里雅布依——在世界第二大沙漠塔克拉玛干沙漠的腹地，有一块被中外考古探险家称为"世外桃源"的绿洲，因其与世隔绝而鲜为人知。

> **全国乡村旅游重点村（或全国乡村旅游扶贫重点村）**

★英阿瓦提乡阿孜乃米其村——这里位于和田县北边，紧邻喀拉喀什河，特产为红柳、沙棘、以农业为主。

> **旅行锦囊**

加油站：沿途和田县、洛浦县、策勒县、于田县、加油站比较多，主要以中国石油为主，于田进入达里雅布依，有 92#、95# 汽油以及 0# 号柴油供应（中国石油）。

> **餐饮推荐**

于田：大盘鸡。

策勒：羊蝎子火锅。

温馨提示：沙漠穿越，建议严格控制四条轮胎的胎压统一程度，可以将胎压调整到 1.6 ~ 2.0bar，气压调低可以提升车辆的通过性。

△ 和田风光

△ 塔克拉玛干沙漠

DAY3　**达里雅布依—胡杨林（路边）—民丰县**
（行驶里程 360 公里）

从达里雅布依营地出发，依旧沿着沙漠公路穿越至民丰县，沿途可见千姿百态的原始胡杨林、神秘的沙漠景观。也将经历不同的西域风情，走进无人区，走进没有地图可指示的路。

❯ **沿途特色景区**

胡杨林——"胡杨生而千年不死，死而千年不倒，倒而千年不朽。"胡杨是生长在沙漠的唯一乔木树种，且十分珍贵，可以和有"植物活化石"之称的银杏树相媲美。全国胡杨林面积的 90% 以上都在新

△ 胡杨林

△ 尼雅遗址

疆，而其中的 90% 又集中在新疆南部的塔里木盆地。

❯ 全国乡村旅游重点村（或全国乡村旅游扶贫重点村）

★**萨吾则克乡喀拉墩村**——位于和田县东北，紧邻西和高速，当地生产棉花，特产有甜瓜、小麦、玉米等。

❯ 旅行锦囊

加油站：民丰县县城有中国石油（民丰城东加油站）、中国石油（民丰第二加油站），加油站有 95#、92# 汽油以及 0# 号柴油供应。

❯ 餐饮推荐

民丰县：烤鸡、牛肉面、大盘鹅、炸鱼。

DAY4　民丰—尼雅遗址（景点）—和田
（行驶里程 300 公里）

从酒店出发前往尼雅遗址，尼雅遗址是汉晋时期精绝国故址，尼雅遗址内发现有房屋、场院、墓地、佛塔、佛寺、田地、果园、畜圈、河渠、陶窑、冶炼遗址等遗迹。出土有木器、铜器、铁器、陶器、石器、毛织品、钱币、木简等遗物。之后经过西莎县抵达和田。

❯ 沿途特色景区

尼雅遗址——汉晋时期精绝国故址。

和田大巴扎——感受少数民族风情集市。

和田河——由南向北贯穿塔克拉玛干沙漠的大河。

❯ 全国乡村旅游重点村（或全国乡村旅游扶贫重点村）

★**木哈拉镇博斯坦村**——紧邻克里雅河，该地区盛产一种比较稀少的名贵中药材：红柳大芸。

❯ 旅行锦囊

加油站：民丰县县城有中国石油（民丰城东加油站）、中国石油（民丰第二加油站），沿途经过的县城均有中国石油加油站，加油站有 95#、92# 汽油以及 0# 号柴油供应。

❯ 餐饮推荐

于田：麻鸭、手抓饭。

DAY5　和田散团

早餐后自行规划回程线路，和田公路发达，可通往喀什、阿克苏、乌鲁木齐等地，并有和田机场、火车和田站等大交通枢纽站。

温馨提示： 和田地区沙尘暴较多，注意防护。

❯ 餐饮推荐

烤蛋、手抓饭、红柳烤肉、烤包子、水果。

No.12 走进和田看千姿百态

品和田美食，感受浓郁的民族风情

【手绘线路图】

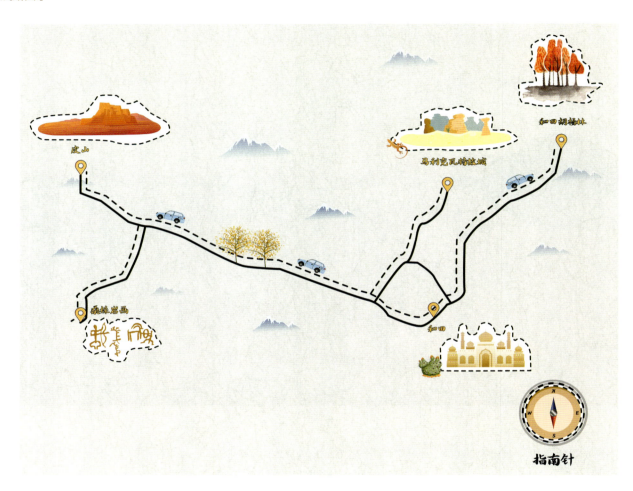

【线路概况】

和田位于新疆南隅，古称"于阗"。在这里有着丰富的文化遗产、奇特的自然风光、浓郁的民俗风情和众多美食。和田玉在中国至少有 7000 年的历史，是中国玉石文化的主体。在和田还能体验大漠风情。

【非遗体验】

和田是有名的歌舞之乡，最著名的是于阗乐舞。

【土特产】

和田玉、艾德莱斯绸、和田地毯、维吾尔族小花帽、和田小刀。

【行程规划】

> 线路：全国各地—和田—皮山县—和田
> 总里程：470 公里
> 推荐时长：3 天

DAY1 和田
（行驶里程 10 公里）

抵达和田后放下行李，前往和田夜市寻觅美食。来到和田如果不去和田夜市，就不算到过和田，和田夜市的美食种类多样，有羊肉串、羊蹄子、烤包子、凉皮、烤鱼。

> **路况：** 路途较短，均在市区。

和田市区人流量较大，请车友开车注意。

> **沿途特色景区**

和田夜市——和田夜市是和田的旅游"名片"。

> **旅行锦囊**

加油站：和田加油站较多，中石化、中石油均有。

> **餐饮推荐**

和田夜市：红柳羊肉串、酸奶粽子、玫瑰烤馕、炭火烤鸽子。

DAY2 和田—皮山县
（行驶里程 310 公里）

从和田出发，前往皮山县，一路上沿途欣赏野生胡杨林，周边有广阔的沙漠、水库和湿地景观。下午前往欣赏桑株岩画，途经桑株镇色依提拉村，桑株岩画刻在皮山县

△ 和田风光

桑株乡乌尔其村的一块岩石上，画面正对着河滩，反映远古时代畜牧和狩猎的生活。

路况： 全程高速＋国道。

和田到皮山县全程高速＋国道，康克尔乡乌尔其村路面地基较低。

温馨提示： 需要蹲下才可以看清脚底的岩画。

沿途特色景区

桑株岩画——人像和动物都很形象，线条古朴，风格质朴，一般认为是原始氏族社会时期的作品。

桑株古道——桑株古道是喀喇昆仑山的神秘古道，它是盛唐时代丝绸之路分支，抗日战争中"意外"的生命运输线。

桑株古核桃园——这里连片生长着 37 棵500 年以上树龄的古核桃树，核桃树冠枝叶茂盛。

全国乡村旅游重点村（或全国乡村旅游扶贫重点村）

★ **桑株镇色依提拉村**——皮山县桑株镇色依提拉村的特色是核桃王果树，枝干苍劲、叶茂果繁、奇形怪状、颇为壮观，是丝绸之路上的一道亮丽风景。

旅行锦囊

加油站：

1. 沿途均有加油站，出行前请加满油。

2. 前往桑株古道需要到皮山县边防大队办理边防证，才能通过边境线。

餐饮推荐

皮山县：羊肉串、凉皮。

温馨提示： 在这片区域旅游，步子不宜过大、过急，特别是在南疆和田沙漠旅游，最好穿高帮鞋，以免沙子进入鞋内，影响

行路。袜子应大小合适、平整，有砂石入鞋要及时取出。

DAY3 皮山县—和田
（行驶里程 300 公里）

出发前往玛利克瓦特故城，传说很久很久以前，这里还是荒无人烟的沙漠，有个美丽聪慧的公主来到这里，于是有了雄伟的城堡、茂密的树林，沙漠瞬间变成富饶的绿洲。

温馨提示： 和田地区沙尘暴较多，注意防护。

餐饮推荐

烤蛋、手抓饭、红柳烤肉、烤包子、水果。

景点推荐

和田大巴扎——感受少数民族风情集市。

和田河——中国塔里木河三大源流之一。

尼雅遗址——汉晋时期精绝国故址。

△ 和田大巴扎

△ 桑株岩画

No.13 情迷帕米尔，探访古丝路

探寻古丝绸之旅重镇——喀什噶尔

【手绘线路图】

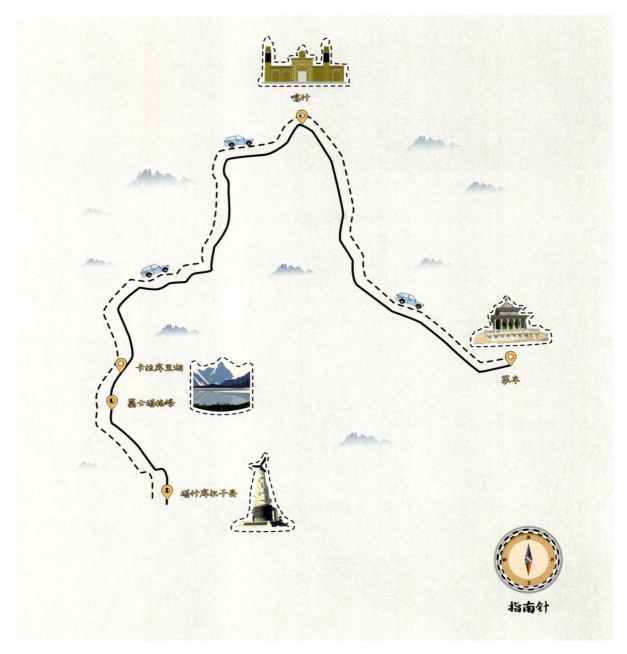

【线路概况】

本段行程主要在喀什噶尔地区，游玩周边的景区，线路走向是从喀什市区出发，沿吐和高速，全程经过莎车县再返回喀什市区，沿途可游玩观赏景区众多，南疆特有的胡杨林素有"千年不倒，倒后千年不死"之称，还有一段著名的沙漠公路，在限速的国道上惬意地欣赏黄沙漫舞，延绵不断的沙漠向天边蔓延，别有一番滋味。路上还会有戈壁、绿洲、黄土、草原，南疆的险、南疆的荒芜以及南疆的风景，都在这条路上。

【非遗体验】

喀什市的"皮里克节"是当地最为古老的节日，古尔邦节是伊斯兰教传统的节日，喀什地区90%是维吾尔族，在喀什能体验到最纯粹的古尔邦节。

【土特产】

喀什小茴香、石榴、杏干、无花果、艾德莱斯绸土陶、木模彩色印花布。

△ 卡拉库里湖

【行程规划】

线路： 喀什—香妃墓—莎车县—塔什库尔干县—慕士塔格峰—喀什

总里程： 1100 公里

推荐时长： 5 天

DAY1　各地抵达喀什

抵达喀什市，先到酒店休息，之后可前往城东莫尔佛塔，城南的盘橐城（又名班超城）逛逛，可以到张骞公园，夜晚漫步喀什城区，感受现代的西域风情。

▶ 交通状况

乘坐新疆的南疆铁路，直达终点喀什火车站。成都、上海、西安、乌鲁木齐有直达喀什机场的航班。

1. 喀什市区公交车线路总共有 25 条，线路较少，覆盖城区主要道路，连接各个风景名胜古迹。

2. 喀什出租车十分紧张，冬天经常出现打不上车的情况，打上了基本上也是拼车。夏天打车也要 10 ～ 20 分钟，也经常出现拼车。

3. 市区内限速，个别路段实行双向限速，注意谨慎行驶。

温馨提示：

1. 新疆与内地城市有 2 小时时差，作息时间应推后 2 小时，旅游活动通常安排在 9:00 ～ 20:00。中午吃饭一般是在下午 2 ～ 3 点，可以准备些干粮以备不时之需。

2. 喀什属暖温带大陆性干旱气候带，四季分明，光照长，气温变化大，降水很少，蒸发快。夏季炎热，但酷暑期短；冬无严寒，但低温期长；春夏多大风、沙暴、浮尘天气。在途中一定要多喝水以补充体内水分，准备好防晒物品如遮阳帽、伞、太阳镜、防晒霜等。

3. 旅游行程长，温差大，水质也较硬，一时难以适应，可能会出现水土不服症状，

△ 喀什古城

△ 盘龙古道

△ 盘橐城

△ 塔莎古道

应携带一些感冒药或治疗腹泻的药物，如泻痢停等。

市内特色景区

盘橐城——又名班超城，是西域三十六国之一的疏勒国宫城，73 年成了班超经营西域的大本营，班超立足疏勒，荡平匈奴势力，完成了统一西域的宏伟大业。

张骞公园——建有张骞纪念馆、科技文化馆、博望宾馆等建筑，包括张骞纪念馆·疏勒历史博物馆和科技文化中心、星级酒店，配套了凉亭、茶馆、雕塑等设施。

莫尔佛塔——一座古代佛教遗迹，始建于唐代，距今已有 1000 多年的历史。卵圆形土塔中空，塔高 12 米多，下有三层方座，以大土坯砌筑而成。

餐饮推荐

喀什：烤全羊、烤羊肉串、清炖羊肉。

DAY2 喀什古城—香妃墓—喀什

早餐后漫步喀什古城景区，2100 余年前张骞对喀什古城就有过最早的文字记录。下午前往位于城东的香妃墓。晚上继续住喀什。

路况： 市区道路路况较好。

市区人流量较大，切记不要违章超速。

温馨提示： 白天日照较强，注意防晒，补充水分。

中午吃饭一般是在下午 2 ~ 3 点，可以准备些干粮以备不时之需。

沿途特色景区

喀什古城——国家 5A 级旅游景区，位于喀什市中心，占地面积 20 平方公里。历史悠久、文化丰厚、风情独特，它蕴藏着传统文化和现代文化的精髓。

香妃墓——这是一座典型的伊斯兰古建筑群，据说乾隆皇帝的爱妃身上有一股沙枣花香，这位爱妃被称为"香妃"，其死后葬于此处。

全国乡村旅游重点村（或全国乡村旅游扶贫重点村）

★ **荒地乡园艺场 7 村**——有特色林果和玫瑰花，戈壁与千年胡杨交相辉映，玫瑰园与吐曼河景观带各放异彩。

★ **伯什克然木乡博斯坦 7 村**——有特产木纳格葡萄、无花果和酸梅。

餐饮推荐

喀什：馕坑烤肉、烤包子、抓饭、拉面、油塔子。

DAY3 喀什—莎车县—塔莎古道（景点）—塔什库尔干县
（行驶里程 700 公里）

早餐后驱车进入吐和高速，行驶在沙漠公路上，时而沙漠时而绿洲，中午抵达莎车县，下午行经塔莎古道，深入昆仑山腹地，深入帕米尔高原，这里集风景和人文于一身，有雪山、峡谷、村庄、田园和塔吉克风俗等诸多元素，还能饱览帕米尔河谷的景色。这里峡谷深邃，与世隔绝，民风也特别淳朴，晚上入住塔什库尔干县。

路况： 全程高速加省道。

1. 吐和高速为沙漠高速公路，路面平整，行驶难度较小。

2. 塔莎古道，这条古道深入昆仑山腹地，

△ 胡杨林

△ 香妃墓

△ 张骞公园

驾驶难度堪比国道318。

温馨提示： 沙漠公路行驶时间长，紫外线强，气温高，注意防晒及补充水分，途中无就餐点，提前准备干粮和水。

沿途特色景区

泽普金胡杨森林公园——坐落在叶尔羌河冲积扇上缘，天然胡杨林面积多达2万亩，远处是巍巍昆仑山，脚下的叶尔羌河支流奔腾不息，从公园内穿过，雪域昆仑和叶尔羌共同孕育了这片神奇的土地。

帕米尔高原——古丝绸之路在此经过。地处中亚东南部、中国的最西端，横跨塔吉克斯坦、中国和阿富汗。是亚洲多个主要山脉的汇集处。

塔莎古道——道路的险峻程度超过了318、219、317、丙察察线，有时仿佛进入了世外桃源，流水、人家独居一隅；有时方圆百里都荒凉无人，苍凉孤寂。

旅行锦囊

加油站：全程中石油、中石化覆盖。

餐饮推荐

莎车县：烤鱼、干果、烤包子。

塔县：椒麻鸡、大盘鸡、大尾羊。

沙漠公路提示

1. 车辆检修好（夏季车辆轮胎要充氮气），如果车辆一旦发生故障，道路救援需要很长的时间才能到达，且维修费用昂贵。

2. 注意控制车速，特别注意坡陡弯急处和视线盲点。

3. 让车、超车、会车时不要太靠路边，防止路基松软卡陷车轮造成事故。

4. 当天行车时间较长，在途中一定要多喝水以补充体内水分，准备好防晒物品如遮阳帽、伞、太阳镜、防晒霜等。

全国乡村旅游重点村（或全国乡村旅游扶贫重点村）

★ **喀群乡坎其木都村**——有小麦、棉花、玉米，还有养殖的家禽。

★ **乌达力克乡普拉村**——主要特产有香蕉、黄豆、无花果、火龙果、生姜、角瓜和板鸭。

DAY4 **塔县—盘龙古道（路边）—慕士塔格峰（景点）—卡拉库里湖（景点）—喀什**
（行驶里程400公里）

早餐后前往盘龙古道，弯道较多，短短30公里内海拔陡然上升，感受了盘龙古道的刺激后前往慕士塔格峰，其雄伟高大的身躯巍然屹立于帕米尔高原上。倒挂的冰川，犹如胸前飘动的银须，故有"冰山之父"的美称。而更多的人则是以朝圣者的虔诚来这儿领略慕士塔格峰与卡拉库里湖相映成趣的湖光山色，或搜集深深蕴藏在慕士塔格峰下、卡拉库里湖底深沉的文化底蕴。下午在山脚下，在卡拉库里湖附近拍照，晚上入住喀什。

路况：

1. 全程省道路况较好，部分地区弯道较多。

2. 盘龙古道弯道较多，行驶难度较大，需要注意安全。

温馨提示： 沙漠公路行驶时间长，紫外线强，气温高，注意防晒及补充水分，在这条线路上就餐时间较晚，需要提前准备干粮和水。在景区游览时注意安全，不要剧烈跑跳，尽量穿好走的鞋子，风沙大可以准备一条丝巾。

沿途特色景区

慕士塔格峰——属于昆仑山脉，是西昆仑山脉第三高峰。三山耸立，如同擎天玉柱，屹立在美丽的帕米尔高原上，成为帕米尔高原的标志。

盘龙古道——当地叫瓦恰公路，全部盘山公路超过600个S弯道，海拔约4100米。

卡拉库里湖——是一座高山冰蚀汇碛湖。水面映衬着巍峨又神秘的慕士塔格峰，白雪皑皑，山水同色，景色十分迷人。

旅行锦囊

加油站：

1. 途中加油站较少，建议在县城提前将油补满，有中石油和中石化加油站。

2. 人民南路站也有中国石化加油站。

3. 外环贰号站有中石化加油站。

4. 疏附加油站有中石油加油站。

餐饮推荐

塔县：椒麻鸡、大盘鸡、大尾羊。

喀什：烤全羊、烤羊肉串、清炖羊肉。

全国乡村旅游重点村（或全国乡村旅游扶贫重点村）

★ **帕哈太克里乡尤喀尔克喀库拉村**——被誉为"稻乡泉村"，凭借30多处得天独厚的泉眼，大力发展乡村旅游，一跃成为喀什市美丽乡村建设核心区、游客心中的"网红打卡地"。

DAY5 **喀什—各地**

早餐后从喀什出发返程，选择飞机、火车等交通工具。告别西域古城之旅！

路况：市区道路。

餐饮推荐

喀什：馕、馓子、烩菜、灌面肺和灌米肠。

No.14 丝路古城·两千年的文化碰撞

风光看喀纳斯，人文看喀什噶尔

【手绘线路图】

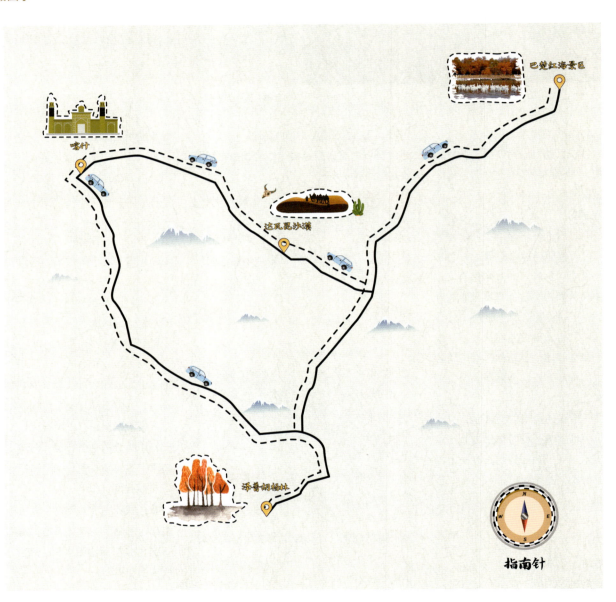

【线路概况】

本段行程主要在喀什噶尔地区，游玩周边的景区，中间某些路段会有重复。线路走向从喀什市区出发，沿吐和高速、三莎高速，全程经过莎车县、麦盖提县、巴楚县再返回喀什市区，沿途可游玩观赏景区众多，南疆特有的胡杨林景区，胡杨素有"活着一千年不死，死后一千年不倒，倒后一千年不朽"之称，还有一段著名的沙漠公路，在限速的国道上惬意地欣赏黄沙漫舞，延绵不断的沙漠向天边漫延，别有一番滋味。路上还会有戈壁、绿洲、黄土、草原，南疆的险、南疆的荒芜以及南疆的风景，都在这条路上。

【非遗体验】

喀什市的"皮力克节"是当地最为古老的节日、古尔邦节是伊斯兰教传统的节日，喀什地区 90% 是维吾尔族，在喀什能体验到最纯粹的古尔邦节。

【土特产】

喀什小茴香、石榴、杏干、无花果、艾德莱丝绸土陶、木模彩色印花布。

【行程规划】

线路：喀什—香妃墓—泽普—巴楚红海—达瓦昆沙漠—喀什

总里程：880 公里

推荐时长：5 天

△ 巴楚红海景区

DAY1　各地抵达喀什

抵达喀什市，先到酒店休息，之后可前往城东莫尔佛塔，城南的盘橐城，又名班超城，可以到张骞公园，夜晚漫步喀什城区，感受现代的西域风情。

▶ **交通状况：**乘坐新疆的南疆铁路，直达终点喀什火车站。成都、上海、西安、乌鲁木齐有直达喀什机场的航班，抵达喀什也是很方便。

1. 喀什市区公交车线路总共有 25 条，线路较少，覆盖城区主要道路，连接各个风景名胜古迹。

2. 喀什出租车十分紧张，冬天经常出现打不上车的情况，打上了基本上也是拼车。夏天打车也要 10 ~ 20 分钟，也经常出现拼车。

3. 市区内限速，个别路段实行双向限速，注意谨慎行驶。

温馨提示：

1. 新疆与内地城市有 2 小时时差，作息时间应推后 2 小时，旅游活动通常安排在 9:00 ~ 20:00。

2. 喀什属暖温带大陆性干旱气候带，四季分明，光照长，气温年和日变化大，降水很少，蒸发旺盛。夏季炎热，但酷暑期短；冬无严寒，但低温期长；春夏多大风、沙暴、浮尘天气。在途中一定要多喝水以补充体内水分，带好防晒物品如遮阳帽、伞、太阳镜、防晒霜等。

3. 旅游行程长，温差大，水质也较硬，一时难以适应，可能会出现水土不服症状，应携带一些感冒药或治疗腹泻的药物，如泻痢停等。

▶ **市内特色景区**

盘橐城——又名班超城，是西域三十六国之一的疏勒国宫城，73 年成了班超经营西域的大本营，班超立足疏勒，荡平匈奴势力，完成了统一西域的宏伟大业。

张骞公园——疏勒县张骞公园内建有张骞纪念馆、科技文化馆、博望宾馆等。早在西汉建元三年（公元前 138 年）张骞出使西域时，就有"疏勒国，王治疏勒城"的文字记录。

△ 胡杨林

△ 喀什古城

△ 胡杨林

莫尔佛塔——一座古代佛教遗迹，始建于唐代，距今已有 1000 多年的历史。卵圆形土塔中空，塔高 12 米多，下有三层方座，以大土坯砌筑而成。

> **全国乡村旅游重点村（或全国乡村旅游扶贫重点村）**

★**色满乡阿塔古村**——这里盛产树莓，可以购买。

★**阿瓦提乡喀鲁克村**——盛产喀什野生小圆枣，可以过去品尝购买。

> **餐饮推荐**

喀什：烤全羊、烤羊肉串、清炖羊肉。

DAY2 **喀什古城—香妃墓—喀什**

早餐后漫步喀什古城景区，下午前往位于城东的香妃墓。

> **路况：**市区道路。

市区人流较大，切记不要违章超速。

温馨提示：白天日照较强，注意防晒，补充水分。

> **沿途特色景区**

喀什古城——国家 5A 级旅游景区，占地面积 20 平方公里。

香妃墓——这是一座典型的伊斯兰古建筑群，也是伊斯兰教圣裔的陵墓，据说香妃是乾隆皇帝的爱妃，她身上有一股沙枣花香，便称"香妃"，其死后葬于此。

> **全国乡村旅游重点村（或全国乡村旅游扶贫重点村）**

★**荒地乡园艺场 7 村**——发展壮大特色产业，特色林果和种植玫瑰花，戈壁与千年胡杨交相辉映，玫瑰园与吐曼河景观带各放异彩。

★**伯什克然木乡博斯坦 7 村**——紧紧依

托地缘、资源优势，加大农业产业结构调整，重点发展以木纳格葡萄、无花果、酸梅为主的特色林果业。

> **餐饮推荐**

喀什：馕坑烤肉、烤包子、抓饭、拉面、油塔子。

> **民俗习惯**

1. 景区内禁止明火，请勿吸烟。

2. 在少数民族餐馆、毡房洗手、洗脸时，清洗后不要去甩手上的水。

3. 少数民族女子不与男子握手。

4. 去维吾尔族人家中做客，坐的时候不能将腿伸直，要盘腿或跪着坐。

DAY3 **喀什—泽普胡杨林—巴楚红海景区—巴楚**
（行驶里程 530 公里）

早餐后驱车进入吐和高速，行驶在沙漠公路上，时而沙漠时而绿洲，中午抵达泽普胡杨林景区，下午沿吐和高速、三莎高速前往巴楚红海景区，晚宿巴楚县。

> **路况：**400 公里的高速公路，少部分省道。

1. 吐和高速为沙漠高速公路，路面平整，行驶难度较小。

2. 三莎高速全程 230 公里，设计时速 120公里，谨慎驾驶，避免违章超速。

温馨提示：沙漠公路行驶时间长，紫外线强，气温高，注意防晒及补充水分，途中无就餐点，提前准备干粮。

> **沿途特色景区**

泽普金胡杨森林公园——坐落在叶尔羌河冲积扇上缘，天然胡杨林面积多达 2 万亩，远处是巍巍昆仑山，脚下的叶尔羌河支流奔腾不息，从公园内穿越而过，雪域昆仑和叶尔羌共同孕育了这片神奇的土地。

巴楚红海景区——这里有着唐王城、古烽燧遗址、卡拉姆达尔拜克古墓等历史文化遗迹，有金色胡杨、大漠风光、平原湖泊等自然景观，是南疆不可多得的原始生态胡杨旅游基地。

> **旅行锦囊**

加油站：

1. 出喀什市区上高速前沿途有多个加油站，有 98#、95#、92#（中国石油）。

2. 吐和高速 100 公里处有克孜勒服务区（中国石油）。

3. 三莎高速 120 公里处，英吾斯塘服务区加油站有 95#、92#（中国石化）。

△ 沙漠日落

△ 沙漠

❯ 餐饮推荐

莎车：烤鱼，干果，烤包子。

沙漠公路提示：

1. 车辆检修好（夏季车辆轮胎要充氮气），如果车辆一旦发生故障，道路救援需要很长的时间才能到达，且维修费用昂贵。

2. 注意控制车速，特别注意坡陡弯急视线盲点。

让车、超车、会车时不要太靠路边，防止路基松软卡陷车轮造成事故。

❯ 全国乡村旅游重点村（或全国乡村旅游扶贫重点村）

喀群乡坎其木都村——传统主要农作物有小麦、棉花、玉米，现在有养殖企业，农产品附加值加工企业。

乌达力克乡苏普拉村——主要农产品有香蕉、黄豆、无花果、火龙果、生姜、角瓜。

DAY4 巴楚—达瓦昆沙漠—喀什
（行驶里程 320 公里）

早餐后上三莎高速，在麦盖提县换麦喀高速，前往达瓦昆沙漠景区，景区内沙水相连，沙漠探险、骆驼探险、水上娱乐等旅游项目惊险而刺激，晚上抵达喀什！

❯ 路况：全程大部分为国家三级高速公路。路面平整，路障显眼，过往大车较多，注意避让。

温馨提示： 新疆道路严查超速现象，注意限速，避免违规超速。

❯ 沿途特色景区

达瓦昆沙漠——被称为"中国沙漠风景旅游之乡"。

❯ 全国乡村旅游重点村（或全国乡村旅游扶贫重点村）

阿纳库勒乡——这里有巴楚红海景区，景区有唐王城、古烽燧遗址、卡拉姆达尔拜克古墓等历史文化遗迹，有金色胡杨、大漠风光、平原湖泊等自然景观，是南疆不可多得的原始生态胡杨旅游基地。

❯ 旅行锦囊

加油站：全程 320 多公里，沿途有多个加油站。

❯ 餐饮推荐

巴楚：烧烤、木沙江烤肉。

喀什：红柳烤肉、灌米肠、烤包子。

DAY5 喀什—各地

早餐后从喀什出发返程，选择飞机、火车等交通工具。告别西域古城之旅！

❯ 路况：市区道路。

❯ 餐饮推荐

喀什：馕、馓子、烩菜、灌面肺和灌米肠。

△ 香妃墓

No.15 神奇阿克苏·迷人库车

塞外江南之重走阿克苏

【手绘线路图】

【线路概况】

本段行程主要围绕阿克苏地区和库车，游玩周边的景区，中间某些路段会有重复。线路走向从阿克苏市出发，到达库车后再返回阿克苏，沿途可游玩观赏景区众多，有新疆神秘峡谷之一的温宿大峡谷，途中游览有 1000 多年历史的龟兹古城，走一小段独库公路抵达拜城，参观与莫高窟齐名的克孜尔千佛洞壁画。

【非遗体验】

阿克苏木器、刺绣、阿克苏的"多浪文化"、龟兹文化、库车大馕、库车萨玛尔舞。

【土特产】

阿克苏苹果、库车小白杏与哈密瓜。

【行程规划】

线路： 阿克苏—温宿大峡谷—库车王府—库车—龟兹魔鬼城—克孜尔千佛洞—阿克苏

总里程： 910 公里

推荐时长： 4 天

DAY1 阿克苏

抵达阿克苏市，游览阿克苏市区，可去阿克苏燕泉公园登高望远一览阿克苏市全貌，或去阿克苏地区博物馆解读龟兹文化的奥秘。

◆ **交通状况**

1. 阿克苏市区公交车线路总共有 35 条，线路较少，教育路、健康路、中原路、文化西路、塔北路没有公交车线路覆盖。

2. 阿克苏出租车比较紧张，冬天会出现打不上车的情况，夏天打车也要耐心等待，经常出现拼车。

3. 市区内限速，个别路段实行双向限速，注意谨慎行驶。

◆ **温馨提示**

1. 新疆与内地城市有 2 小时时差，作息时间应推后 2 小时，旅游活动通常安排在 9:00 ~ 20:00。阿克苏气候干燥风沙大，日照时间长，紫外线照射强烈，在途中一定要多喝水及时补充体内水分，带好防晒物品如遮阳帽、伞、太阳镜、防晒霜等。

2. 旅游行程长，温差大，水质也较硬，一时难以适应，可能会出现水土不服症状，应携带一些感冒药或治疗腹泻的药物，如泻痢停等。

◆ **市内特色景区**

阿克苏博物馆——藏品以反映阿克苏地区历史文化底蕴为主，共有藏品数量 11274 件。

多浪河国家级湿地公园——南疆地区最大的国家级湿地公园，拥有典型的西北干旱区淡水湿地。

△ 克孜尔千佛洞

燕泉公园——被誉为"天南第一胜景"，园内有奇特的三大景观：燕子山、九眼泉和小幽园。

❯ 全国乡村旅游重点村（或全国乡村旅游扶贫重点村）

★**温宿克孜勒布拉克村**——主要农产品有莴苣、沙果、绿叶菜、丝瓜、樱桃、梨子、莲藕。

★**博孜墩村**——小村庄正在发生大变化，沿途雅丹地貌和当地的民俗风情风貌非常值得一看。

❯ 餐饮推荐

阿克苏：薄皮包子、馕坑肉、抓饭、老酸奶。

DAY2 阿克苏—温宿大峡谷—库车王府—库车
（行驶里程 310 公里）

早餐后驱车沿吐和高速出发，前往温宿大峡谷，观看中国西部最壮美的丹霞地质奇景、中国盛名的岩盐喀斯特地质胜景。下午前往库车王府游玩，库车王府是历史悠久的宫殿，建筑风格独特。王府内有龟兹博物馆、库车王府文物馆、库车民俗展馆、末代"库车王"官邸清代城墙等。晚上抵达库车入住酒店。

❯ 路况：有吐和高速，还有乡道。
阿克苏到温宿大峡谷为高速公路。
温宿大峡谷至库车王府，有乡道和高速公路。

温馨提示： 全天行驶时间长，注意防晒，补充水分。

❯ 沿途特色景区

温宿大峡谷——新疆神秘峡谷之一，曾是玄奘法师西行取经的必经之路。

库车王府——十二代世袭"库车王"的府邸。

❯ 全国乡村旅游重点村（或全国乡村旅游扶贫重点村）

★**阿瓦提县恰其村**——发展乡村旅游，正在着力打造 3A 级旅游景区。

★**塔里木乡英达里亚村**——依托当地农副产品，努力改善人民的生活水平。

❯ 旅行锦囊

加油站：阿克苏地区和库车市沿途加油站（中石油、中石化）都比较多。

❯ 餐饮推荐

温宿县：羊咩咩馕坑肉。

阿瓦提县：串烤油包肝。

库车：手抓饭、大盘鸡。

DAY3 库车—龟兹故城—克孜尔千佛洞—阿克苏
（行驶里程 600 公里）

早餐后驱车经天山西路、文化西路到达龟兹古城，古城是具有 1000 多年历史的西域重镇，是龟兹文化的发祥地。然后驾车经独库公路，前往克孜尔千佛洞游览，克孜尔千佛洞是我国开凿最早、地理位置最西的大型石窟群。壁画总面积 1 万余平方米。其风格独特之窟形和壁画，均可代表当时龟兹文化的水平，有很高的研究价值。下午抵达阿克苏入住酒店。

❯ 路况：有高速，还有一小段独库公路和小部分省道。

温馨提示： 这条线路行驶时间长，紫外线强，气温高，注意防晒及补充水分。

❯ 沿途特色景区

龟兹故城——龟兹古国是古代西域之大国，地处丝绸之路上的中西交通要中，连

△ 龟兹博物馆

△ 龟兹故城

△ 库车王府

接东西方之贸易，传载东西方之文明，在世界经济、文化历史上占据着重要位置。

克孜尔千佛洞——这座千佛洞正式编号的有236个窟，目前窟形尚完整的有135个窟。其中有供信徒礼佛回旋巡礼和观像用的支提窟，有供僧徒居住和坐禅用的毗诃罗窟。

拜城——西域最大的石窟遗址，见证了龟兹地域文化。

➤ 全国乡村旅游重点村（或全国乡村旅游扶贫重点村）

★托克逊乡阔纳协海尔村——整洁干净的道路，错落有致的民居，来看美丽乡村的"新画卷"。

★朗如乡塔提力克苏村——主要农产品有：南瓜、杨桃、桑椹、小胡瓜、山药、通菜。

➤ 旅行锦囊

加油站：沿途均有中石油、中石化加油站。

➤ 餐饮推荐

拔丝酸奶、馕包肉、手抓饭。

温馨提示： 行车时间较长，切勿疲劳驾驶，注意控制车速，特别注意坡陡弯急的视线盲点。

DAY4 阿克苏

早餐后可以去400多公里外的喀什地区转转，喀什作为古丝绸之路的交通要冲，是中外商人云集的国际商埠；还是新疆唯一的国家历史文化名城，集中体现了维吾尔族民族风情、文化艺术、建筑风格及传统经济的特色和精华。

➤ 沿途特色景区

喀什老城——喀什噶尔的灵魂所在，著名电影《追风筝的人》部分镜头在此取景。

艾提尕尔清真寺——全国规模最大的清真寺之一，有很多气势壮观又极富伊斯兰特色的建筑。

其中香妃墓是典型的伊斯兰式古陵墓建筑，建筑恢宏漂亮，这种绿色瓷砖、圆拱门窗的房屋非常特别。

△ 温宿大峡谷

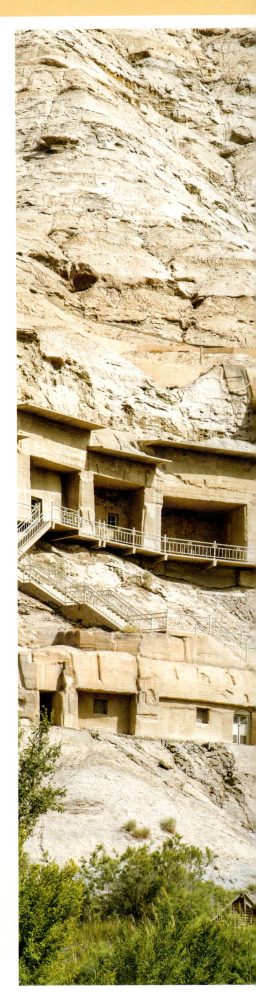

△ 克孜尔千佛洞

No.16 丝路古龟兹·神奇阿克苏

访龟兹文化，探刀郎部落

【手绘线路图】

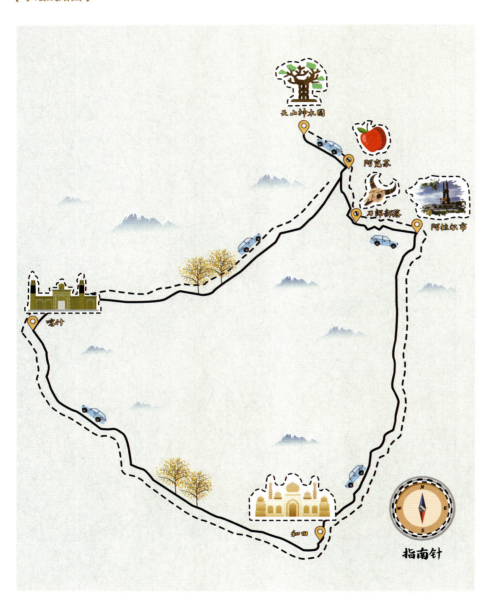

肠子、阿拉尔香梨、和田美玉、和田阿克恰勒甜瓜、叶城核桃、喀什小茴香。

【行程规划】

> **线路：** 阿克苏—天山神木园—刀郎部落—阿拉尔市—和田—喀什古城—喀什—阿克苏
>
> **总里程：** 1750 公里
>
> **推荐时长：** 5 天

DAY1　阿克苏

抵达阿克苏市，游览阿克苏市区，可去阿克苏燕泉公园登高望远一览阿克苏市全貌，或去阿克苏地区博物馆解读龟兹文化的奥秘。

➤ 交通状况

1. 阿克苏市区公交车线路总共有 35 条，线路较少，教育路、健康路、中原路、文化西路、塔北路没有公交车线路覆盖。

2. 阿克苏出租车十分紧张，冬天经常出现打不上车的情况，打上了基本上也是拼车。夏天打车也要 10 ~ 20 分钟，也经常出现拼车。

3. 市区内限速，个别路段实行双向限速，注意谨慎行驶。

温馨提示：

1. 新疆与内地城市有 2 小时时差，作息时间应推后 2 小时，旅游活动通常安排在 9:00 ~ 20:00。

2. 阿克苏气候干燥风沙大，日照时间长，紫外线照射强烈，在途中一定要多喝水以补充体内水分，带好防晒物品如遮阳帽、伞、太阳镜、防晒霜等。

3. 旅游行程长，温差大，水质也较硬，一时难以适应，可能会出现水土不服症状，应携带一些感冒药或治疗腹泻的药物，如

【线路概况】

本段行程主要围绕阿克苏地区，游玩周边的景区，中间某些路段会有重复。线路走向从阿克苏市出发，沿 Z620 边防公路开始，全程经过阿拉尔市、和田，抵达喀什再返回阿克苏，沿途可游玩观赏的景区众多，不仅有"戈壁明珠"天山神木园、刀郎部落，途中阿拉尔市至和田还有一段著名的沙漠公路，在限速的国道上惬意地欣赏黄沙漫舞，延绵不断的沙漠向天边蔓延，别有一番滋味。路上还会有戈壁、绿洲、黄土、草原，南疆的险、南疆的荒芜以及南疆的风景，都在这条路上。

【非遗体验】

阿瓦提县的"刀郎文化"、和田的"桑皮纸"、巴楚县的"卡龙琴"、喀什土陶。

【土特产】

阿克苏苹果、红枣、温宿大米、阿拉尔马

△ 阿克苏烽火台遗址

泻痢停等。

市内特色景区

阿克苏博物馆——藏品以反映阿克苏地区历史文化底蕴为主，共有藏品数量 11274 件。

多浪河国家级湿地公园——南疆地区最大的国家级湿地公园，已形成了具有典型代表的西北干旱区淡水湿地。

燕泉公园——被誉为"天南第一胜景"，园内有奇特的三大景观：燕子山、九眼泉和小幽园。

全国乡村旅游重点村（或全国乡村旅游扶贫重点村）

★ **温宿克孜勒布拉克村**——主要农产品有莴苣、沙果、绿叶菜、丝瓜、樱桃、梨子和莲藕。

★ **博孜墩村**——原称包孜东柯尔克孜民族乡，经济以农业为主，畜牧业次之。

餐饮推荐

阿克苏：薄皮包子、馕坑肉、抓饭、老酸奶。

DAY2　阿克苏—天山神木园—刀郎部落—阿拉尔市
（行驶里程 330 公里）

早餐后驱车沿 Z620 边防公路出发，前往"戈壁明珠"天山神木园，赏 700 余亩怪树嶙峋的原始森林，之后前往以原始胡杨林为背景、刀郎文化为主题的刀郎部落游览，下午抵达阿拉尔市入住酒店。

路况： 部分边防公路，部分国道，部分省道。

1. 阿克苏到天山神木园为边防公路，属山区四级公路，沿线部分路段上边坡不稳定，注意石块坠落。

2. 天山神木园至阿拉尔市省道 207 线，限速严格，切记不要违章超速。

温馨提示： 全天行驶时间长，注意防晒，补充水分。

沿途特色景区

天山神木园——被称为"戈壁明珠"，是历史上伊斯兰教集会和朝拜的圣地。

刀郎部落——景区内有原始胡杨林 3000 余亩，已完成项目有特色餐厅、刀郎民俗展馆、刀郎人村寨、水上乐园、沙滩浴场等。

多浪湖——景区占地面积 46800 平方米，旅游基础设施齐全，是新疆最大的原始自然风景与人文景观交相辉映的旅游风景区。

全国乡村旅游重点村（或全国乡村旅游扶贫重点村）

乌什镇南关村——日光温室立体栽培模式，着重开发了黄瓜嫁接、西瓜套种等技术。

色日克阿热勒村十三村——4 个采摘区，夏季摘杏子、秋季摘核桃，吸引游客体验"采摘游"的乐趣。

旅行锦囊

加油站：

1. 阿克苏 580 国道 229 公里处有 1 个加油站（中国石化）。

2. 207 省道八团客运站西 500 米处有 1 个加油站（中国石油）。

3. 整个路段加油站较多，天然气 CNG 位于塔里木大道与省道 207 线上均只有一个。

餐饮推荐

温宿县：羊咩咩馕坑肉。

阿瓦提县：串烤油包肝。

阿拉尔市：地窝子羊肉馆、马肠子、手抓饭。

DAY3　阿拉尔市—沙漠公路—和田县
（行驶里程 450 公里）

早餐后驱车进入阿和公路，穿越沙漠腹地，它是继塔里木沙漠公路后的第二条穿

△ 阿克苏馕城

△ 胡杨林

△ 喀什

△ 库车峡谷

越沙漠的公路，路边防沙设施林林总总，途中的胡杨时隐时现，虽然时多时少，但也总能给这条寂寞的公路增添一丝色彩，下午抵达和田入住酒店。

▶ **路况**：400公里的沙漠二级公路，少部分省道。

1. 阿和公路路基坚固，路面平整起伏蜿蜒，沙丘平滑，行驶难度较小。

2. 580国道高坡流动限速40公里/小时，请谨慎驾驶，避免违章超速。

温馨提示：沙漠公路行驶时间长，紫外线强，气温高，注意防晒及补充水分，途中无就餐点，提前准备干粮。

▶ **沿途特色景区**

热瓦克佛寺遗址——以佛塔为中心的寺院建筑遗址，是研究新疆古代佛教、佛寺形制和塑像艺术难得的重要资料。

红白山——维吾尔语意为"坟山"，中国唯一一座地处沙漠腹地的石头山。

沙漠观景台——位于阿和沙漠公路37公里处，西看玉龙喀什河和和田，东看塔克拉玛干大沙漠，东北方向远处的热瓦克佛寺隐约可见。

▶ **旅行锦囊**

加油站：阿拉尔至和田阿和公路段均无加油站，需提前在阿拉尔加满油，路口右转至阿拉尔往返30公里。

▶ **餐饮推荐**

和田：烤蛋、三蛋一星、酸奶粽子、烤肉。

▶ **沙漠公路提示**

1. 车辆检修好（夏季车辆轮胎要充氮气），

如果车辆一旦发生故障，道路救援需要很长的时间才能到达，且维修费用昂贵。

2. 注意控制车速，特别注意坡陡弯急的视线盲点。

让车、超车、会车时不要太靠近路边，防止路基松软卡陷车轮造成事故。

DAY4 和田—喀什古城—喀什
（行驶里程500公里）

早餐后上吐和高速，经叶城、库车，下午抵达中国最西部的边陲城市，古丝绸之路上的商埠重镇喀什，游走在古城里每条街，每条大大小小巷道里，一砖一瓦、一尘一土都承载着千百年来古城的历史沧桑，书写着古城的过去与现在，展现出一幅幅维吾尔族民俗风情的生动画卷！

▶ **路况**：全程大部分为国家三级高速公路。

1. 路面平整，路障显眼，过往大车较多，注意避让。

2. 前半程和田至皮山国道315，区间限速60～80公里/小时，村镇40公里/小时，皮山至喀什高速公路，限速80～100公里/小时。

温馨提示：新疆道路严查超速现象，注意限速，避免违规超速。

▶ **沿途特色景区**

库车大峡谷——维语称其为"克孜勒亚"，意为"红色悬崖"。是中国十大最美峡谷之一，已被列为国家地质公园。

金湖杨国家森林公园——紧靠叶尔羌河畔，是一处环境优美的沙漠绿洲，有上万亩的天然胡杨林。

▶ **全国乡村旅游重点村（或全国乡村旅游扶贫重点村）**

英阿瓦提乡阿孜乃米其村——核桃与红枣产业发达。

科克铁热克乡阿热库木村——村内钙长石、沙土、钼、海兰宝石资源丰富。

▶ **旅行锦囊**

加油站：全程500多公里，合计十多个加油站。

▶ **餐饮推荐**

叶城：馕、羊腰子、手抓饭。

皮山县：皮山山药、科克铁热克葡萄。

喀什：红柳烤肉、灌米肠、烤包子。

DAY5 喀什—阿克苏
（行驶里程460公里）

早餐后从喀什出发返程，经三莎高速、吐和高速，一路迎着戈壁、绿洲、沙坡，顶着大风与烈日抵达阿克苏，结束了这次愉快的行程！

▶ **路况**：全程高速（三莎高速+吐和高速）。

▶ **全国乡村旅游重点村（或全国乡村旅游扶贫重点村）**

库木西力克乡——种植大户，主要农作物有小麦、棉花、玉米。

拍昆霍伊拉村十一村——特产有球芽甘蓝、莴苣、西瓜、柚子、梨子和卷心菜。

▶ **旅行锦囊**

服务区：

西克尔服务区：吐和高速160公里处。

阿恰服务区：吐和高速330公里处。

▶ **餐饮推荐**

三岔口镇：手抓饭、拌面、大盘鸡。

阿克苏：薄皮包子、馕坑肉、老酸奶。

△ 库车峡谷

No.17 南疆秘境探索，追寻西部的最后一缕阳光

西域奇景探寻

【手绘线路图】

指南针

【线路概况】

这是一条充满神秘色彩的西部秘境之路，全程从喀什地区出发经过阿图什天门、乌恰县、玉其塔什草原风景区返回喀什，沿途风景广阔令人心旷神怡，这个地区地大物博，山川壮丽，瀚海无垠，古迹遍地，民族众多，民俗奇异。

【非遗体验】

喀什噶尔古城，是国家5A级旅游景区，占地面积20平方公里。疏勒国都改称"盘橐城"，前身即西汉时疏勒城。

【土特产】

阿图什市被誉为新疆有名的"瓜果之乡"。主要品种有：杏、桃、梨、葡萄、苹果、无花果、石榴、沙枣、八旦、木瓜、酸梅、文冠等。特别是无花果产量、质量皆为国内第一，有"无花果之乡"的美称。

【行程规划】

> 线路：喀什—阿图什天门—乌恰县—玉其塔什草原风景区—喀什
> 总里程：533公里
> 推荐时长：4天

DAY1　全国—喀什机场—喀什地区
（行驶里程 95 公里）

喀什地区三面环山，一面敞开，北有天山南脉横卧，西有帕米尔高原耸立，南部是喀喇昆仑山，东部为塔克拉玛干大沙漠。独特的地理位置，造就了阿图什市丰富的旅游资源，民族特色浓郁，是一个中西亚文化交融的城市。来这里旅游的最佳时间是 6 ～ 9 月份，这时候不仅每天都是好天气，而且正是瓜果成熟的时节。

▶ **路况：** 全程路况很好，基本上都是城市道路，要注意交通拥堵。

▶ **海拔情况**

喀什地区：1289 米；玉其塔什草原：3000

△ 阿图什天门

米以上。

温馨提示：昼夜温差大，早上和晚上注意保暖，空气干燥，注意防晒和补水。

喀什特色景区

喀什噶尔老城景区——景区位于喀什市中心，总面积 3.6 平方公里，景区涵盖老城核心区、艾提尕尔清真寺、高台民居等18 个游览参观点，其中老城是世界上现存规模最大的生土建筑群之一，街巷纵横交错、建筑高低错落，是目前国内唯一保存完整的迷宫式城市街区。

香妃墓——景点坐落在喀什市东北郊 5 公里处的浩罕村，占地面积 30 亩，始建于1640 年前后，距今已 350 年，是一座典型的伊斯兰式古老的陵墓建筑。现为国家级重点文物保护单位。

全国乡村旅游重点村（或全国乡村旅游扶贫重点村）

★ **阿克喀什乡阿克艾日村**——土壤以盐土、潮土为主。水源有吐曼河泉水，流量稳定。

★ **阿克喀什乡西开尔巴格村**——有以阿克喀什乡牧场为基础的农业产业。

旅行锦囊

喀什地区有中国石化和中国石油加油站，均有 95#、92# 汽油以及 0# 号柴油供应。

餐饮推荐

喀什地区：独具一格的烤全羊、烤羊肉串、馕坑烤肉、烤包子、馕。

刘家峡国际滑翔营地：滑翔降落地周边有各类农家乐。

DAY2　喀什地区—阿图什天门
（行驶里程 75 公里）

由喀什地区出发前往阿图什天门风景区，从喀什出发经过吐和高速，转阿乌高速，在托帕立交下高速，走省道 S309 到景区公路。高速路口下来不远处会看到一块景区石碑。从石碑处沿山路继续开一段，到售票处大约有 10 公里。进入景区之后，去天门的道路，宛如人生道路，有坦途，有崎岖，有风景，有艰险，也有艰辛，更多的是喜悦。到喀什，不到阿图什天门山会有遗憾的。

● **路况：**全程高速路和省级公路。

● **海拔情况**

阿图什天门：1313 米。

温馨提示：通往天门的全程穿行在空阔无人的山谷中，布满了大大小小的碎石很难走，建议穿着舒适轻便的鞋子。

● **沿途特色景区**

阿图什天门的"天门"呈"∩"形，宽约 100 米，高约 500 余米，鬼斧神工，天造地设，无法丈量的厚度让人惊奇，是游人和探险者梦寐以求的乐园。站在石门口抬头而望，碧蓝的天空飘动着朵朵白云，透过瞬息万变的云雾，人们似乎看到了云雾缥缈之中的天上宫阙。

● **全国乡村旅游重点村（或全国乡村旅游扶贫重点村）**

★ **波斯坦铁列克乡居鲁克巴什村**——水光山色，环境优美，英才辈出，地处要塞，主产高粱、南美梨、毛豆、葡萄。

★ **铁列克乡铁列克村**——这里有赛马、刁羊、马上角力、拔河、库木孜演奏以及柯语歌曲演唱等文体活动。

△ 喀什古城

△ 玉其塔什草原风景区

旅行锦囊

喀什地区有加油站,喀什到阿图什天门风景区不足100公里,完全可以保证车辆行驶补给。

DAY3　阿图什天门—乌恰县
（行驶里程55公里）

经过大半天的游玩,继续往西走,到中国最西边的县城——乌恰县。这里可以期待全天的最后一缕阳光落下,克孜勒苏河从西至东横贯全县,闻名遐迩的玉奇塔什草原牛羊肥壮;对外开放的吐尔尕特和伊尔克什坦两个口岸,车水马龙、热闹非凡;县境群山雄奇、层峦叠嶂,渠道纵横交错,林带拥绕。

路况: 全程高速路和省级公路。有些路段碎石较多,请注意车速,雨天时千万注意谨慎驾驶。

海拔情况

乌恰县:2176米。

温馨提示: 白天日照时间长,请注意防晒。

全国乡村旅游重点村（或全国乡村旅游扶贫重点村）

★乌鲁克恰提乡琼铁热克村——乌鲁克恰提乡是目前中国最西边的一个居民点。有名的玉奇塔什草场,是发展牧业生产的好牧场。

△ 香妃墓

★黑孜苇乡阿日克村——开了我国进行大规模少数民族调查的先河，为民族研究积累了大量弥足珍贵的资料。

◇ 餐饮推荐

羊肉串、辣牛肉粉条汤。

DAY3　乌恰县—玉其塔什草原风景区
（行驶里程 150 公里）

从乌恰县出发前往玉其塔什草原风景区一路都是广袤的草原，清晨，整个牧场被乳白色的云霭笼罩着，草叶上挂满了晶莹的露珠，空气清新湿润，漫步在晨曦的草原令人心醉。当东边的太阳腾空而出，万道霞光洒到草原上的那一刻，红的纱帘，绿的草毯，加上柯尔克孜毡房冒出的缕缕白烟，把草原装点得更加秀丽。

◇ 路况： 全程省级公路。

请注意车速，雨天时千万谨慎驾驶。

◇ 海拔情况

玉其塔什草原风景区平均海拔在 3000 米以上，要注意预防高原反应。

◇ 旅行锦囊

乌恰县有加油站，完全可以保证车辆行与补给。

温馨提示：白天日照时间长，请注意防晒。

◇ 餐饮推荐

烤羊肉串、馕坑烤肉。

No.18 中巴边境行，走进帕米尔

帕米尔高原巡游，探访西域第一生态美景

【手绘线路图】

指南针

【线路概况】

克孜勒苏柯尔克孜自治州是古代文明、宗教和多种语系的荟萃之地和东西文化的交融之地。这里地处帕米尔高原，有被称为"冰山之父"的慕士塔格峰，有卧在冰山之父山脚的卡拉库里湖，有西域第一生态景观奥依塔克冰川公园，也有淳朴的柯尔

克孜族村庄。驾车缓缓经过，一幅幅绝美画卷，徐徐展开。

【非遗体验】

喀什市的"皮里克节"是塔吉克民族特色的节日、古尔邦节是伊斯兰教传统的节日，在喀什能体验到热闹非凡的古尔邦节。

【土特产】

喀什小茴香、石榴、杏干、无花果、艾德莱丝绸、土陶、木模彩色印花布。

【行程规划】

线路： 全国各地—喀什—卡拉库里湖—白沙山和流沙河—喀什—奥依塔克冰川—喀什

总里程： 560 公里

推荐时长： 4 天

DAY1　各地抵达喀什

抵达喀什市，先到酒店休息，之后可前往城东莫尔佛塔，城南的盘橐城（又名班超城），可以到张骞公园，夜晚漫步喀什城区，感受现代的西域风情。

❯ 交通状况

乘坐新疆的南疆铁路，直达终点喀什火车站，成都、上海、西安、乌鲁木齐有直达喀什机场的航班，抵达喀什很方便。

1.喀什市区公交车线路总共有 25 条，线路较少，覆盖城区主要道路，连接各个风景名胜古迹。

2.喀什出租车比较紧张，冬天会出现打不上车的情况，夏天打车也要耐心等待，经常需要拼车。

3.市区内限速，个别路段实行双向限速，注意谨慎行驶。

温馨提示： 新疆与内地城市有 2 小时时差，作息时间应推后 2 小时，旅游活动通常安排在 9:00 ~ 20:00。

1.喀什属暖温带大陆性干旱气候，四季分明，光照时间长，气温变化大，降水很少，蒸发旺盛。夏季炎热，但酷暑期短；冬无严寒，但低温期长；春夏多大风、沙暴、浮尘天气。在途中一定要多喝水以补充体内水分，带好防晒物品如遮阳帽、

伞、太阳镜、防晒霜等。

2. 旅游行程长，温差大，水质也较硬，一时难以适应，可能会出现水土不服症状，应携带一些感冒药或治疗腹泻的药物，如泻痢停等。

❯ 市内特色景区

盘橐城——又名班超城，是西域三十六国之一的疏勒国宫城，公元 73 年成了班超经营西域的大本营，班超立足疏勒，荡平匈奴势力，完成了统一西域的宏伟大业。

张骞公园——建有张骞纪念馆、疏勒历史博物馆和科技文化中心、星级酒店，配套了凉亭、茶馆和雕塑等设施。

莫尔佛塔——一座古代佛教遗迹，始建于唐代，距今已有 1000 多年的历史。卵圆形土塔中空，塔高 12 米多，下有三层方座，以大土坯砌筑而成。

❯ 餐饮推荐

喀什：烤全羊、烤羊肉串、清炖羊肉。

DAY2 喀什—卡拉库里湖—白沙山和流沙河—喀什
（行驶里程 380 公里）

早餐后驱车沿中巴友谊公路前往帕米尔，沿途欣赏南疆维吾尔族农家田园风光，感受塞外江南的悠然。到达慕士塔格和公格尔雪山脚下，欣赏湖水碧蓝深幽的卡拉库里湖，在湖边拍摄倒影中"冰山之父"慕士塔格雪峰，随后返程在素有流沙河之称的白沙山和流沙河前留影，沿途偶尔还可见到古丝绸之路驿站。傍晚返回喀什酒店休息。

❯ **路况：** 全程路况为 314 国道，道路状态非常好。

❯ **温馨提示：** 白天日照较强，注意防晒，补充水分。

特别注意防火，禁止在树林等场合吸烟、用火。

请提前准备边防证。

❯ 沿途特色景区

白沙湖——海阔天空、风轻水静、河面如镜、白云似雪，是千万年的天地造化。

卡拉库里湖——草盛鸟多，景色优美，而且有水怪的传说，更让这里增添了一份神秘色彩。

慕士塔格雪峰——登山者朝思暮想的圣地，有"冰川之父"的美称。

帕米尔高原——帕米尔高原地跨中国新疆西南部、塔吉克斯坦东南部、阿富汗东北部，是昆仑山、喀喇昆仑山、兴都库什山和天山交会的巨大山结。

❯ 旅行锦囊

加油站：

1. 出喀什市区有多个加油站，98#、95#、92# 均有（中国石油、中国石化）。

2. 314 国道上仅有个别私人加油站，油品不全，建议在喀什城区为车辆加满油。

❯ 全国乡村旅游重点村（或全国乡村旅游扶贫重点村）

★ **布伦口乡苏巴什村**——静立于慕士塔格峰下的村庄，静谧安详，广袤的湿地上，雪峰倒映，牦牛点点，如诗如画。

★ **布伦口乡恰克拉克村**——依托白沙山和流沙河，风景优美，旅游资源丰富，国道 314 从这里经过。

❯ 餐饮推荐

喀什：喀什百年茶馆、艾力扎提抓饭馆等。

△ 柯尔克孜族

DAY3 喀什—奥依塔克冰川—喀什
（行驶里程 180 公里）

早餐后驱车继续沿中巴友谊公路前往奥依塔克冰川公园，公园海拔 2820 米，地处帕米尔高原的雪山环抱之中，国内外地质学家称为"西域生态景观"。沿途可观看到称为"火焰山"的红山口景观和柯尔克孜族牧民毡房。下午时分游览结束返回喀什城区。

❯ **路况：** 全程都是 314 国道，道路状态非常好。

❯ **温馨提示：** 早晚温差大，请根据天气变化注意及时增减衣物。

1. 游览景区如需骑马，请勿穿太鲜艳的衣服。

2. 正午时分，日照强烈，一定要注意防晒和防暑工作。

△ 奥依塔克冰川

△ 莫尔佛塔

△ 盘橐城

△ 张骞公园

◎ 沿途特色景区

奥依塔克冰川公园——景区纵深十多公里，三面环山，高山险峻，冰峰林立，有原始森林、高山草甸、高山游牧景观。集雄、奇、雅、幽、险于一身，集自然、人文、历史、生态景观为一体，是新疆自然景观最集中的风景区。

红山口——这是进入盖孜峡谷的起始点，也是中巴公路和上帕米尔高原的必停地点。这里有着南疆火焰山之称，这里的许多山，山体颜色如火焰燃烧，一片丹红。

柯尔克孜族——洁白的毡房是一道亮丽的风景，下半部为圆形，上半部为塔形，象征白雪和绵延起伏的山峰。

◎ 旅行锦囊

加油站：

1. 出喀什市区有多个加油站，有98#、95#、92#（中国石油、中国石化）。

2. 314国道上仅有个别私人加油站，油品不全，建议在喀什城区为车辆加满油。

◎ 餐饮推荐

喀什：腩潮鲜牛腩火锅、凯麦尔丁蓝鸽子等。

◎ 沙漠公路提示

1. 车辆检修好（夏季车辆轮胎要充氮气），如果车辆一旦发生故障，道路救援需要很长的时间才能到达，且维修费用昂贵。

2. 注意控制车速，特别注意坡陡弯急的视线盲点。

3. 让车、超车、会车时不要太靠路边，防止路基松软卡陷车轮造成事故。

◎ 全国乡村旅游重点村（或全国乡村旅游扶贫重点村）

★奥依塔克镇阿特奥依纳克村——全村大力发展种植脱贫致富，主要以西瓜、甜瓜、桃树、葡萄、西梅、杏树、樱桃等果树为主。

★奥依塔克镇皮拉勒村——奥依塔克风景区是大自然的神来之笔，静谧的小村落也让人期待。

DAY4　喀什

早餐后，你可以根据自己的时间，乘机返程，或者继续游览。

温馨提示：

1. 请注意提前到达机场办理乘机手续。

2. 喀什出租车较少，请预留充足的时间以便准时到达机场。

△ 卡拉库里湖

慕士塔格雪峰

No.19 青稞未绿桃花已红——林芝桃花

桃之夭夭,灼灼其华,诉说西藏最美的春天

【手绘线路图】

【线路概况】

三四月的西藏,春寒未尽,但位于藏东南的林芝,却已是花的海洋。远方的雪峰上还覆盖着皑皑白雪,而眼前的桃花已如醉霞绯云般地争相斗艳,好一幅江南秀丽的景象。粉嫩的桃花,映衬着湛蓝的天空。一年之春,此时来到林芝,绝对会是一场少女心爆棚的浪漫约会!全程经过了林芝地区桃花聚居区域,如波密岗乡、古乡湖、林芝桃花沟、雅鲁藏布大峡谷景区、尼洋河两岸。这条线路集合的藏地江南之美,也打破了西藏不适合春天旅游的陈规。

【非遗体验】

这条线路上的非物质文化遗产很多,有珞巴族服饰、波密民族舞蹈"波卓""波央"。

【土特产】

易贡辣椒、波密天麻、波密雪莲、珞巴石锅、林芝松茸。

【行程规划】

> **线路:** 各地—林芝—波密—雅鲁藏布大峡谷—林芝
> **总里程:** 695 公里
> **推荐时长:** 4 天

DAY1 **各地—林芝米林机场—波密**
（行驶里程 260 公里）

早晨乘飞机抵达林芝米林机场,抵达后办理租车手续,并享用午餐,午餐后出发翻越色季拉山口,垭口停留,远观南迦巴瓦峰,拍摄中国最美雪山。然后驱车继续前进,经过鲁朗小镇,感受冰川雪山、茫茫林海,云雾袅绕,宛若人间仙境,之后经过通麦大桥抵达波密县城。

▶ **路况:** 全程路况较好,小部分是高速,国道为三级路面。

1. 林芝机场海拔 2949 米,初到高原一切行动从慢,不要剧烈运动,以免引起高原反应。

2. 林芝米林机场道路为机场专用路,双向四车道。请车友务必小心谨慎。

3. 在林芝下高速后进入 318 国道,车流量较大请车友务必小心,色季拉山山弯路

△ 南迦巴瓦峰

窄，车流量较大。

4.上下色季拉山到新都桥限速 40 公里／小时，沿途流动测速。国道 318 限速为 60 公里／小时，隧道 40 公里／小时，请注意不要超速行驶。

❯ 海拔情况

米林机场：2949 米；林芝市区：2980 米；色季拉山垭口：4728 米，鲁朗镇：3700 米；波密县城：2720 米。

温馨提示：在翻越垭口的时候尽量不要打开车窗，保持车内温度和气压预防高原反应。

❯ 沿途特色景区

尼洋河——尼洋河沿河两岸植被完好，风光旖旎，景色迷人。

色季拉山垭口——色季拉山是川藏线旅游路上一处重要的垭口，这里是观赏云海、日出、原始森林以及远眺南迦巴瓦峰重要的观景平台。

通麦大桥——通麦大桥是川藏公路南线 318 国道著名的通麦天险路段上的咽喉工程，在同样的位置分布着不同历史时期的三座跨江大桥，主要通车的通麦特大桥为单塔斜跨大桥，原来的两座已经暂停了机动车辆的通行。如今三座大桥成了一道风景线。

波密县——波密，藏语意为"祖先"。原为曲宗、易贡、倾多三宗。这里因为海拔和气候的原因，是西藏商品粮基地县之一。

❯ 全国乡村旅游重点村（或全国乡村旅游扶贫重点村）

★ **朗多村**——紧邻雅鲁藏布江，当地特产为核桃。

❯ 旅行锦囊

加油站：

1.米林机场中国石油加油站开放，有 95#、92# 汽油以及 0# 号柴油供应。

2.鲁朗镇中石油加油站开放，在翻越色季拉山后下行至鲁朗镇中科院对面，有 95#、92# 汽油以及 0# 号柴油供应（中国石油）。

3.波密县城有中国石油加油站、中国石油波密 2 号加油站，有 92#、95# 汽油以及 0# 号柴油供应（中国石油）。

❯ 餐饮推荐

鲁朗镇：石锅鸡、菌汤锅。

波密：藏餐、牛肉面。

△ 南迦巴瓦峰下

△ 南迦巴瓦峰下

△ 南迦巴瓦峰

△ 南迦巴瓦峰

DAY2　波密—桃花沟—古乡
（行驶里程 75 公里）

早餐后前往嘎朗湖拍摄清晨美景，嘎朗湖畔桃花盛开，青稞遍地，村寨农田湖泊一幅幅绝世美景，应接不暇，然后去往松宗镇，这里是波密另一处桃花集中的地方，盔甲山下，在春日的阳光里一派田园风光，路上若有比较好的景色，都可以停下来游览。然后游览桃花沟，下午前往古乡湖。

路况： 全程路况都是国道三级路面。波密至古乡湖大部分为国道318，国道为三级路面。由国道318进入嘎朗湖景区、倾多镇为景区道路（水泥路面）。

海拔情况

波密县城：2720 米；古乡湖海拔：2600 米。

温馨提示： 波密至古乡湖车辆较多，进入桃花沟景区道路较窄，驾驶时谨慎两旁停靠车辆。

沿途特色景区

嘎朗湖——这里青山环绕、古树参天、自然风光优美、民居建筑风格独特，而且还有波密地方最出名的"嘎朗王朝"的遗址及嘎朗王的后裔。

古乡湖——这里是一个淡水堰塞湖。湖中有一小岛，交通便利，是一个天然公园。

嘎朗桃花沟——这里野桃花漫山遍野，在气势磅礴的雪山怀抱中，比江南的桃花更多了一份壮丽和伟岸；这里随处可见生长了四五百年的野生桃花树，在这美景之中，仿佛时间都是静止的。

全国乡村旅游重点村（或全国乡村旅游扶贫重点村）

★**古乡嘎朗村**——这里紧邻318国道，景色优美，村落散布着很多野生桃花树，春天宛如世外桃源一般静谧。

旅行锦囊

加油站：波密县城有中国石油加油站、中国石油波密 2 号加油站，有 92#、95# 汽油以及 0# 号柴油供应（中国石油）。

餐饮推荐

波密：藏餐、天麻炖鸡。

古乡湖：高原鲤鱼、牛肉面。

DAY3　古乡湖—鲁朗—雅鲁藏布大峡谷
（行驶里程 270 公里）

由酒店出发经过通麦镇，过通麦大桥就到达排龙门巴民族乡，不久抵达具有"东方瑞士"之称的鲁朗，品尝著名的鲁朗"石锅鸡"后翻色季拉山前往雅鲁藏布大峡谷游览，雅鲁藏布大峡谷是世界第一大峡谷，许多地区至今仍无人涉足，堪称"地球上最后的秘境"。

海拔情况

波密县城：2720 米；鲁朗镇：3700 米；色

△ 南迦巴瓦峰

△ 米林县桃花

季拉山垭口：4728 米；雅鲁藏布大峡谷景区：2950 米。

温馨提示： 在翻越垭口的时候尽量不要打开车窗，保持车内温度和气压预防高反。

沿途特色景区

雅鲁藏布大峡谷——是不容置疑的世界第一大峡谷。雅鲁藏布大峡谷全长 504.6 公里，最深处 6009 米，平均深度 2268 米。远远大于全球第二的帕龙藏布大峡谷及美国科罗拉多大峡谷，这里映衬着雪山冰川和郁郁苍苍的原始林海，云遮雾罩，神秘莫测。大峡谷的水，从固态的万年冰雪到沸腾的温泉，从涓涓细流、帘帘飞瀑到滔滔江水。大峡谷的山，从遍布热带雨林的山脉到直入云天的皑皑雪山。

全国乡村旅游重点村（或全国乡村旅游扶贫重点村）

★鲁朗镇东巴才村——紧邻国道 318，附近有鲁朗花海和鲁朗林场，手掌参、贝母也是当地的特产。

旅行锦囊

加油站：鲁朗镇中石油加油站开放，在翻越色季拉山后下行至鲁朗镇中科院对面，有 95#、92# 汽油以及 0# 号柴油供应（中国石油）。

餐饮推荐

雅江藏布大峡谷：松茸炖鸡。

鲁朗镇：鲁朗石锅鸡。

DAY4 **雅鲁藏布大峡谷—米林机场—全国各地**
（行驶里程 90 公里）

早餐后可以继续游览雅鲁藏布大峡谷，之后沿雅鲁藏布江返回林芝米林机场，办理还车手续后，登机返回自己的出发地。

全国乡村旅游重点村（或全国乡村旅游扶贫重点村）

★索松村——位于雅鲁藏布江景区内，自然风光秀丽，有特色地方民宿，是远眺林芝桃花和南迦巴瓦峰的不二之选。

餐饮推荐

雅江藏布大峡谷：松茸炖鸡。

米林机场：牦牛肉火锅、汤锅。

△ 南迦巴瓦峰

No.20 藏文化发源之旅，山南落地自驾游

探索"西藏民族文化的摇篮"——山南

【手绘线路图】

指南针

【线路概况】

山南地区是藏民族和藏文化的发源地，这里有西藏历史上第一座宫殿——雍布拉康，第一座佛堂——昌珠寺，第一座佛、法、僧俱全的寺庙——桑耶寺，第一位藏王——聂赤赞普，第一部藏戏——巴噶布……来到这里，你会看到原汁原味的藏民族文化和更本色的藏民族风俗。

【非遗体验】

这条线路上的非物质文化遗产很多，有藏戏、贡嘎寺、桑耶寺、雍布拉康、加查鼓舞。

【土特产】

加查核桃、冬虫夏草、半红花椒、雪莲、贝母、青稞、秦艽。

【行程规划】

> 线路：贡嘎—泽当—加查—米林
> 总里程：775公里
> 推荐时长：5天

DAY1 贡嘎
（行驶里程120公里）

抵达贡嘎后，前往羊卓雍措。它与玛旁雍措、纳木措被称为西藏三大圣湖，远远望去羊卓雍措一片翠蓝，像是一颗蓝宝石镶嵌在山南高原上。据说虔诚的佛教徒每年都会绕湖一圈，这等于他们到拉萨朝圣一

次，这样做，至少"佛会保佑他这一年"吉祥如意。

▶ **路况：** 全程路况较好，省道居多。开车注意避让道路两旁的牦牛。

▶ **海拔情况**

贡嘎机场海拔3600米，是世界高海拔机场之一。

温馨提示： 出发前准备一些红景天、高原安、头痛粉。

▶ **沿途特色景区**

羊卓雍措——雨水、雪水、冰川混合补给的内流湖，每年冬天还有大批候鸟迁徙至此。

贡嘎寺——洗涤灵魂的圣地。

△ 拉姆拉措

贡嘎山——四川省最高峰，蜀山之王。

❯ **全国乡村旅游重点村（或全国乡村旅游扶贫重点村）**

★芝龙村——山明水秀、民风淳朴的自然村。

❯ **旅行锦囊**

加油站：

1. 从贡嘎机场出来沿途有中石油、中石化。

2. 当天里程较短，出发前提前为爱车加满油。

❯ **餐饮推荐**

藏餐、牦牛汤锅。

DAY2　贡嘎—雍布拉康—泽当
（行驶里程 195 公里）

由贡嘎出发前往泽当，途经桑耶寺，它是西藏第一座剃度僧人出家的寺院。随后前往雍布拉康，参观西藏历史上第一座宫殿，也是西藏最早的建筑之一。

❯ **路况：** 全程路况较好，国道＋省道。

❯ **海拔情况**

雍布拉康：3600 米；泽当：3550 米。

温馨提示： 心态尽量放松，高原地区不要剧烈运动。

❯ **沿途特色景区**

桑耶寺——藏传佛教史上第一座佛、法、僧三宝俱全的寺庙。

雍布拉康——站在山上最高处的塔楼凭高远望，雅砻河谷风景和田园风光尽收眼底。

昌珠寺——珍珠唐卡为镇寺之宝。

❯ **全国乡村旅游重点村（或全国乡村旅游扶贫重点村）**

★扎若村——西藏首个国家沙漠公园。

❯ **旅行锦囊**

加油站：沿途均有加油站，提前为爱车加满油即可。

❯ **餐饮推荐**

泽当：酥油茶、糌粑、青稞酒、菌汤、藏餐。

❯ **民俗习惯**

沿途神山较多请尊重习俗，说话时不要对神山有侮辱性或蔑视性语气。

DAY3　泽当—拉姆拉措—加查
（行驶里程 220 公里）

早餐后驱车前往拉姆拉措，藏语意思"天

△ 米林桃花沟

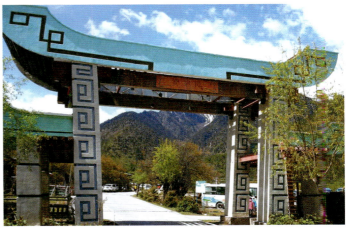

△ 南伊沟

△ 雅鲁藏布江

女之魂湖",湖面积虽不大,但在藏传佛教转世制中有着特殊地位,因而备受信徒敬仰,每次寻访达赖喇嘛、班禅等大活佛的转世灵童前,都要到此观湖卜相。每年藏历四至六月许多善男信女前来这里朝圣观景。

> 海拔情况

拉姆拉措:4000 米;加查:3176 米。

> 餐饮推荐

藏餐、汤锅。

DAY4　加查—米林
（行驶里程 240 公里）

早餐后前往雅鲁藏布大峡谷。大峡谷平均深度 2268 米,最深处达 6009 米,汹涌奔流的雅鲁藏布江穿过喜马拉雅山脉东部的南迦巴瓦和加拉白垒两峰夹峙的狭窄深谷,并围绕南迦巴瓦峰形成巨大的马蹄形转弯,堪称"地球上最后的秘境"。

> 路况: 全程路况是国道 + 省道。

1. 弯道较多切忌弯道超车。

2. 在行驶路边有悬崖时,请放慢车速行驶。

> 海拔情况

雅鲁藏布大峡谷:3000 米;米林:2941 米。

> 沿途特色景区

南迦巴瓦峰——"云中的天堂",云雾缭绕,从不轻易露出真面目。

雅鲁藏布大峡谷——依然处于强烈地壳运动中的世界第一大峡谷。

> 全国乡村旅游重点村（或全国乡村旅游扶贫重点村）

★ 堆随村——有浓郁地域特色的民间歌舞——果谐,其艺术形式非常独特。

> 旅行锦囊

加油站:米林中石油、中石化均有,提前为爱车加满油。

> 餐饮推荐

高原雪鱼、菌汤、松茸炖鸡。

> 高原提示

切忌剧烈运动,高原地区温差较大,应及时添加衣物防止感冒。

DAY5　米林

米林是除拉萨外的一个重要的美景聚集地,雅鲁藏布大峡谷就是坐落于此。同时这里也是体验藏族人不同风俗的好去处。

> 沿途特色景区

南伊沟——"中国绿色峰级的森林浴场""地球上最高的绿色秘境"。

> 全国乡村旅游重点村（或全国乡村旅游扶贫重点村）

★ 索松村——雪山下桃花盛放,犹如樱花怒放的富士山,是西藏最有名的世外桃源。

△ 雍布拉康

△ 雍布拉康

No.21 净土拉萨，藏地江南

藏地江南，圣湖寻踪

【手绘线路图】

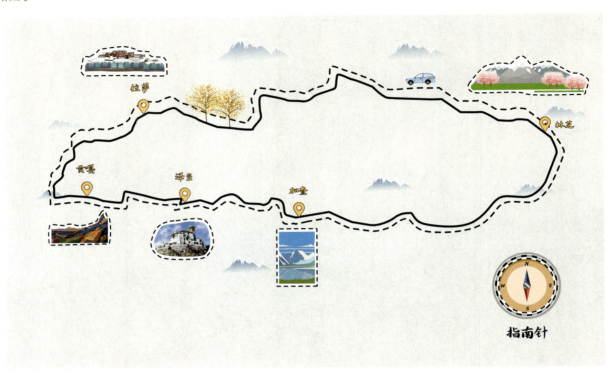

【线路概况】

这条线路从拉萨开始，整个行程围绕着拉萨市与山南，全程经过山南、加查到达林芝机场，经过拉萨河、西藏三大圣湖之一羊卓雍措、参观兼具藏族、汉族、印度三种风格的桑耶寺，游览可见前世今生的拉姆拉措，朝拜西藏第一座宫殿——雍布拉康，一路经历过雪山、草地、湖泊和寺庙，是风景和人文景观的完美融合。

【非遗体验】

拉萨雪顿节、拉萨朗玛、唐卡、山南望果节、山南传统藏戏。

【土特产】

西藏青稞酒、藏红花、藏刀、西藏天珠、当雄曲玛弄矿泉水、酥酪糕、亚东黑木耳、藏毯。

【行程规划】

> **线路：** 拉萨—泽当—加查—米林
> **总里程：** 900公里
> **推荐时长：** 4天

DAY1 各地—拉萨—贡嘎县
（行驶里程250公里）

抵达拉萨后，可前往布达拉宫游览（可在出发前就先在网上预订好布达拉宫的门票），再去大昭寺朝拜，之后前往八廓街挑选心仪的手工艺品，在玛吉阿米餐厅前留影。也可早起出发前往浪卡子县的西藏三大圣湖之一的羊卓雍措。羊卓雍措与纳木措、玛旁雍措并称西藏三大圣湖，是喜马拉雅山北麓最大的内陆湖泊，湖光山色之美，世间少有。

> **交通选择**

拉萨机场航班直达：成都、重庆、西安、

广州、北京、上海、西宁、深圳、杭州、长沙、南京、天津、石家庄、兰州、郑州、贵阳、昆明、福州。

拉萨火车站直达：北京、上海、广州、成都、重庆、西宁、兰州。

> **海拔情况**

拉萨：3650米；羊卓雍措：4400米。

温馨提示：

1. 先做一个全身检查，主要是心肺功能方面，确认正常后方可启程。有严重的高血压、心脏病、（支）气管炎、糖尿病、感冒的患者限制进藏。

2. 进藏前三天可自行服用预防高原反应的药物，如红景天类药物、索罗玛宝颗粒、迪诺康胶囊、硝苯地平等，人参或西洋参也可服用，但患感冒发烧的人禁用人参类药物。

3. 早晚温差大，短袖、长袖、抓绒厚度以上的外套都要带。

△ 米林桃花沟

4.气候干燥，注意补水保湿，一定要带润唇膏、防晒霜、有黑色涂层的遮阳伞，防紫外线的墨镜（不仅防晒，更防止眼睛灼伤）。

> **市区特色景区**

布达拉宫——世界上海拔最高，集宫殿、城堡和寺院于一体的宏伟建筑，也是西藏最庞大、最完整的古代宫堡建筑群。

大昭寺——融合了藏、唐、尼泊尔、印度的建筑风格，是藏式宗教建筑的千古典范。

八廓街——又名八角街，位于拉萨市旧城区，是拉萨著名的转经道和商业中心，较完整地保存了古城的传统面貌和居住方式。

药王山——位于布达拉宫的西侧，有条小路可至峰顶，半山腰上的照景台，是拍摄布达拉宫的最佳位置。

罗布林卡——西藏人造园林中规模最大、风景最佳的、古迹最多的园林。

哲蚌寺——中国藏传佛教格鲁派寺院，与甘丹寺、色拉寺合称拉萨三大寺。

> **全国乡村旅游重点村（或全国乡村旅游扶贫重点村）**

★**吉苏村**——交通便利，物资丰富，主要农作物有樱桃、角瓜、卷心菜、杏子、南瓜等。

★**次角林村**——拉萨河南岸，村里有次角林寺，是拉萨市市级文物保护单位。

> **餐饮推荐**

拉萨：拉萨菌汤、酥油茶、藏餐、玛吉阿米茶餐厅。

DAY2 **贡嘎—桑耶寺—雍布拉康—泽当**
（行驶里程195公里）

由贡嘎出发前往泽当，途经桑耶寺，它是西藏第一座剃度僧人出家的寺院。随后前往雍布拉康，参观西藏历史上第一座宫殿，也是西藏最早的建筑之一，晚上入住泽当县。

△ 布达拉宫

△ 拉姆拉措

△ 羊卓雍措

△ 雍布拉康

> **路况：** 全程路况较好，都是国道和省道。
> **海拔情况**

雍布拉康：3600 米；桑耶寺：3600 米；泽当：3550 米。

温馨提示： 心态尽量放松，高原地区不要剧烈运动。

> **沿途特色景区**

桑耶寺——藏传佛教史上第一座佛、法、僧三宝俱全的寺庙。

雍布拉康——站在山上最高处的塔楼凭高远望，雅砻河谷风景和田园风光尽收眼底。

昌珠寺——珍珠唐卡为镇寺之宝。

> **全国乡村旅游重点村（或全国乡村旅游扶贫重点村）**

★ **扎若村**——桑耶镇扎若村境内有扎囊国家沙漠公园，它是西藏首个国家沙漠公园。

★ **芝龙村**——山明水秀，历史悠久，民风淳朴，主要农产品有橙子、椰子、菠萝、洋菇、草莓、大葱、酸橙、绿豆芽和苹果等。

> **旅行锦囊**

加油站：沿途均有加油站，提前为爱车加满油即可。

> **餐饮推荐**

泽当：酥油茶、糌粑、青稞酒、菌汤、藏餐。

山南：香寨、酥炸羊腩。

DAY3　泽当—拉姆拉措—加查（行驶里程 220 公里）

早餐后驱车前往拉姆拉措，藏语意思"天女之魂湖"，湖面积虽不大，佢在藏传佛教转世制中有着特殊地位，因而备受信徒敬仰，每次寻访达赖喇嘛、班禅等大活佛的转世灵童前，都要到此观湖卜相。每年藏历四至六月许多善男信女前来这里朝圣观景。还据说多人同观所见各异，据说可以从湖水的倒影中看到自己的未来。

> **海拔情况**

拉姆拉措：4000 米；加查：3176 米；曲松县：4000 米。

> **餐饮推荐**

藏餐、汤锅。

温馨提示：

1. 当天需要放松心态，切勿紧张。

2. 回到酒店充分休息后，再开始洗漱，如果身体感觉良好，可以洗澡，如在景区有高原反应请一定不要洗澡。

> **沿途特色景区**

藏王墓——西藏地区保存较好、规模较大的王陵。在研究吐蕃时期的社会、政治、经济等方面有较高的价值。

> **全国乡村旅游重点村（或全国乡村旅游扶贫重点村）**

★ **山南市隆子县玉麦乡玉麦村**——地处喜马拉雅山北支脉的南麓。属于印度洋季风气候，每年 11 月至来年 5 月是大雪封山时期。

★ **山南市错那县麻麻门巴民族乡麻麻村**——西藏山南市错那县麻麻村有勒布沟，这是山南市三大名沟之首，是西南部勒布沟里四个门巴民族乡之一。

> **旅行锦囊**

加油站：沿途有中石油加油站覆盖，无中石化加油站。

> **餐饮推荐**

加查：核桃。

DAY4　加查—米林机场（行驶里程 240 公里）

早餐后前往雅鲁藏布大峡谷。大峡谷平均深度 2268 米，最深处达 6009 米，汹涌奔流的雅鲁藏布江穿过喜马拉雅山脉东部的南迦巴瓦和加拉白垒两峰夹峙的狭窄深谷，并围绕南迦巴瓦峰形成巨大的马蹄形转弯，堪称"地球上最后的秘境"。下午到达米林机场回程。

> **路况：** 全程路况都是国道和省道。

1. 弯道较多切忌弯道超车。

2. 在行车路边有悬崖时请放慢车速行驶。

> **海拔情况**

雅鲁藏布大峡谷：3000 米；米林：2941 米。

> **沿途特色景区**

南迦巴瓦峰——"云中的天堂"，云雾缭绕，从不轻易露出真面目。

雅鲁藏布大峡谷——雅鲁藏布大峡谷是地球上最深的峡谷。

> **全国乡村旅游重点村（或全国乡村旅游扶贫重点村）**

★ **堆随村**——有独具特色的民间歌舞"果谐"，其艺术形式非常独特。

> **旅行锦囊**

加油站：米林有中石油和中石化加油站，提前为爱车加满油。

> **餐饮推荐**

高原雪鱼、菌汤、松茸炖鸡。

△ 雍布拉康

No.22 净土拉萨，勇闯珠峰

朝圣拉萨，寻觅西藏圣山圣湖

【手绘线路图】

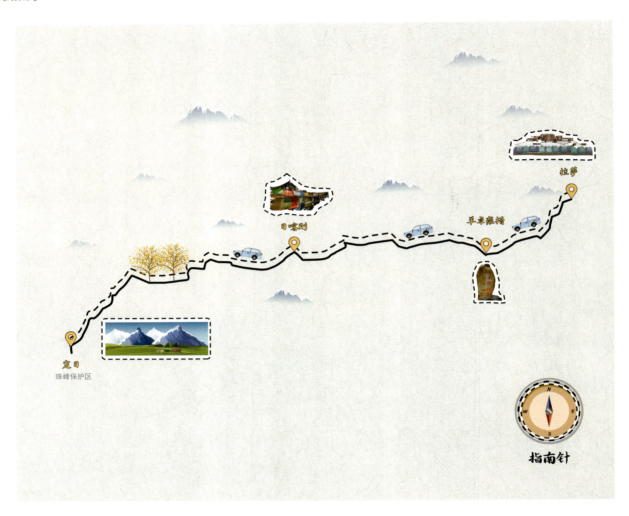

【线路概况】

这条线路从拉萨开始，一路沿着318国道、107国道行驶，整个行程围绕着拉萨市与日喀则市，全程经过拉萨河、日喀则、西藏三大圣湖之一羊卓雍措、羊八井，最后抵达有"挑选的草场"的当雄，游玩了距离当雄10公里左右的西藏第一大湖泊纳木措，再返回拉萨，一路经过雪山、草地、湖泊，跨过了岗巴拉山、卡若拉冰川、根拉山口、念青唐古拉山，高原的美与险，在这条线上展露无遗。

【非遗体验】

拉萨雪顿节、拉萨朗玛、唐卡、当雄"当

吉仁"赛马、日喀则传统藏戏。

【土特产】

西藏青稞酒、藏红花、藏刀、西藏天珠、当雄曲玛弄矿泉水、酥酪糕、亚东黑木耳、藏毯。

【行程规划】

线路：拉萨—羊卓雍措—日喀则—定日—珠穆朗玛峰—拉萨
总里程：1100公里
推荐时长：5天

DAY1 拉萨

抵达拉萨后，前往布达拉宫游览（可在出发前就先在网上预订好布达拉宫的门票），再去大昭寺朝拜，之后前往八廓街挑选心仪的手工艺品，在玛吉阿米餐厅前留影。

▶ 交通选择

拉萨机场航班直达：成都、重庆、西安、广州、北京、上海、西宁、深圳、杭州、长沙、南京、天津、石家庄、兰州、郑州、贵阳、昆明、福州。

拉萨火车站直达：北京、上海、广州、成都、重庆、西宁、兰州。

△ 卡若拉冰川

🔸 海拔情况

拉萨：3650 米。

温馨提示：

1. 先做一个全身检查，主要是心肺功能方面，确认身体健康后方可启程。有严重的高血压、心脏病、（支）气管炎、糖尿病、感冒的患者限制进藏。

2. 进藏前三天可自行服用预防高原反应的药物，如红景天类药物、索罗玛宝颗粒、迪诺康胶囊、硝苯地平等，人参或西洋参也可服用，但患感冒发烧者禁用人参类药物。

3. 早晚温差大，短袖、长袖、抓绒厚度以上的外套都要带。

4. 气候干燥，注意补水保湿，一定要带润唇膏、防晒霜、有黑色涂层的遮阳伞，防紫外线的墨镜（不仅防晒，更防止眼睛灼伤）。

🔸 市区特色景区

布达拉宫——世界上海拔最高，集宫殿、城堡和寺院于一体的宏伟建筑，也是西藏最庞大、最完整的古代宫堡建筑群。

大昭寺——融合了藏、唐、尼泊尔、印度的建筑风格，是藏式宗教建筑的千古典范。

八廓街——又名八角街，位于拉萨市旧城区，是拉萨著名的转经道和商业中心，较完整地保存了古城的传统面貌和居住方式。

药王山——位于布达拉宫的西侧，有条小路可至峰顶，半山腰上的照景台，是拍摄布达拉宫的最佳位置。

罗布林卡——西藏人造园林中规模最大、风景最佳的、古迹最多的园林。

哲蚌寺——中国藏传佛教格鲁派寺院，与甘丹寺、色拉寺合称拉萨三大寺。

🔸 全国乡村旅游重点村（或全国乡村旅游扶贫重点村）

★**吉苏村**——交通便利，物资丰富，主要

△ 318 国道 5000 公里

△ 绒布寺

△ 羊卓雍措

△ 扎什伦布寺

农作物有樱桃、角瓜、卷心菜、杏子、南瓜等。

★ **白定村**——2018 年中国美丽休闲乡村，千亩油桃林，可赏桃花、采摘。

>> **餐饮推荐**

拉萨：拉萨菌汤、酥油茶、藏餐。

DAY2 **拉萨—羊卓雍措—日喀则**
（行驶里程 350 公里）

早上从拉萨出发沿拉萨河翻越岗巴拉山到达羊卓雍措游览，其湖面平静，一片翠蓝，仿佛山南高原上的蓝宝石。之后途经卡若拉冰川、江孜，傍晚到达日喀则。

>> **路况：**部分国道、部分省道，均为柏油路。

路面平整，但是车上会有轻微的颠簸感，全程双向限速 40 公里 / 小时。

△ 羊卓雍措

1. 秋冬季节路面会有结冰现象。

2. 7、8 月是日喀则地区的雨季，此时的道路路况较差，会经常出现被暴雨冲断道路的状况。

>> **海拔情况**

岗巴拉山：5030 米；羊卓雍措景区：4441 米；卡若拉冰川：5400 米；江孜县：4000 米；日喀则市：4000 米。

温馨提示：在翻越岗巴拉山的时候尽量不要打开车窗，保持车内温度和气压预防高原反应。

>> **沿途特色景区**

卡若拉冰川——是西藏三大大陆型冰川之一，为年楚河东部源头。

白居寺——藏语称"班廓曲德"，是一座塔寺结合的典型的藏传佛教寺院建筑，塔中有寺、寺中有塔，寺塔浑然天成。

萨迦寺——藏传佛教萨迦派寺院，也是萨迦派的主寺。

>> **全国乡村旅游重点村（或全国乡村旅游扶贫重点村）**

★ **顶巴村**——有农产品葡萄、山药、紫色包心菜。

★ **卡龙村**——自然资源丰富，草场除湖泊沿岸水草茂盛的地带外，大多为高山草甸型牧场。

>> **旅行锦囊**

加油站：

1. 日喀则：中石油（G318 进城路口），供 97#、93#、90# 及柴油。

2. 拉孜：中石油，供 93#、90# 和柴油。

3. 定日：中石油，供 93#、90# 和柴油。

>> **餐饮推荐**

拉孜：老马清真馆、油拌面。

定日：虫草鸡块。

日喀则：青稞、油拌人参果、朋必。

DAY3 **日喀则—拉孜—定日**
（行驶里程 240 公里）

早餐后前往扎什伦布寺，之后沿 318 国道前往定日，途中经过拉孜县 318 国道的 5000 公里纪念碑，记得合影留念。下午抵达定日县百坝镇。

>> **路况：**全程柏油路面。

沿 318 国道向西进入新中尼公路，最大行车速度 60 公里 / 小时。

这条线路的路面微有起伏，有颠簸感。

>> **海拔情况**

拉孜县：4010 米；定日县：5000 米。

温馨提示：川藏线路段行驶速度不要过

△ 珠峰

△ 珠穆朗玛峰

快，转弯处要提前鸣笛，切记弯道处不要超车。

路途上大货车可能比较多，切记不要跟车和超车。

❯ 沿途特色景区

扎什伦布寺——中国著名的六大黄教寺院之一。全国重点文物保护单位之一。

5000 公里纪念碑——318 国道从上海人民广场的零公里点到拉孜县的此处恰好整整 5000 公里，是非常有纪念意义的。

❯ 全国乡村旅游重点村（或全国乡村旅游扶贫重点村）

★桑珠孜区年木乡胡达村——平均海拔在 4000 米以上，自然资源丰富，草场除湖泊沿岸水草茂盛的地带外，大多为高山草甸型牧场。

★曲下镇占宗村——紧邻国道，依靠运输和传统放牧等生活。

❯ 旅行锦囊

加油站：日喀则、拉孜、定日县城均有中国石油加油站。

❯ 餐饮推荐

拉孜：麻森、"熄"酥酪糕。

定日：牦牛肉、藏式酸菜汤、青稞酒。

❯ 高原提示

由于紧邻珠穆朗玛峰海拔较高，强烈建议不要剧烈运动。

DAY4 定日—珠峰保护区—日喀则
（行驶里程 450 公里）

早餐后经过检查站，进入珠峰保护区，前往位于绒布寺的珠峰大本营，再去珠峰海拔纪念碑 8848.43 米。之后下山返回日喀则市区休息。

❯ 路况：前往珠峰的道路为柏油路面。

1. 整个路段区间测速较多，路面微有起伏，但并不明显。

2. 往来两边货车较多，注意避让。

❯ 海拔情况

珠峰大本营海拔：5200 米。

温馨提示： 1. 在翻越垭口的时候尽量不要打开车窗，保持车内温度和气压预防高原反应。

2. 前往珠峰大本营需要提前办理好边防证。

❯ 沿途特色景区

加乌拉山——是拍摄珠峰日出的最佳观景点。

绒布寺——属西藏宁玛派寺庙，海拔约 5154 米，地势高峻寒冷，是世界上海拔最高的寺庙，位于珠穆朗玛峰脚下绒布冰川的末端。

❯ 全国乡村旅游重点村（或全国乡村旅游扶贫重点村）

★班定村——位于海拔 4200 多米的西藏地区，自然条件异常艰苦，紧邻珠峰路。

★百坝村——主要特产是古荣糌粑，太阳能、水能、地热资源丰富。旅游景点有楚布寺、桑木民俗自然村、邱桑温泉等。

❯ 旅行锦囊

加油站：定日、拉孜、日喀则均有中国石油加油站。

❯ 餐饮推荐

定日：糌粑、青稞酒、酥酪糕。

拉萨：菌汤锅、烤羊肉、藏餐。

DAY5 日喀则—拉萨
（行驶里程 270 公里）

早餐后沿 318 国道，之后原路返回，驱车前往拉萨。

❯ 路况：全程 318 国道，国家二级公路干线。

1. 整个路段区间测速较多，路面微有起伏，但并不明显。

2. 往来两边货车较多，注意避让。

❯ 海拔情况

日喀则：4000 米；拉萨：3650 米。

温馨提示： 在翻越垭口的时候尽量不要打开车窗，保持车内温度和气压预防高原反应。

关于西藏自驾的友情提示：

1. 车辆的准备：七八月的西藏，尽量不要开轿车、跑车等低盘底的车，因为这个时候的雨水很充足，路况坑坑洼洼的，不好行驶。建议用越野车。

如果一定要用轿车的话，建议在 5、6、9 月份去，这个时候降水就比较少了。

2. 身体准备：在进藏半个月之前睡眠要充足，进入高原之前，烟酒都不要沾，防止上呼吸道感染。不需要刻意锻炼，只要心态好，一般都不会出现严重的高原反应。

3. 装备准备：需要准备的东西有身份证、驾驶证、行驶证、银行卡、信用卡、现金（不用太多）、相机、手机充电宝、耳机、雨伞、氧气瓶、洗漱用品、羽绒服、保暖衣、户外鞋、运动鞋、遮阳帽、头巾、防晒伞、墨镜、防晒霜、饮用水、高热量食物（不容易变质的）、巧克力、饼干（压缩饼干）、感冒药、葡萄糖、肠胃药、晕车药、红景天、高原安、百服宁（止痛型）、西洋参含片、吗丁啉、黄连素、藿香正气胶囊、板蓝根、创可贴等。

No.23 山南深度7日自驾游

朝圣拉萨，探访历史悠久的山南

【手绘线路图】

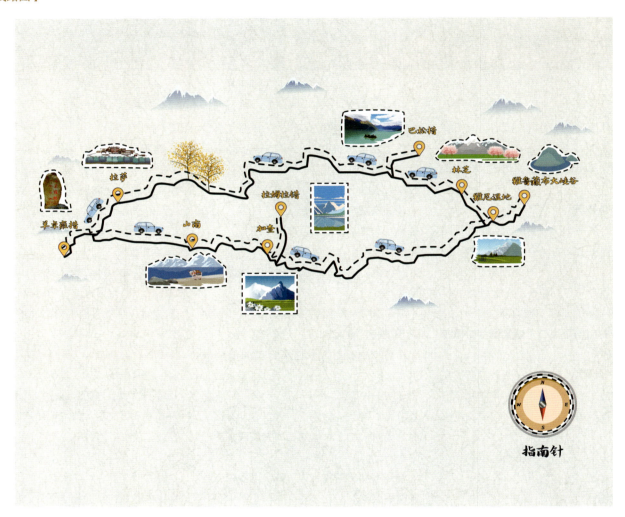

【线路概况】

游览西藏圣地、打卡传统街道、藏式房屋、观赏"三大圣湖"之一的羊卓雍措，游玩世界上落差最大的峡谷——雅鲁藏布大峡谷。来拉姆拉措寻找你的前世今生，游览西藏首个也是现在唯一的自然风景类国家5A级旅游景区——巴松措景区。

【非遗体验】

拉萨雪顿节、拉萨朗玛、唐卡。

【土特产】

青稞酒、藏红花、藏刀、西藏天珠、虫草、松茸。

【行程规划】

> **线路：** 拉萨—山南—加查—大峡谷—林芝—巴松措—拉萨
>
> **总里程：** 1385公里
>
> **推荐时长：** 7天

DAY1 **各地—拉萨**

抵达拉萨后，前往布达拉宫游览（可在出发前就先在网上预订好布达拉宫门票），再去大昭寺朝拜，之后前往八廓街挑选心仪的手工艺品，在玛吉阿米餐厅前留影。

▶ **海拔情况**

拉萨：3650米。

▶ **交通选择**

拉萨机场航班直达：成都、重庆、西安、广州、北京、上海、西宁、深圳、杭州、长沙、南京、天津、石家庄、兰州、郑州、贵阳、昆明、福州。

拉萨火车站直达：北京、上海、广州、成都、重庆、西宁、兰州。

△ 巴松措

> **沿途特色景区**

布达拉宫——世界上海拔最高、最雄伟的宫殿，是拉萨乃至西藏最重要的象征。

大昭寺——藏传佛教信徒朝圣的终点，大昭寺之神圣，并不逊于布达拉宫。

扎基寺——全西藏唯一的一座财神庙，寺庙虽小，但香火十分鼎盛。

色拉寺——藏传佛教格鲁派六大主寺之一，自古就是高僧活佛讲经说法之地。

八廓街——拉萨最著名的转经道和商业中心。

> **全国乡村旅游重点村（或全国乡村旅游扶贫重点村）**

拉萨市达孜区德庆镇白纳村——藏族民间故事中的机智人物阿古顿巴出生地就在白纳村，村子具有很好的人文研究价值。

> **餐饮推荐**

拉萨：菌汤锅、藏餐、尼泊尔餐、牛肉汤锅。

DAY2　拉萨—羊卓雍措—山南
（行驶里程 260 公里）

早起在酒店用过早餐后出发前往羊卓雍措。沿拉萨河翻越岗巴拉山，到达羊卓雍措游览，其湖面平静，一片翠蓝，如山南高原上的蓝宝石。之后前往山南首府乃东入住酒店。

> **路况：**全程路况良好，有省道和高速公路。

> **海拔情况**

羊卓雍措：4441 米；山南：3700 米。

温馨提示：在翻越垭口的时候尽量不要打开车窗，保持车内温度和气压预防高

△ 拉姆拉措

△ 酥油茶

△ 布达拉宫

原反应。

> **沿途特色景区**

羊卓雍措——与玛旁雍措、纳木措并称西藏三大神湖。在藏族人心中被看作是"神女散落的绿松石耳坠"。

桑耶寺——藏传佛教史上第一座佛、法、僧三宝俱全的寺庙。

> **全国乡村旅游重点村（或全国乡村旅游扶贫重点村）**

★扎若村——西藏首个国家沙漠公园。

> **旅行锦囊**

加油站：

浪卡子县：一个中石油加油站，一个私人加油站。

山南市：沿途均有中石油加油站。

> **餐饮推荐**

山南：酥油茶、糌粑、青稞酒、汤锅、藏餐、石锅鸡。

DAY3   山南—拉姆拉措—加查
（行驶里程220公里）

早餐后驱车前往拉姆拉措，藏语意思为"天女之魂湖"，湖面积虽不大但在藏传佛教转世制中有着特殊地位，因而备受信徒敬仰，每次寻访达赖喇嘛、班禅等大活佛的转世灵童前，都要到此观湖卜相。每年藏历四至六月许多善男信女前来这里朝圣观景。

> **海拔情况**

拉姆拉措：4000米；加查：3176米。

> **沿途特色景区**

拉姆拉措——拉姆拉措为高山淡水湖，犹如群山环抱的一面镜子，景致秀美。湖面结冰期约7个月。夏天解冻以后，时而风平浪静，水清如镜；时而无风起浪，彤云密布，还不时发出奇特的声响，出现各种奇妙景象。

> **全国乡村旅游重点村（或全国乡村旅游扶贫重点村）**

★久堆村——山南地区一个自然村、紧挨江塘村、奴巧村、扎西定岗村、热麦村，天蓝水清，物产丰富。

> **餐饮推荐**

藏餐、汤锅、牛肉。

DAY4   加查—雅鲁藏布大峡谷
（行驶里程340公里）

早餐后前往雅鲁藏布大峡谷。大峡谷平均深度2268米，最深处达6009米，汹涌奔流的雅鲁藏布江穿过喜马拉雅山脉东部的南迦巴瓦和加拉白垒两峰夹峙的狭窄深谷，并围绕南迦巴瓦峰形成巨大的马蹄形转弯，堪称"地球上最后的秘境"，晚上入住大峡谷景区内酒店。

> **路况：** 全程路况是国道和省道。

1. 弯道较多切忌弯道超车。

2. 在行车路边有悬崖时请放慢车速行驶。

> **海拔情况**

雅鲁藏布大峡谷：3000米。

> **沿途特色景区**

南迦巴瓦峰——"云中的天堂"，云雾缭绕，从不轻易露出真面目。

雅鲁藏布大峡谷——在号称"世界屋脊"的青藏高原，有两个世界之最：一个是世界最高的山峰——珠穆朗玛峰；一个是世界最深最长的河流峡谷——雅鲁藏布大峡谷。

> **全国乡村旅游重点村（或全国乡村旅游扶贫重点村）**

★堆随村——这里有独特的民间歌舞"果谐"，其艺术形式非常独特。

> **旅行锦囊**

加油站：米林中石油、中石化均有，提前为爱车加满油。

> **餐饮推荐**

高原雪鱼、菌汤、松茸炖鸡。

DAY5   雅鲁藏布大峡谷—雅尼湿地—林芝
（行驶里程105公里）

上午在大峡谷自由活动。然后前往雅尼湿地公园，这里年降水量650毫米左右，年均温度8.7℃，年均日照2000多小时，无霜期180天，河中沙洲绿草茵茵，牛羊成群，河岸树木枝繁叶茂，水流潺潺。下午抵达林芝市区入住酒店。

> **路况：** 全程乡村公路。

1. 弯道较多，切忌弯道超车。

2. 在行车路边有悬崖时，请放慢车速行驶。

> **海拔情况**

雅尼湿地：2900 米；林芝：2900 米。

> **沿途特色景区**

雅尼湿地公园——中国国家湿地公园。

林芝——有西藏小江南之称。

> **餐饮推荐**

松茸菌汤、石锅鸡、藏餐。

DAY6 林芝—巴松措
(行驶里程 120 公里)

早餐后沿尼洋河而上前往巴松措，景区集雪山、湖泊、森林、瀑布牧场、文物古迹、名胜古刹为一体，景色殊异，四时不同，各类野生珍稀植物汇集，沿途欣赏秀美的尼洋河风光（传说尼洋河是"神女的眼泪"汇聚而成的，水色清幽明澈，绿波见底），晚上入住景区内酒店。

> **路况：** 全程路况良好，有省道和高速公路。

> **海拔情况**

巴松措：3000 米。

温馨提示：在翻越垭口的时候尽量不要打开车窗，保持车内温度和气压预防高原反应。

> **沿途特色景区**

巴松措——巴松措是西藏海拔最低的大湖。景区内森林密布，氧气含量较其他湖泊高，一般不会产生高原反应。

> **全国乡村旅游重点村（或全国乡村旅游扶贫重点村）**

★错高村——是工布地区唯一完整地保持

△ 羊卓雍措

了工布藏族传统村落布局、民居建筑风格、习俗、文化和信仰的村落。

> **旅行锦囊**

沿途加油站比较多，中石油中石化都有。

> **餐饮推荐**

野生菌、牦牛肉、巴松鱼。

DAY7 巴松措—拉萨
(行驶里程 340 公里)

早餐后，从巴松措景区出发，经林拉高速到达拉萨，进行游玩或者返程。

> **路况：** 全程高速。

> **海拔情况**

拉萨：3650 米。

温馨提示：在翻越垭口的时候尽量不要打开车窗，保持车内温度和气压预防高原反应。

> **沿途特色景区**

林拉高速——一条从"雪域小江南"林芝到"日光城"拉萨的天路，是西藏目前颜值最高的公路。

> **全国乡村旅游重点村（或全国乡村旅游扶贫重点村）**

★塔巴村——这里有西藏传统制陶技艺，为国家级非物质文化遗产。

★仁青林村——主要农产品有黄豆、杏子、小胡萝卜、山药、青豆和桃子。

> **旅行锦囊**

沿途加油站比较多，中石油、中石化都有。

△ 雅鲁藏布大峡谷

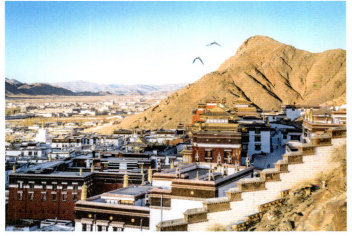
△ 扎什伦布寺

No.24 净土拉萨，圣湖寻踪

朝圣拉萨，寻觅西域圣湖

【手绘线路图】

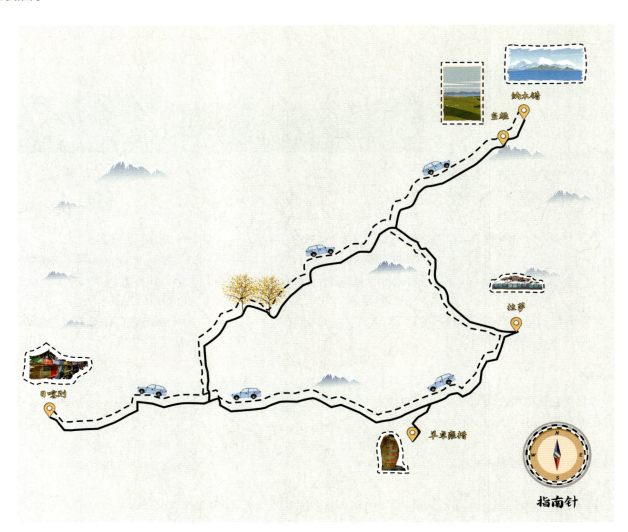

【线路概况】

这条线路从拉萨开始，一路沿着318国道、107国道行驶，整个行程围绕着拉萨市与日喀则市，全程经过拉萨河、日喀则、西藏三大圣湖之一羊卓雍措、羊八井、最后抵达有"挑选的草场"之称的当雄，游玩距离当雄10公里左右的西藏第一大湖泊纳木措后返回拉萨，一路经过雪山、草地、湖泊，跨过了岗巴拉山、卡若拉冰川、根拉山口、念青唐古拉山，高原的美与险，就在这条线上展露无遗。

【非遗体验】

拉萨雪顿节、拉萨朗玛、唐卡、当雄"当

吉仁"赛马、日喀则传统藏戏。

【土特产】

西藏青稞酒、藏红花、藏刀、西藏天珠、当雄曲玛弄矿泉水、酥酪糕、亚东黑木耳、藏毯。

【行程规划】

> **线路：** 拉萨—羊卓雍措—日喀则—当雄—纳木措—拉萨
>
> **总里程：** 880公里
>
> **推荐时长：** 4天

DAY1 拉萨

抵达拉萨后，前往布达拉宫游览（可在出发前就先在网上预订好布达拉宫门票），再去大昭寺朝拜，之后前往八廓街挑选心仪的手工艺品，在玛吉阿米餐厅前留影。

❯ 交通选择

拉萨机场航班直达：成都、重庆、西安、广州、北京、上海、西宁、深圳、杭州、长沙、南京、天津、石家庄、兰州、郑州、贵阳、昆明、福州。

拉萨火车站直达：北京、上海、广州、成都、重庆、西宁、兰州。

△ 布达拉宫

❥ 海拔情况

拉萨：3650 米。

温馨提示：

1. 先做一个全身检查，主要是心肺功能方面，确认正常后方可启程。有严重的高血压、心脏病、（支）气管炎、糖尿病、感冒的患者限制进藏。

2. 进藏前三天可自行服用预防高原反应的药物，如红景天类药物、索罗玛宝颗粒、迪诺康胶囊、硝苯地平等，人参或西洋参也可服用，但患感冒发烧者禁用人参类药物。

3. 早晚温差大，短袖、长袖、抓绒厚度以上的外套都要带。

4. 气候干燥，注意补水保湿，一定要带润唇膏、防晒霜、有黑色涂层的遮阳伞，防紫外线的墨镜（不仅防晒，更防止眼睛灼伤）。

❥ 市区特色景区

布达拉宫——世界上海拔最高，集宫殿、城堡和寺院于一体的宏伟建筑，也是西藏最庞大、最完整的古代宫堡建筑群。

大昭寺——融合了藏、唐、尼泊尔、印度的建筑风格，是藏式宗教建筑的千古典范。

八廓街——又名八角街，位于拉萨市旧城区，是拉萨著名的转经道和商业中心，较完整地保存了古城的传统面貌和居住方式。

药王山——位于布达拉宫的西侧，有条小路可至峰顶，半山腰上的照景台，是拍摄布达拉宫的最佳位置。

罗布林卡——西藏人造园林中规模最大、风景最佳、古迹最多的园林。

哲蚌寺——中国藏传佛教格鲁派寺院，与甘丹寺、色拉寺合称拉萨三大寺。

❥ 全国乡村旅游重点村（或全国乡村旅游扶贫重点村）

★吉苏村——交通便利，物资丰富。主要农作物有樱桃、角瓜、卷心菜、杏兰、南瓜等。

★次角林村——拉萨河南岸，村里有次角林寺，是拉萨市市级文物保护单位。

△ 拉萨河

△ 纳木措

△ 纳木措

★**纳金村**——安静的小村庄，家家户户均分有新房。

餐饮推荐

拉萨：拉萨菌汤、酥油茶、藏餐。

DAY2 拉萨—羊卓雍措—日喀则
（行驶里程 350 公里）

早上从拉萨出发沿拉萨河翻越岗巴拉山、到达羊卓雍措游览，其湖面平静，一片翠蓝，仿佛山南高原上的蓝宝石。之后途经卡若拉冰川、江孜，傍晚到达日喀则。

路况：部分国道、部分省道，均为柏油路。

1. 路面平整，但是车上会有轻微的颠簸感，全程双向限速 40 公里 / 小时。

2. 秋冬季节路面会有结冰现象。

3. 7、8 月是日喀则地区的雨季，此时的道路路况较差，会经常出现被暴雨冲断道路的状况。

海拔情况

岗巴拉山：5030 米；羊卓雍措景区：4441 米；卡若拉冰川：5400 米；江孜县：4000 米；日喀则市：4000 米。

温馨提示：在翻越岗巴拉山的时候尽量不要打开车窗，保持车内温度和气压预防高原反应。

沿途特色景区

卡若拉冰川——是西藏三大大陆型冰川之一，为年楚河东部源头。

白居寺——藏语称"班廓曲德"，是一座塔寺结合的典型的藏传佛教寺院建筑，塔中有寺、寺中有塔，寺塔浑然天成。

萨迦寺——藏传佛教萨迦派寺院，也是萨迦派的主寺。

全国乡村旅游重点村（或全国乡村旅游扶贫重点村）

★**紫金乡紫努村**——民族手工业以氆氇生产为主，是著名的年河青稞饼干生产地。

★**江热乡班久伦布村**——旧西藏"帕拉庄园"所在地。

旅行锦囊

加油站：

1. 日喀则：中石油（G318 国道进城路口），供 97#、93#、90# 及柴油。

2. 拉孜：中石油，供 93#、90# 和柴油。

△ 纳木措

△ 羊卓雍措

△ 羊卓雍措

3. 定日：中石油，供 93#、90# 和柴油。

> **餐饮推荐**

拉孜：老马清真馆、油拌面。

定日：虫草鸡块。

日喀则：青稞、油拌人参果、朋必。

> **DAY3　日喀则—羊八井—当雄**
（行驶里程 330 公里）

早餐后沿 318 国道，前往藏语意为"挑选的草场"的当雄，途中经过羊八井，如时间允许，可以泡一泡羊八井温泉，羊八井拥有全国温泉最高的水泉，且矿物质含量高，浸泡洗浴可治疗多种疾病。之后上青藏公路，抵达当雄。

> **路况：** 全程柏油路面。

1. 从 318 国道沿嘉牧隧道途经香熊大道向西北进入青藏公路，为国家二级公路干线，冻土层，最大行车速度 60 公里/小时。

2. 青藏线路路面微有起伏，有颠簸感。

> **海拔情况**

麻江乡：5180 米；羊八井镇：4231 米；尼木县：3818 米；当雄县：4200 米。

> **温馨提示：**

1. 青藏线路段行驶速度不要过快，转弯处要提前鸣笛，切记弯道处不要超车。

2. 路途大货车比较多，切记不要跟车和超车。

> **沿途特色景区**

念青唐古拉雪山——藏地三大神山（冈底斯、念青唐拉、玛积雪山）之一，顶部形似鹰嘴，多断岩峭壁，云雾缭绕，常年为冰雪覆盖。

雪格拉山——属于念青唐古拉山脉西段，

西藏 S304 省道羊大线途经此山，垭口海拔 5300 米。

羊八井温泉——全国温泉最高的水泉，以罕见的爆炸泉和间歇温泉著名，总面积超过 7000 平方米。

> **全国乡村旅游重点村（或全国乡村旅游扶贫重点村）**

★ 桑珠孜区联乡帕索村——平均海拔在 4000 米以上，自然资源丰富，草场除湖泊沿岸水草茂盛的地带外，大多为高山草甸型牧场。

★ 桑珠孜区江当乡雷贵村——造林工程成效显著，由昔日"风起黄沙飞"的沙石荒滩地变成了绿植覆盖率达 90% 的生态基地。

> **旅行锦囊**

加油站：日喀则、羊八井、当雄均有加油站。

> **餐饮推荐**

羊八井：麻森、"煺"酥酪糕。

当雄：牦牛肉、藏式酸菜汤、青稞酒。

> **高原提示**

由于羊八井海拔较高，温泉不建议泡太久。

> **DAY4　当雄—纳木措—拉萨**
（行驶里程 180 公里）

早餐后上青藏公路，进入藏北草原，翻越念青唐古拉山进入纳木措景区。纳木措是西藏第一大湖泊，也是中国第二大咸水湖，为著名的佛教圣地之一。之后原路返回，驱车前往拉萨。

> **路况：** 全程 109 国道，国家二级公路

干线。

1. 整个路段区间测速较多，路面道路微有起伏，但并不明显。

2. 往来两边货车较多，注意避让。

> **海拔情况**

纳木措湖面：4718 米；堆龙德庆区：4500 米。

> **温馨提示：** 在翻越垭口的时候尽量不要打开车窗，保持车内温度和气压预防高原反应。

> **沿途特色景区**

扎西半岛——位于当雄县，是纳木措最大的半岛，也是游览纳木措最重要的景点。

根拉山口——是跨过念青唐古拉山脉去纳木措的山间通道，属于号称生命禁区的海拔 5000 米以上的山口。

康玛寺——格鲁派寺院，系色拉寺属寺，玛尼拉康是寺院里最古老的建筑。

> **全国乡村旅游重点村（或全国乡村旅游扶贫重点村）**

★ 龙仁村——位于海拔 4000 多米的藏北草原，牧场资源丰富，山羊、绵羊、牧牛、犏牛随处可见。

★ 贾热村——主要特产是古荣糌粑，太阳能、水能、地热资源丰富。旅游景点有楚布寺、桑木民俗自然村、邱桑温泉等。

> **旅行锦囊**

加油站：当雄到拉萨，沿途包含当雄本地总共 8 个加油站，当雄本地加油站居多。

> **餐饮推荐**

当雄：糌粑、青稞酒、酥酪糕。

拉萨：菌汤锅、烤羊肉、藏餐。

No.25 世界第三极，勇士之徒

天域之地，秘境阿里

【手绘线路图】

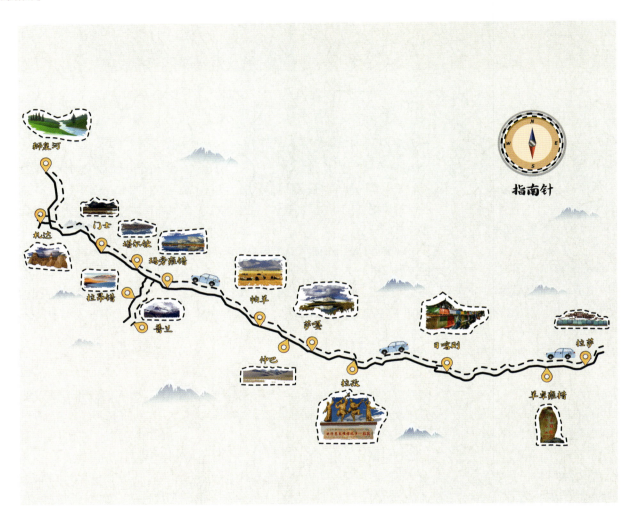

【线路概况】

因为亘古神秘，所以光华万千。阿里，旅者向往的天堂。走进阿里，仿佛时光倒流100万年，就像进入史前混沌未开，那个连上帝都嫉妒的世界。荒芜、荒原、纯粹、极致、探索，30万平方公里的土地面积有多大？可以装进将近19个北京又或者50个上海，面积比整个意大利还要大一点，它被誉为世界屋脊的屋脊，在这片平均海拔高度4500米的高原，看似荒芜的大地之上却包容万象，风景各异，气势磅礴的雪山、静谧神圣的湖泊，穿行在这片高原腹

地，每时每刻都在刷新着你看待世界和自然的视角，给你别样的体验，阿里的路，是天路。行驶在道路上，追逐着朝霞暮色，是一场久违的视觉盛宴。无论任何一种旅行方式，你都会体验到那种天地之间任你一人驰骋的酣畅感，在这条路上，能遇到最美的夕阳，也可能会碰到暴雨的洗礼。

【非遗体验】

这条线路上的非物质文化遗产很多，有传统戏剧、传统舞蹈、民俗等非物质文化遗产，还有江孜县藏式卡垫织造技艺、桑珠孜区扎西吉彩金银锻铜技艺等非遗生产性

保护示范基地，以及达瓦平措、次多、吉中等非遗传承人。

【土特产】

藏红花、日十山羊绒、藏毯、普兰木碗、藏族叶巴、野牦牛、藏羚羊。

【行程规划】

线路：拉萨—日喀则—萨嘎—塔钦—冈仁波齐—普兰—札达—狮泉河

总里程：2350公里

推荐时长：8天

△ 冈仁波齐

DAY1 拉萨

布达拉宫依山垒砌，群楼重叠，殿宇嵯峨，气势雄伟，是藏式古建筑的杰出代表，中华民族古建筑的精华之作。下午前往大昭寺，大昭寺已有 1300 多年的历史，在藏传佛教中拥有至高无上的地位。大昭寺是西藏现存最辉煌的吐蕃时期的建筑，也是西藏最早的土木结构建筑，并且开创了藏式平川式的寺庙布局规式。之后前往大昭寺甜茶馆集合，品尝藏式小吃，之后办理租车手续，准备相应的物资。

❂ 路况：

1. 全程市区道路，路况较好。

2. 有多处单行道，市内限速40公里/小时，请注意观察同行车辆。

3. 旅游旺季时，市内经典景点停车场紧张，建议打车出行。

❂ 海拔情况

拉萨：3650 米。

温馨提示： 初进入高原地区，注意不要剧烈运动，合理休息，多补充能量和水分。

❂ 沿途特色景区

布达拉宫——坐落于中国西藏自治区的首府拉萨市区西北玛布日山上，是世界上海拔最高，集宫殿、城堡和寺院于一体的宏伟建筑，也是西藏最庞大、最完整的古代宫堡建筑群。

大昭寺——在藏传佛教中拥有至高无上的地位。大昭寺是西藏现存最辉煌的吐蕃时期的建筑，也是西藏最早的土木结构建筑，并且开创了藏式平川式的寺庙布局规式。

❂ 全国乡村旅游重点村（或全国乡村旅游扶贫重点村）

吉苏村——有娘热民俗风情园，是藏文字发源地，有民俗博物馆。

白定村——入选 2018 全国美丽休闲乡村，有千亩油桃林，可赏桃花，采摘油桃。

❂ 旅行锦囊

加油站：当天市区加油站覆盖较多，不用担心车辆补给。

❂ 餐饮推荐

干酪、藏餐、蒸牛舌。

DAY2 拉萨—羊卓雍措—日喀则
（行驶里程 360 公里）

沿拉萨河翻越岗巴拉山，远观羊卓雍措。羊卓雍措是西藏三大圣湖之一，像珊瑚枝一般，因此它在藏语中又被称为"上面的珊瑚湖"，途经卡若拉冰川、江孜，傍晚到达日喀则市。

❂ 路况：全程路况都是国道一级路面，限速均为 60 公里 / 小时。

❂ 海拔情况

日喀则：4000 米；羊卓雍措：4441 米。

温馨提示：

1. 在翻越垭口的时候尽量不要打开车窗，保持车内温度和气压预防高原反应。

2. 当天行车里程较长，全程海拔较高，注意不要剧烈运动，准备好食物和饮用水。

❂ 沿途特色景区

羊卓雍措——藏语意为"碧玉湖"，是西藏三大圣湖之一，像珊瑚枝一般，因此它在藏语中又被称为"上面的珊瑚湖"。

卡若拉冰川——西藏三大大陆型冰川之一，为年楚河东部源头。

江孜古堡——江孜宗山古堡、江孜宗山、宗山古堡、江孜宗山抗英遗址、宗山抗英遗址等，位于西藏日喀则江孜县城宗山顶上，海拔 4022 ~ 4140 米，距离江孜白居寺不远，现今是一处爱国主义教育基地和国防教育示范基地。

❂ 全国乡村旅游重点村（或全国乡村旅游扶贫重点村）

★**桑珠孜区联乡帕索村**——农作物以青稞、小麦、油菜为主，素有"青稞小镇"之称。

★**普纳村**——民族团结典型示范村，汉、藏、回、彝等多个民族的群众在这块土地上互帮互助、共谋幸福，建设了一个繁荣的小村庄，也谱写了一首首动人的民族团结赞歌。

❂ 旅行锦囊

加油站：当天距离较短，加油站较多，能满足需求。

△ 扎什伦布寺

△ 沿途白塔

△ 玛旁雍措

△ 札达土林

餐饮推荐

风干肉、火烧蕨麻猪、青稞酒、凉拌牦牛舌、蕨麻米饭。

DAY3 日喀则—拉孜—白坝
（行驶里程 260 公里）

上午驱车参观扎什伦布寺，它与拉萨的"三大寺"甘丹寺、色拉寺、哲蚌寺合称藏传佛教格鲁派的"四大寺"。四大寺以及青海的塔尔寺和甘肃的拉卜楞寺并列为格鲁派的"六大寺"。建筑结构也深刻影响了其他藏传佛教建筑，如五当召，之后驱车途经川藏线 5000 公里纪念碑，傍晚到达白坝镇修正补给。

海拔情况

加乌拉山：5923 米；扎什伦布寺：3874 米。

温馨提示： 全程海拔较高注意不要剧烈运动，准备好食物和饮用水。

沿途特色景区

扎什伦布寺——寺意为"吉祥须弥寺"，全名为"扎什伦布白吉德钦曲唐结勒南巴杰瓦林"，意为"吉祥须弥聚福殊胜诸方州"。位于西藏日喀则的尼色日山下。是该地区最大的寺庙。

加乌拉山——游览珠穆朗玛峰国家自然保护区后，前往珠峰大本营必经的一个垭口，其海拔 5210 米。在此可以眺望 5 座8000 米级雪峰的垭口。

全国乡村旅游重点村（或全国乡村旅游扶贫重点村）

★ **曲宗村**——珠峰山下的村庄，也是摄影、徒步爱好者的主要驿站。

★ **拉孜县城明玛村**——拉孜县城有锡钦温泉，还有拉孜木扎山石窟。这里有特产拉孜藏刀。

餐饮推荐

虫草鸡块。

DAY4 白坝—珠峰大本营——萨嘎
（行驶里程 490 公里）

早起驾车前往珠峰，翻越加乌拉山拍摄珠峰的日出，之后驱车到达珠峰北麓、来到海拔 5145 米的绒布寺，可以搭乘景区观光车或步行前往 8 公里外的珠峰登山大本营（海拔 5200 米），是攀登世界第一高峰的起点，也是近距离欣赏珠峰的最佳地点，之后也可以在绒布寺停车场的邮局邮寄明信片，简单午餐后驾车返回 318 国道途经希夏邦马峰、佩枯措。

路况：全程路况为国道一级路面。

海拔情况

白坝：4305 米；珠峰大本营：5200 米；绒布寺：5154 米。

温馨提示： 在翻越垭口的时候尽量不要打开车窗，保持车内温度和气压预防高原反应。

沿途特色景区

绒布寺——寺院分新、旧两处，旧寺位于新寺以南 3 公里处，靠近珠穆朗玛峰，尚存莲花生大师当年的修行洞，以及印有莲花生手足印的石头和石塔等。

珠穆朗玛峰——珠穆朗玛峰是喜马拉雅山脉的主峰，同时是世界海拔最高的山峰，位于中国与尼泊尔边境线上，北部在中国西藏定日县境内（西坡在定日县扎西宗乡，东坡在定日县曲当乡，有珠峰大本营），南部在尼泊尔境内，是世界最高峰，也是中国跨越四个县的珠穆朗玛峰自然保护区和尼泊尔国家公园的中心所在。

全国乡村旅游重点村（或全国乡村旅游扶贫重点村）

★ **玛奇村**——该村以种植业和橡胶、蚕桑为主要产业。

★ **杰村**——创新温室大棚种植，成为惠民蔬菜种植基地。

旅行锦囊

加油站：萨嘎县 G219（叶孜线）有中石油加油站。

DAY5 萨嘎—冈仁波齐—塔钦
（行驶里程 500 公里）

早餐后驾车离开札达，运气好的话可以再一次看见土林日出，之后上 219 国道前往塔钦，到达后简单午餐，之后购票进入冈仁波齐神山景区，冈仁波齐海拔 6656 米，是冈底斯山的主峰，是世界公认的神山。冈仁波齐并非这一地区最高的山峰，但是只有它峰顶终年积雪能够在阳光照耀下闪耀着奇异的光芒。据说佛教中最有名的须弥山也就是指冈仁波齐。之后返回塔钦静静地欣赏冈仁波齐日落，有时间的话还可以驾车前往近在咫尺的玛旁雍措看神山圣湖的日落。

路况：全程路况为国道一级路面。

海拔情况

萨嘎：4600 米；冈仁波齐：6656 米；塔钦：4452 米。

温馨提示：

1. 在翻越垭口的时候尽量不要打开车窗，保持车内温度和气压预防高原反应。

2. 当日旅行目的地和途经地海拔都超过4500 米，注意休息，注意合理分配体力，当地住宿条件较为简单，请有心理准备，转山根据个人身体状况合理安排，切勿盲目坚持，有任何身体不适及时终止行动。

沿途特色景区

冈仁波齐——冈底斯山脉横贯在北部昆仑山脉与南部喜马拉雅山脉之间，如一条巨龙卧在西藏西部阿里广阔的高原上。它高高扬起的头，如一座大金字塔，耸立在阿里普兰的高原上，这就是海拔 6656 米的主峰冈仁波齐。冈仁波齐峰北麓是印度河上游狮泉河的发源地。

❯ 全国乡村旅游重点村（或全国乡村旅游扶贫重点村）

★赤德村——桑葚、南美梨、桃子、透明包菜、美国香瓜、山霉、菜薹为主要农作物。

★贡珠村——地处高寒缺氧、低气压、寒冷干燥、降水稀少的地区，故以手工编织厂为主要产业业态。

❯ 旅行锦囊

加油站：沿途县城都有加油站，需要及时补给油料，因地理条件有限，个别地方92#和95#没有。

DAY6 塔钦—玛旁雍措—普兰
（行驶里程100公里）

早餐后驾车前往即乌寺，这里是俯瞰圣湖玛旁雍措理想的地方。虽然规模较小，但齐乌寺的建筑布局却和布达拉宫同出一辙。玛旁雍措是世界上多个宗教认定的圣湖。拉昂错又称"鬼湖"，空旷死寂，人迹罕至，紧紧地依靠在圣湖玛旁雍措的旁边，偌大的湖区见不到一人一畜，空旷得像是站在了宇宙边缘。两湖不但相隔不远而且有水路相通。途经纳木那尼峰——圣母之山，海拔7694米，与神山冈仁波齐峰南北相望，被藏族人称为"圣母之山"或"神女峰"。

❯ 路况：全程路况为国道一级路面。

❯ 海拔情况

玛旁雍措：4588米；普兰：4678米。

温馨提示：

1. 在翻越垭口的时候尽量不要打开车窗，保持车内温度和气压预防高原反应。

2. 可以多准备零食，当天注意做好防风、防沙、防晒的措施，在高海拔地区切勿奔跑，注意保存体力。

❯ 沿途特色景区

玛旁雍措——位于中国西藏普兰县境内。其周围自然风景非常美丽，自古以来佛教信徒和苯教教徒都把它看作圣地"世界中心"，是中国湖水透明度最大的淡水湖。它也是亚洲四大河流的发源地。

拉昂措——位于阿里地区普兰县境内，海拔4574米，与淡水的圣湖一路相隔，为微咸水湖，因此其湖水人畜皆不能饮用，这大概便是"鬼湖"之名的由来。

纳木那尼峰——藏族人称之为"圣母之山"或"神女峰"。西面的山脊呈扇状由北向南排列，东面唯一的山脊被侵蚀成刃脊，十分陡峭，形成了高差近2000米的峭壁。相比而言，西面的坡度则较为和缓，峡谷间倾泻着五条巨大的冰川，冰面上布满了冰裂缝和冰陡崖。

❯ 全国乡村旅游重点村（或全国乡村旅游扶贫重点村）

★雄巴村——这里开展了美丽乡村清洁行动，对G564国道、村道、环湖西岸等处的垃圾进行清理，被评为全国乡村治理示范村。

★帮仁村——小白菜、玉米、娃娃菜、豌豆、西红柿等，神山圣湖边上的重要驿站。

❯ 旅行锦囊

中石油加油站：普兰县219国道、普兰县国土资源局西侧。

DAY7 普兰—札达
（行驶里程260公里）

午餐之后驾车（乘车）前往札达县、途经219国道沿途欣赏广袤的阿里自然风光，途经巴尔兵站沿省道一路下行，之后会出现一幅气势磅礴的土林画卷，100多万年前，札达到普兰之间是个方圆500多公里的大湖，喜马拉雅造山运动使湖盆升高，水位递减，湖底沉积的地层长期受流水切割，露出水面的山岩经风雨长期侵蚀，终于雕琢成今天的模样：一座座城堡，一群群碉楼，一层层宫殿，蜿蜒曲折数十里，巧夺天工，举世无双！

❯ 路况：全程路况为国道一级路面。

❯ 海拔情况

札达：3741米；玛旁雍措：4588米；拉昂措：4574米。

温馨提示：

1. 在翻越垭口的时候尽量不要打开车窗，保持车内温度和气压预防高原反应。

2. 可以多准备零食，当天注意做好防风、防沙、防晒的措施，在高海拔地区切勿奔跑，注意保存体力。

❯ 旅行锦囊

中石油加油站：札达县701县道。

❯ 餐饮推荐

西藏高山牦牛、炸灌肺、畚箕饼。

DAY8 札达—狮泉河
（行驶里程380公里）

驾车前往狮泉河，奔驰在阿里地区广袤的土地上，到达阿里地区首府狮泉河镇午餐，之后前往弱势群体集中供养中心看望阿里地区的孤儿和老人。

△ 珠峰大本营

❯ 路况：全程路况为国道一级路面。

❯ 海拔情况

狮泉河：4300米。

温馨提示：

1. 在翻越垭口的时候尽量不要打开车窗，保持车内温度和气压预防高原反应。

2. 当天行程轻松，返回狮泉河可以前往弱势群体集中供养中心。

❯ 沿途特色景区

狮泉河——西藏自治区西部主要大河之一。发源于冈底斯山主峰冈仁波齐峰北面的冰川湖，自南向北流至邦巴附近转向西流，经革吉在扎西岗附近与噶尔藏布相汇合转向西北，流入克什米尔地区。

札达县象泉河谷——是西藏西部最为重要的古代文明发祥地，历史上著名的象雄王国、古格王国都曾以这一流域为中心创造过辉煌灿烂的文化。

❯ 全国乡村旅游重点村（或全国乡村旅游扶贫重点村）

★东嘎村——有一组石窟群，是中国发现的规模最大的佛教古窟遗址。遗址分布在皮央村的部分，是一处由寺院、城堡、石窟和塔林组成的大型遗址，总规模比东嘎大（若单论石窟规模，则以东嘎村为大），属于古格王朝仁钦桑布时期所建的八大寺之一，建于10世纪，曾一度是古格王国重要的文化中心。

★日巴村——地处喜马拉雅山脉腹地的雪山深谷中，由于积雪严重，每年封山期长达半年。是探险、攀爬迷的未解之地。

❯ 旅行锦囊

中石油加油站：札达县701县道。

❯ 餐饮推荐

狮泉河汽车站的新疆烤羊肉和烤馕饼。

No.26 阿里之北，一"措"再"措"

穿越藏地秘境，邂逅一"措"再"措"

【手绘线路图】

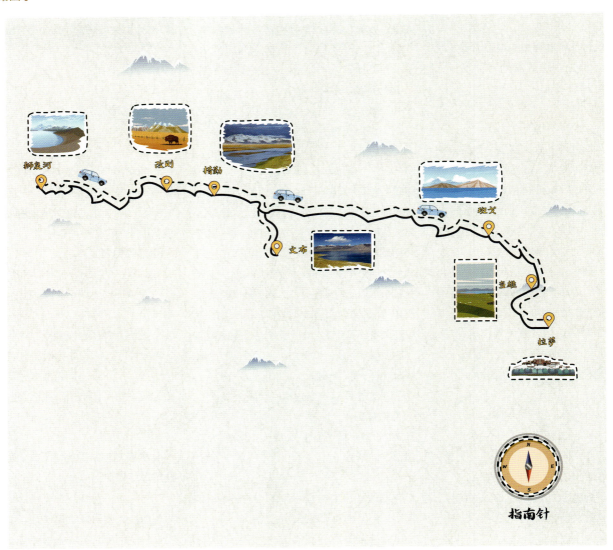

【线路概况】

阿里大北线是旅游探险爱好者向往的一条线路。这条线路包含了很多人文和自然风光，是旅游探险的极佳线路。除穿越罗布泊、可可西里、羌塘三大无人区之外，阿里大北线算是常规线路中比较难走的线路了。圣洁的雪山、历史悠久的人文、各类地质地貌，各有千秋。最值得一提的就是一路上的高原湖泊美得让人窒息，无可比拟。如在冈底斯山群峰之间，有位居西藏第三位的咸水湖"扎日南木措"；还有

圣湖"当惹雍措"，西藏最大的湖"色林措"。最为熟悉的当然是世界上海拔最高的大型湖泊，也是西藏第二大湖的"纳木措"。而这样一条超级大环线，由于人烟稀少，风光壮美，加上神秘的宗教色彩，一直让无数人神往不已！

【非遗体验】

这条线路上的非物质文化遗产很多，有班戈的尼玛乡谐钦、班戈谚语、藏北班戈谜语、昌鲁、革吉民歌等。

【土特产】

班戈藏秘草本牙膏、藏北奶制品、革吉县嘎乌、措勤吐巴、藏羚羊等。

【行程规划】

线路：狮泉河—改则—措勤—文布—班戈—当雄—拉萨

总里程：1990公里

推荐时长：7天

△ 冬日少女湖普姆雍措

DAY1 **狮泉河—改则**
（行驶里程 480 公里）

早餐后驾车上 301 省道，不久可到达第一个县城革吉县，革吉藏语意为"美丽富饶的土地"，有"世界屋脊的屋脊"之称，离开革吉县革吉镇，驱车前往革吉镇东面的盐湖乡。沿途欣赏"世界屋脊的屋脊"地区的独特地貌和特有的风景，沿途也可看到游牧民，给寂寞的荒原增添了无限的情意，傍晚到达改则县，晚餐后入住。

▶ **路况：**全程柏油路，路况较好。

1. 遇到桥梁路段常有跳坑，行车一定要小心。

2. 沿途有区间测速。

▶ **海拔情况**

狮泉河镇：4283 米；革吉县：4510 米；加拉山口：4878 米；改则县：4423 米。

温馨提示：

1. 初进入高原地区，注意不要剧烈运动，充分休息，多补充能量和水分。

2. 当天行车里程较长，全程海拔较高，准备好食物和饮用水。

▶ **沿途特色景区**

革吉县盐湖乡——这里的盐湖是纯天然形成的，是世界上海拔最高、离天空最近的盐湖。

别若则措——水质碧绿透亮，给荒凉的阿里地区增添了一抹清亮，湖畔时常会看到各种野生动物，如藏羚羊、藏原羚、狼和藏野驴等。

达绕措——夕照下最美，当绚烂的晚霞在水面映出耀眼夺目的倒影，美丽的落日余晖在湖面泛着金光。

▶ **全国乡村旅游重点村（或全国乡村旅游扶贫重点村）**

康巴列村——绿荫成林，空气清新，风景秀丽，主要农产品有草莓、葡萄干、菠萝、南美梨和芜菱叶。

却藏村——空气好，气候温和。主要农产品有香菇、水稻和杏子。

▶ **旅行锦囊**

加油站：

1. 狮泉河镇有中国石油加油站。

2. 革吉县有中国石油加油站（革吉县财政局对面）。

3. 改则县有中国石油加油站（城边 317 国道旁）。

▶ **餐饮推荐**

狮泉河：新疆烤羊肉和烤馕饼。

革吉县：川菜馆、东北饺子馆和藏餐厅等。

改则县：烧烤、四川人家、火锅和藏餐等。

DAY2 **改则—措勤**
（行驶里程 260 公里）

早餐后驱车出发，穿越了一片黄黄的草

△ 藏原羚

△ 色林措

△ 纳木措

△ 圣象天门

原,一路上看到了各种野生动物:藏原羚、旱獭、黑颈鹤和藏野驴。途中自行午餐后下午到达措勤,之后前往扎日南木措,西藏第三大湖。奔驰在湖滨原野上,拍摄日落后返回措勤,晚餐后入住酒店。

◇ 路况: 全程路况均是柏油马路。
如需驾车前往扎日南木措湖边,有土路及涉水路面。请注意行车安全。

◇ 海拔情况
措勤:4700 米;扎日南木措:4613 米。

温馨提示: 当日旅行目的地和途经地海拔都超过 4500 米,注意休息,合理分配体力,有任何身体不适应及时终止行动。

◇ 沿途特色景区
扎日南木措——是西藏第三大湖,措勤的藏语意思"大湖"正是因为扎日南木措而得名。

◇ 全国乡村旅游重点村(或全国乡村旅游扶贫重点村)
★措勤村——物产丰富,四季分明,风景宜人。村内资源:铜矿、氟镁石、黑云母、膨润土。
★曲强村——物华天宝,地处要塞。村内资源:石灰石、方锰石、金、黏土。

△ 别若则措

◇ 旅行锦囊
加油站:措勤县有中国石油加油站(城边 S206 旁)。

◇ 餐饮推荐
措勤藏族吐巴、十味园餐厅、川渝美食城等。

◇ 民俗习惯
沿途很多经幡,插在地上的经幡请不要拔出,挂上的经幡请尽量走经幡下面,经过时不要跨越。

DAY3 措勤—文布
(行驶里程 290 公里)
早餐后途经扎日南木措,在无边的草原上驱车前往当惹雍措,湖边安静的羊群增添了几许生机,翻动的经幡、岸边雪山,仿佛是少女的守护神。傍晚到达文布乡南村,这里的星空非常美丽,可能是海拔高和天气的原因,星星特别多、特别亮,还有星晕,晚餐后入住民宿。

◇ 路况: 全程路况都比较差。
离开扎日南木措,前往文布南村的路都是行车的人和游人走出来的,路况很差,越野车方能通行。

◇ 海拔情况
当惹雍措:4600 米;文布南村:4600 米。
温馨提示: 当地住宿条件较为简陋,请有心理准备。

◇ 沿途特色景区
当惹雍措——是藏北大地上最动人的湖泊,湖面形似金刚杵,四面群山环抱,南面的达果神山山顶积雪终年不化。在藏人的心目中,冈仁波齐和玛旁雍措、达果雪山和当惹雍措、念青唐古拉山和纳木措,并列为西藏的三大名山圣湖。

文布南村——这是一座与世隔绝的村庄,是被雪山湖泊环绕的桃花源,是这片藏北大地的灵魂,被旅行者称为"最西藏"的地方,是"神之居所"。

◇ 全国乡村旅游重点村(或全国乡村旅游扶贫重点村)
★文布乡南村——位于当惹雍措湖畔,很多旅行者到了"北村"后不再往前,那就遗憾错过了文布乡的"南村",这里才是世外桃源。
★达果乡多玛村——位于达果雪山脚下,传说达果雪山是古象雄诸神的聚集处。

◇ 餐饮推荐
文布:川菜。

DAY4 文布—班戈
(行驶里程 450 公里)
早上起来到湖边静候当惹雍措日出,早餐后驱车前往文布乡北村,拍摄变化多端的当穷措。之后途经尼玛县,下午来到色林措。坐在湖边静听涛声温柔拍岸,之后入住班戈酒店。

◇ 路况: 全程路况大部分为柏油马路,路况较好。
离开文布乡南村有 10 公里左右的土路,通过性没有问题,减速慢行即可安全通过。

◇ 海拔情况
尼玛:4565 米;色林措:4530 米;文布乡北村当穷措:4475 米;班戈县:4674 米。

温馨提示:
1. 当天行程时间较长,请注意准备一些饮用水和干粮以备不时之需。
2. 参观色林措,观景台收费:10 元 / 人,车辆 20 元 / 辆。

△ 新藏线风景

△ 沿途藏羚羊

❂ 沿途特色景区

当穹措——之前和当惹雍措为一个湖泊。后因造山运动将湖床抬高，或因湖水下降，导致它和当惹雍措分开，独立为湖。

色林措——中国大部分湖泊的面积都在缩小，而色林措非常神奇，近几十年来一直在变大，现在的面积已经超过纳木措，一举成为西藏面积最大的湖。

❂ 全国乡村旅游重点村（或全国乡村旅游扶贫重点村）

★文布乡北村——这个依山傍湖的村庄是文布乡南村的姊妹村。有人戏称文布北村也有圣托里尼的风格，可是亲历过以后才发现，文布北村确实有得天独厚的异域风格，面对当穹措，背靠山峦，建筑层层叠叠，村里道路曲折蜿蜒。

❂ 旅行锦囊

加油站：

1. 昆仑石油加油站（尼玛县国道317旁）。

2. 中国石油加油站（班戈县客运站对面）。

❂ 餐饮推荐

尼玛县：扎西卓藏餐厅、蜀留香饭店。

班戈县：开门红酒楼、临夏清真餐厅、雅安食府。

DAY5 班戈—纳木措北湖—当雄
（行驶里程350公里）

出发前往纳木措，中途可见巴木措，雪山、草原、村庄交相辉映，非常美丽，午餐用路餐，后继续前行。车不停地在大地里穿行，翻过一个雪山垭口，看见纳木措全景，念青唐古拉山脉守护着神湖，在阳光下非常美丽，下山走进有"天湖"之称

的纳木措。纳木措意为天湖，是藏传佛教有名的圣地，傍晚入住当雄酒店。

❂ 路况：

全程路况大部分为柏油马路，也有少量土路。进入圣象天门景区大门之后，硬土路和炮弹坑比较多。异常颠簸，注意控制车速，谨慎选路。

❂ 海拔情况

巴木措：4555 米；纳木措：4718 米；那曲：4450 米；当雄：4293 米。

温馨提示： 登山顶看纳木措全景，请注意自身身体情况，如高原反应严重，请不要勉为其难。

❂ 沿途特色景区

巴木措——巴木措又为布喀池，意思是勇士湖。位于班戈县城以东，是依偎在纳木措不远处的姐妹湖。

纳木措——位于西藏自治区中部，是西藏第二大湖泊，也是中国第三大咸水湖。

圣象天门——它静静藏匿在纳木措的北岸，隔着圣湖与神山念青唐古拉对望，是西藏美景的终极之地。

念青唐古拉山脉——横贯西藏中东部，为冈底斯山向东的延续，东南延伸与横断山脉西南部的伯舒拉岭相接，中部略向北凸出，同时将西藏划分成藏北、藏南、藏东南三大区域。

❂ 全国乡村旅游重点村（或全国乡村旅游扶贫重点村）

★达果村——班戈县尼玛乡下辖的行政村，离圣湖纳木措仅咫尺之遥。

★嘎雄村——民风淳朴，环境幽美，历史悠久。很多要看圣象天门日出的游客大多住在这里。

❂ 旅行锦囊

加油站：中国石油当雄加油站（位于当雄县司法局西南方）。

❂ 餐饮推荐

当雄：大盘鸡王餐厅、藏餐厅、川香渝味坊。

DAY6 当雄—拉萨
（行驶里程160公里）

早餐后，驱车返回拉萨，入住酒店。可以和车友畅谈本次阿里落地自驾的花絮。

❂ 路况：

全程路况为国道一级路面。

❂ 海拔情况

拉萨城区：3650 米。

温馨提示： 青藏线路况较好，但是全程限速，起伏路面较多，车流量较大，切莫掉以轻心。

❂ 沿途特色景区

布达拉宫——坐落于西藏自治区的首府拉萨市区西北玛布日山上，是世界上海拔最高，集宫殿、城堡和寺院于一体的宏伟建筑，也是西藏最庞大、最完整的古代宫堡建筑群。

大昭寺——在藏传佛教中拥有至高无上的地位。大昭寺是西藏现存最辉煌的吐蕃时期的建筑，也是西藏最早的土木结构建筑，并且开创了藏式平川式的寺庙布局规式。

❂ 旅行锦囊

加油站：

1. 羊八井镇中国石油加油站。

2. 拉萨市加油站众多，油号齐全。

❂ 餐饮推荐

拉萨干酪、藏餐、蒸牛舌。

DAY7 拉萨返程

酒店早餐后，准备返程。

温馨提示： 拉萨市区距离机场较远，请注意提前预约车辆，提前去机场办理值机手续。

No.27 四路并进（唐蕃、滇藏、川藏南、川藏北）

深度人文，滇、藏、青三省藏文化之旅

【手绘线路图】

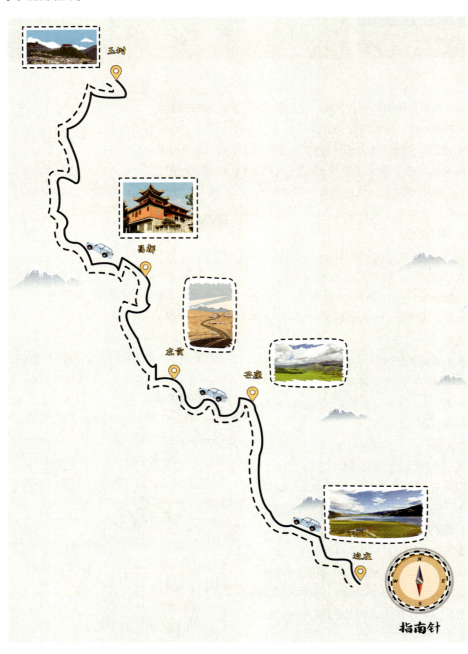

【线路概况】

目前已知的常规进藏自驾线路有8条（川藏南线、川藏北线、滇藏线、丙察察、中尼公路、新藏线、青藏线、唐蕃古道）和一条非常规的川藏中线，这条线路则汇聚了滇藏、川藏南线、川藏北线、滇藏线4

条进藏线路，沿途风景各异，高山峡谷、草原河流，综合了很多地质风景。

【非遗体验】

迪庆热巴、纳西族手工造纸技艺、藏族黑陶烧制技艺、迪庆藏族锅庄舞、傈僳族歌舞阿尺木刮、迪庆藏医药（藏医骨伤疗

法）、梅里神山祭祀。

【土特产】

迪庆香格里拉松茸、迪庆高原葡萄酒、芒康索多西辣椒酱、昌都冬虫夏草、藏毯。

【行程规划】

> **线路：** 迪庆—芒康—左贡—昌都—玉树
> **总里程：** 1290 公里
> **推荐时长：** 5 天

DAY1 **迪庆—芒康**
（行驶里程 390 公里）

从迪庆出发，经过飞来寺，沿澜沧江河谷逆流而上，参观世上独一无二的古盐井及最原始的制盐方式，该地区唯一的天主教堂遗址。游览完后翻越红拉雪山，沿芒康河抵达芒康。芒康县城就是进入西藏后的第一个县城。

▶ **路况：** 全程路况较好，国道为二级路面。

1. 初到高原不要剧烈运动，以免引起高原反应。

2. 滇藏线全程限速 60 公里 / 小时，隧道40 公里 / 小时，因是云南进藏的主要公路，沿途大货车及客运车较多，请谨慎驾驶。

3. 上下红拉雪山弯道较多，限速 40 公里 /小时。

▶ **海拔情况**

迪庆：3287 米；飞来寺：3400 米；芒康：4317 米。

温馨提示： 在翻越垭口的时候尽量不要打开车窗，保持车内温度和气压预防高原反应。

▶ **沿途特色景区**

飞来寺——飞来寺建筑高低错落，殿堂屋宇呼应配合。最让人叹为观止的是飞来寺的建筑主体——海潮殿的建筑雕刻艺术。

△ 毕棚沟

盐井——盐井是西藏一个神奇的地方，历史上是吐蕃通往南诏的要道，也是滇茶运往西藏的必经之路。盐井盐田这道人文景观现在是"茶马古道"上唯一存活的人工原始晒盐风景线。

❯ 全国乡村旅游重点村（或全国乡村旅游扶贫重点村）

★**洛吉乡尼汝村**——位于香格里拉市东北方，紧邻香格里拉风景区。

★**上盐井村**——位于滇藏线旁，沿途的人工原始晒盐在晴天时，就像画画的调色盘一样艳丽。

❯ 旅行锦囊

加油站：沿途的香格里拉市区、德钦县城、芒康县城均有 92#、95# 汽油以及 0# 号柴油供应，大部分为中国石油，国道 214 沿途城乡亦有少量私人加油站。

❯ 餐饮推荐

迪庆：松茸炖鸡、香格里拉糌粑。

盐井：加加面。

芒康：藏土鸡。

DAY2　芒康—左贡
（行驶里程 160 公里）

酒店出发跨过澜沧江之后翻拉乌山、觉巴山和海拔 5130 米的"生命禁区"东达山，抵达左贡县。

❯ 路况：全程路况都是国道三级路面。

当天翻越拉乌山、觉巴山、东达山弯道较多，来往车辆较多，一定要注意来往的摩托车及放养的牦牛。限速 40～60 公里 / 小时。

❯ 海拔情况：

如美镇：2646 米；拉乌山垭口：4338 米；觉巴山垭口：3940；东达山垭口：5130 米；左贡县城：3750 米。

温馨提示：觉巴山海拔 3940 米。单看海

△ 东达山

△ 觉巴山

△ 牦牛汤锅

△ 业拉山

拔不高，却颇有陡峭感，山壁大多为破碎石砾，极感荒凉，沿途密布的泥石流痕迹和修缮的新路见证着人与自然的角力。通过这段路请谨慎驾驶。

❯ 沿途特色景区

东达山垭口——这里是川藏线海拔最高点，5130 米，站在垭口纵览高山草甸风光，层峦叠嶂，直至天边，顿时把刚走过的十八弯的辛苦抛在天边，心情无限辽阔。

❯ 全国乡村旅游重点村（或全国乡村旅游扶贫重点村）

★左贡东达村——这里紧邻 318 国道，东达山下行至左贡县城必经之路。

❯ 旅行锦囊

加油站：

1. 芒康县城：中国石油（芒康油站）、顺达加油站（私人）。

2. 如美镇：中藏石油（如美镇加油站）。

3. 左贡县城：中国石油（左贡加油站）、中藏石油加油站有 92#、95# 汽油以及 0# 号柴油供应。

❯ 餐饮推荐

如美镇：川菜馆、牛肉水饺。

左贡：牦牛汤锅。

DAY3　左贡—昌都
（行驶里程 280 公里）

这是迎来川藏线上最精华的一段。早上经邦达草原，翻业拉山（海拔 4839 米），进入川藏公路拐弯最多的路段（怒江 72 道拐观景台），之后返回邦达镇，沿玉曲逆流而上，途经昌都邦达机场抵达昌都。

❯ 海拔情况

怒江 72 道拐观景台：4618 米；邦达镇：4120 米；昌都：3257 米。

温馨提示：在翻越垭口的时候尽量不要打开车窗，保持车内温度和气压预防高原反应。

❯ 沿途特色景区

怒江 72 道拐观景台——从业拉山海拔4658 米急速下降到庐江峡谷的 2740 米，这样的天堑只能以密集的回头弯来实现。在业拉山顶的观景台你会看到"怒江 72道拐"的全景。

❯ 全国乡村旅游重点村（或全国乡村旅游扶贫重点村）

★左贡波科村——位于国道 318 旁，紧邻玉曲，当地以农牧业为主。

❯ 旅行锦囊

加油站：

1. 左贡县城：中国石油（左贡加油站）、中藏石油加油站。

2. 邦达镇：有 2 处加油站（私人加油站）。

3. 吉塘镇：中藏石油。

4. 昌都：有 4 处中国石油加油站、中藏加油站。

以上有 95#、92# 汽油以及 0# 号柴油供应（中国石油）。

❯ 餐饮推荐

邦达镇：川菜。

昌都：养生菌汤、石锅酸汤牦牛。

DAY4　昌都—玉树
（行驶里程 460 公里）

酒店出发，经过类乌齐县、囊谦县抵达玉树，前往玉树文成公主庙，在公主庙可以体会到当年文成公主远嫁藏地的长途跋涉之辛苦与对民族团结大爱的宽广情怀，继续参观玉树东结古山上著名的藏传佛教萨迦派的结古寺，结古寺寺僧众多，建筑恢宏，文物丰富，而且登高望远，可以将玉树城区全景尽收眼底。

❯ 海拔情况

囊谦：3660 米；类乌齐：3810 米；玉树：3696 米。

❯ 沿途特色景区

文成公主庙——见证和亲的历史。

新寨玛尼石经城——百年汇聚，万人祈福。

❯ 全国乡村旅游重点村（或全国乡村旅游扶贫重点村）

★新寨街道办卡孜村——紧邻玉树城区，附近有新寨嘉那玛尼石经城等景点。

❯ 旅行锦囊

加油站：

1. 昌都市区：有 4 处中国石油加油站、中藏加油站。

2. 类乌齐县城：中国石油加油站（滨江路）。

3. 囊谦县：有 4 处中国石油加油站及其他小众品牌加油站。

4. 玉树市：城区分布 10 余处加油站，以中国石油为主。

以上有 95#、92# 汽油以及 0# 号柴油供应。

❯ 餐饮推荐

类乌齐：川菜。

玉树：麒麟生鱼、烤羊肉串、过油土豆条。

DAY5　玉树散团

早餐后自行规划回程线路，玉树公路发达，可通往共和后，西至格尔木、东抵西宁。玉树也有玉树巴塘机场。

温馨提示： 玉树至共和段为高速路，全程加油站较少，建议当天早上补满燃油，途经玛多县城再次补满燃油。共玉高速部分建在冻土层区域，高速路有些许起伏路面，请谨慎驾驶。

❯ 餐饮推荐

玉树：麒麟生鱼、烤羊肉串、过油土豆条。

△ 玉树可可西里

No.28 山南深度环线

探秘西藏古文明的发祥地

【手绘线路图】

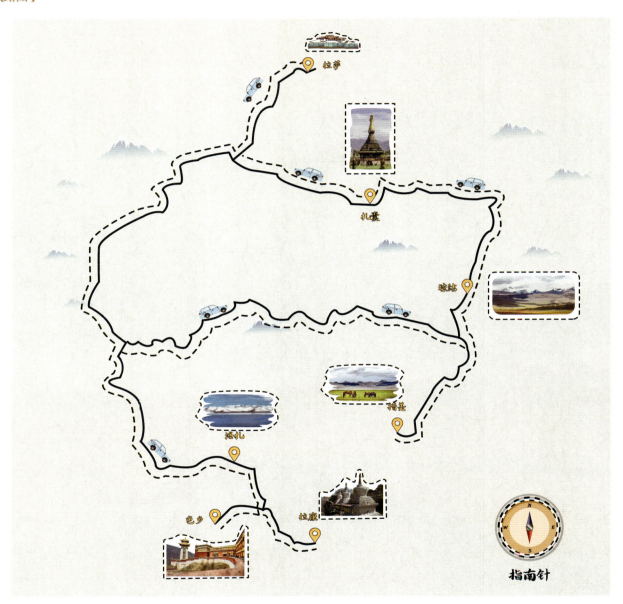

【线路概况】

这是一条探索西藏文明起源之路，这里有太多个西藏的第一。第一位藏王——聂赤赞普、第一部藏戏——巴噶布、第一座佛堂——昌珠寺、第一块农田——索当、第一部经书——邦贡恰加等均诞生在山南。

【非遗体验】

这条线路上的非物质文化遗产很多，藏戏、锅庄、拉萨牛王会、酥油花灯节、雪顿节。

【土特产】

虫草、藏刀、木碗、唐卡、酥油茶、糌粑、青稞酒。

【行程规划】

线路: 拉萨—洛扎—色乡—拉康—措美—琼结—扎囊—拉萨

总里程: 885公里

推荐时长: 7天

△ 布达拉宫

DAY1　拉萨—普莫雍措—洛扎
（行驶里程 370 公里）

早晨驱车前往普莫雍措，它是喜马拉雅山脉间的一个咸水湖，"普莫"为小姑娘的意思，"雍错"意为像碧玉一般的湖泊。普莫雍措被连绵的雪山所围拢，巍峨的"库拉岗日"神山就在湖旁。

❯ 路况：全程路况较好，大部分是省道＋国道。
开车注意避让道路两旁的牦牛。

❯ 海拔情况
拉萨：3650 米；普莫雍措：5010 米；洛扎：3820 米。

温馨提示：进入高原地区切勿紧张，不要剧烈运动。

❯ 沿途特色景区
布达拉宫——是世界上海拔最高，集宫殿、城堡和寺院于一体的宏伟建筑。
大昭寺——万盏酥油灯长明，留下了岁月和朝圣者的痕迹。

❯ 全国乡村旅游重点村（或全国乡村旅游扶贫重点村）

★**聂当乡热堆村**——拥有一座藏传佛教格鲁派寺院——热堆寺，被列为中国美丽休闲乡村。

❯ 旅行锦囊
加油站：沿途加油站不多，请出发前为爱车加满油。抵达洛扎县后可为爱车补满油。

❯ 餐饮推荐
拉萨：玛加阿米等藏餐。

DAY2　洛扎—赛卡古托寺—色乡
（行驶里程 70 公里）

由洛扎出发前往色乡，途经赛卡古托寺，它以一座宫殿为标志，这座宫殿外观方正、高达九层，因此而得名"赛卡古托"。寺内现存大量壁画，其中以西藏四大绘画家之一门当画派祖师门拉顿珠嘉措（唐卡

△ 藏王墓

△ 拉康峡谷

△ 赛卡古托寺

△ 桑耶寺

鼻祖）所画的玛尔巴大译师及米拉热巴尊者的画像等壁画最为珍贵。

> **路况**：全程路况较好。

> **海拔情况**

赛卡古托寺：3700 米；色乡：4000 米。

温馨提示：尽量出发前多带一些高原药品、葡萄糖和氧气瓶等。

> **沿途特色景区**

拉普温泉——拥有 108 眼温泉，该温泉有药用价值。

朱措白玛林湖——朱措白玛林风景秀丽，湖色因湖的深浅和周边的景色呈现出蓝、绿、白三种颜色。

温馨提示：当天行车里程较短，请提前给爱车加满油。

> **餐饮推荐**

酥炸羊腩、农家菜、藏餐。

> **DAY3　色乡—拉康**
（行驶里程 65 公里）

由酒店出发前往拉康镇，途经杰顿珠宗遗址，它伫立在一整座孤山峭壁之上，人迹罕至的杰顿珠宗古堡的每块城砖似乎都嵌在了山体之中，与山融为一体。这里也曾是坚实壁垒，也曾有战事焦灼，往昔峥嵘已逝，残垣风骨仍存。

> **海拔情况**

杰顿珠宗遗址：3300 米；拉康镇：3240 米。

温馨提示：切勿剧烈运动，保存体力。

> **沿途特色景区**

卡久寺——显现着天然的佛教圣迹，每处

山水皆为景点，物产丰富。

拉康峡谷——峡谷风光堪称一绝，幽深秀丽。

> **全国乡村旅游重点村（或全国乡村旅游扶贫重点村）**

拉康村——这里森林环抱，常年云遮雾绕，沟深谷险，风光美丽无比。

> **DAY4　拉康—措美**
（行驶里程 85 公里）

早餐后驾车前往哲古草原，草原上随处可见稀有的野生动物，在这里，哲古湖和哲古草原相守相依，犹如血脉相连的姐妹。雪山、碧湖、草原和湖边成群神态悠闲的牛羊共同融合在蓝天白云之下，形成了诗一般的美景。

> **路况**：全程路况良好。

注意道路两旁的野生动物。

> **海拔情况**

哲古草原：4600 米；措美：4242 米。

> **沿途特色景区**

哲古湖——远远望去像一把弯刀一样。

恰拉脱岗雪山——恰拉脱岗雪山位于措美县西南乃西乡恰杂村境内。村庄位于崇山峻岭茂密原始森林的腹地，有着绝美的自然风光。

世外桃源——那里雪山环抱，山下有一个湖，名叫"雍措"。

> **全国乡村旅游重点村（或全国乡村旅游扶贫重点村）**

★洞嘎村——这里地处要塞，山清水秀，环境幽美，特产猕猴桃、包菜、葡萄干。

温馨提示：行驶公里数较短，出发前请为爱车加满油。

> **餐饮推荐**

藏餐、农家菜。

> **DAY5　措美—琼结**
（行驶里程 100 公里）

早餐后前往藏王墓，它是唐朝吐蕃赞普、大臣及王妃的墓葬群。这里是西藏自治区现保存较好、规模较大的王陵，还有一座小型寺院，里面供奉松赞干布、文成公主和尺尊公主的像。随后前往青瓦达孜宫，它是吐蕃兴建的第二大宫堡，这里的古城墙形状犹如狮子腾空雄踞在青瓦达孜山上。

> **海拔情况：**

琼结：4600 米。

> **沿途特色景区**

唐波且寺——这里保存了很多佛像。

藏王墓——这里保存了松赞干布墓。

温馨提示：行驶公里数较短，出发前请为爱车加满油。

> **全国乡村旅游重点村（或全国乡村旅游扶贫重点村）**

★东嘎村——这里有一座著名的山峰，名叫协嘎日，意思是水晶峰，传说能带来吉祥和幸福。

> **餐饮推荐**

藏餐、农家菜。

> **DAY6　琼结—扎囊**
（行驶里程 85 公里）

早晨驱车前往贡布日神山，贡布日神山位于雅鲁藏布江南侧，紧临泽当，是西藏著名的神山之一。贡布日神山有三峰，第一峰是央嘎乌孜，第二峰是森木乌孜，第三峰是竹康孜，三座山峰上有洞穴相连。

> **路况：**全程路况良好。

> **海拔情况**

扎囊：3680 米。

温馨提示：进入高原地区切勿紧张，不要剧烈运动。

> **沿途特色景区**

桑耶寺——是西藏历史上第一座佛、法、僧俱全的宁玛派寺庙。

青朴风景区——高大的白塔、摩崖石刻，是游览朝佛和修行的圣地。

> **全国乡村旅游重点村（或全国乡村旅游扶贫重点村）**

★塔巴林村——这里人勤物丰，气候宜人，民风淳朴，茂林成荫。

> **旅行锦囊**

加油站：沿途加油站不多，请出发前为爱车加满油。

> **餐饮推荐**

藏餐、农家菜。

DAY7　扎囊—拉萨
（行驶里程 110 公里）

早晨驱车返回拉萨，游览世界上海拔最高的古代宫堡式建筑群——布达拉宫，历世达赖喇嘛驻地和西藏政教权力的中心；珍藏有历代达赖喇嘛真身的金质灵塔和大量珍贵的壁画、唐卡、佛像，是藏民族文化的集中体现。午餐后游览参观建于吐蕃王朝时期的最早的佛堂——大昭寺，寺中供奉有随行文成公主入藏的释迦牟尼 12 岁等身像，是藏族老百姓心中最为神圣灵验的一尊佛像，之后逛八廓街，自行挑选心仪的手工艺品，在玛吉阿米餐厅前留影，之后前往茶餐厅品尝藏式下午茶。

> **路况：**全程路况良好。

> **海拔情况**

拉萨：3650 米。

> **沿途特色景区**

罗布林卡——西藏人造园林中规模最大、风景最佳、古迹最多的园林。

纳木措——西藏的"三大圣湖"之一。

> **全国乡村旅游重点村（或全国乡村旅游扶贫重点村）**

★扎西岗村——地处山间峡谷平地，被评为中国传统村落。

△ 普莫雍措

No.29 国道318，最美川藏线

自驾者必去的川藏风光

【手绘线路图】

指南针

【线路概况】

这条线路从成都开始，一路沿着国道318行驶，会经过国道318上众多著名景点，如折多山、姊妹湖、金沙江、然乌湖、米堆冰川、藏地江南林芝等，一路经过雪山、草地、湖泊、冰川，到众多佛教寺庙朝拜佛教文化，体验藏族人民生活。

【非遗体验】

拉萨雪顿节、拉萨朗玛、唐卡、当雄"当吉仁"赛马、日喀则传统藏戏。

【土特产】

西藏青稞酒、藏红花、藏刀、西藏天珠、当雄曲玛弄矿泉水、酥酪糕、亚东黑木耳、藏毯。

【行程规划】

> **线路：** 成都—新都桥—巴塘—左贡—然乌湖—波密—林芝—拉萨
>
> **总里程：** 2600公里
>
> **推荐时长：** 7天

DAY1 成都—泸定—新都桥
（行驶里程420公里）

早晨驱车上成雅高速，雅安转雅泸高速到达泸定下高速，前往泸定用午餐，之后前往参观泸定桥，感受大渡河的磅礴大气。随后沿着318国道前往康定，之后翻越折多山抵达新都桥。

路况： 全程路况较好，大部分是高速，国道为一级路面。

1. 成都市区施行尾号限行规定，请车友务必了解。

2. 成雅高速、雅康高速均为两车道高速，请车友务必小心谨慎。

3. 雅康高速隧道较多，均限速80公里/小时且大部分有区间测速。雅康高速属于山区高速，弯道较多。

4. 康定下高速后进入318国道，车流量较大，请车友务必小心，折多山弯路窄，车流量大。

5. 折多山下山到新都桥限速70公里/小时，沿途流动测速。

海拔情况

泸定县城：1321米；康定市：2450米；折多山垭口：4293米；新都桥：3600米。

温馨提示： 在翻越垭口的时候尽量不要打开车窗，保持车内温度和气压预防高原反应。

沿途特色景区

大渡河——蜿蜒于大雪山、小相岭与夹金山、二郎山、大相岭之间，地势险峻。

泸定桥——中国工农红军在长征途中"飞

△ 邦达

夺泸定桥"，使之成为中国共产党重要的历史纪念地。

康定——情歌的故乡、茶马互市的重镇、锅庄文化的发祥地，这里风光迷人，歌声醉天下。

折多山——川藏第一关，拥有全球海拔第三的康定机场，能远眺蜀山之王贡嘎雪山。

❯ 全国乡村旅游重点村（或全国乡村旅游扶贫重点村）

★**磨西镇柏秧坪村**——拥有中国顶级温泉资源，推荐来这里泡贡嘎神汤。

★**甲根坝木雅村**——曾是茶马古道的重要通道和驿站，以高山草甸、雪山、钙华滩（池）和木雅文化著称。

❯ 旅行锦囊

加油站：

1. 雅康高速只有天全服务区和泸定服务区开放，有95#、92#汽油以及0#柴油供应（中国石化）。

2. 康定东关加油站，下高速进入康定市区牌坊的左边，有95#、92#汽油以及0#柴油供应（中国石油）。

3. 瓦泽加油站有92#汽油以及0#柴油供应（中国石油）。

4. 新都桥加油站有95#、92#汽油以及0#柴油供应（中国石油）。

❯ 餐饮推荐

雅安：各类雅鱼庄。

康定：牛肉汤、牛杂汤。

泸定：泸定桥边很多特色美食。

DAY2　新都桥—理塘—巴塘
（行驶里程360公里）

由新都桥出发穿越高尔寺山隧道后到达雅江，途经卡子拉山，远观壮阔的川西高原，途经高原明珠——理塘，沿途欣赏毛垭大草原，途经理塘更登亚批村后翻越海子山，观赏曾登上中国国家地理杂志封面的姊妹湖，傍晚到达巴塘入住酒店。

❯ 路况：全程路况都是国道一级路面，但是弯道较多。

1. 高尔寺山下山为梯级桥面，弯道较大请谨慎驾驶，注意刹车，不要长时间踩住刹车，防止刹车片发烫增加制动距离。

2. 剪子弯山上山犹如天梯，弯道较多，切忌弯道超车，停车拍照一定停进停车区。

3. 卡子拉山背靠山脊，在行驶路边有悬崖时请放慢车速行驶。

4. 高尔寺山隧道、剪子弯山隧道、理塘隧道限速30公里/小时。

❯ 海拔情况

雅江县城：2530米；理塘县城：4014米；高尔寺山垭口：4412米；剪子弯山：4569米；卡子拉山：4792米；巴塘：2600米。

温馨提示： 在翻越垭口的时候尽量不要打开车窗，保持车内温度和气压预防高原反应。

❯ 沿途特色景区

塔公寺——康巴地区地位最高的寺庙之一，拥有上千年的释迦牟尼等身像。

姊妹湖——湖水碧绿，湖面如镜，海子山倒映在湖泊里面，甚是美丽，两个湖泊被湛蓝的天空和灿烂的阳光映射得闪闪发光，犹如天堂掉下的两颗绿宝石。

❯ 全国乡村旅游重点村（或全国乡村旅游扶贫重点村）

★**高城镇更登亚批村**——这里有理塘县新村赛马场，每年在这里举办赛马节，由民间的6月转山会演变而来，于每年5～10月举办。

❯ 旅行锦囊

加油站：

1. 雅江县城出入口各1个加油站，有95#、92#汽油以及0#柴油供应（中国石油）。

2. 理塘县城口更登亚批村有一较大的加油站属私人加油站，中国石油加油站在理塘县城中央。

❯ 餐饮推荐

理塘：大河边高原雪鱼。

巴塘：核桃、辣椒、苹果、团结包子。

DAY3　巴塘—芒康—左贡
（行驶里程260公里）

晨起从巴塘出发跨过金沙江，过桥后便正式到了西藏地域，车开始在三江流域穿行，川藏公路是较为艰险的旅途，随后抵达到西藏后的第一个县城芒康。跨过澜沧江之后翻拉乌山、觉巴山和海拔5130米

△ 波密

△ 拉乌山

△ 来古冰川

△ 毛垭坝草原

的"生命禁区"东达山，之后到达左贡，晚餐后入住酒店。

路况： 全程路况都是国道一级路面，但是弯道较多。

当天山多，在下山时不要长时间踩住刹车，防止刹车片发烫增加制动距离。

海拔情况

芒康县城：4300 米；左贡县城：3750 米；竹巴龙：2500 米；拉乌山：440 米；觉巴山：3900 米；东达山：5100 米。

温馨提示： 在翻越垭口的时候尽量不要打开车窗，保持车内温度和气压预防高原反应。垭口海拔较高，风大，不宜停留。

沿途特色景区

澜沧江——澜沧江发源于中国青海省唐古拉山东北部，流经缅甸、老挝、泰国、柬埔寨，于越南西贡注入南海，是东南亚最大的国际河流。

金沙江——金沙江穿行于川、藏、滇三省区之间，其间有最大支流雅砻江汇入，至四川宜宾纳岷江始名长江。

全国乡村旅游重点村（或全国乡村旅游扶贫重点村）

★上盐井村——这里有盐井天主教堂，是西藏唯一的天主教堂。2012 年 12 月 17 日，上盐井村被住房和城乡建设部、文化部、财政部列入第一批中国传统村落名录。

★东达村——海拔 3000 米，年平均气温 13℃，适宜种植青稞、小麦、荞麦等农作物。

旅行锦囊

加油站：沿途没有中石油和中石化加油站，有私人加油站，建议准备一个燃油宝或者提前在巴塘将油补满。

餐饮推荐

左贡：苹果、野梨、橘子、葡萄、花椒、石榴等经济林木，虫草、贝母、黄连、三七、红景天、松茸等名贵中药材。

巴塘：索多西辣椒酱、盐井葡萄酒。

DAY4　左贡—八宿—然乌湖
（行驶里程 290 公里）

当天迎来川藏线上最精华的一段，早上经邦达草原，翻业拉山进入川藏公路拐弯最多的路段（怒江 72 道拐），翻越横断山脉最大的天险——怒山，下行到怒江边，沿怒江支流冷曲前行抵八宿。由安久拉山垭口进入然乌沟，下午入住酒店。

路况： 全程路况是为国道一级路面，但是弯道较多。

海拔情况

怒江 72 道拐：3100 米；业拉山口：4650 米；邦达镇：4100 米；八宿：3260 米；然乌湖：3800 米。

温馨提示： 在翻越垭口的时候尽量不要打开车窗，保持车内温度和气压，预防高原反应。

1. 当天怒江 72 道拐弯道较多，行车一定要注意安全，提前检测好刹车。

2. 在然乌湖的时候，如果天气好可以拍摄星空，早晚温差大，大家外出注意增添衣物预防感冒。

沿途特色景区

怒江 72 道拐——从最低点海拔 3100 米，一路攀升到最高点业拉山口海拔 4651 米，再盘旋下降至邦达镇海拔 4100 米。在观景台处可以无死角拍摄，可以拍全所有下山的弯道。

邦达草原——邦达草原位于西藏自治区昌都地区，三江流域之高山深谷中的邦达草原是一块地势宽缓、水草丰美的高寒草原。

然乌湖——四周雪山的冰雪融水构成了然乌湖主要的补给水源。它是著名的帕龙藏布的主要源头。

全国乡村旅游重点村（或全国乡村旅游扶贫重点村）

康沙村——位于西藏自治区昌都市八宿县西南角，东南邻仲巴村。地处然乌湖—来古冰川国家 5A 级旅游景区核心地段。

旅行锦囊

加油站：当天路过的加油站较少，建议出发前将油补满，在昌都公司八宿加油站有中石油加油站。

餐饮推荐

然乌：虫草炖鸡、贝母炖鸡、酥油糌粑鱼汤、生肉酱。

DAY5　然乌湖—波密
（行驶里程 130 公里）

早餐后，根据季节决定选择前往米堆冰川或来古冰川，这里位于有"冰川之乡"之称的波密，波密的冰川是林芝最美的景色，拥有青藏高原上最密集的冰川群，下午一路前行来到有"西藏小瑞士"之称的波密县。

路况： 全程路况为国道一级路面，弯道较多。

海拔情况

然乌湖：3850 米；波密县城：2720 米；米堆冰川：2400 米；来古冰川：3500 米。

温馨提示： 在翻越垭口的时候尽量不要打开车窗，保持车内温度和气压预防高原反应。

沿途特色景区

来古冰川——来古在藏语的意思就是隐藏着的世外桃源般的村落。

米堆冰川——米堆冰川靠近川藏公路，规模大，进入方便，是藏东南海洋性冰川的典型代表，冰川、湖泊、农田、村庄、森林等融会在一起，冰洁如玉，景色秀美。

△ 然乌湖

△ 新都桥

> **全国乡村旅游重点村（或全国乡村旅游扶贫重点村）**

★ **古乡嘎朗村**——嘎朗村是自治区级生态村，有国家级湿地公园——嘎朗湖，湖的附近有嘎朗王朝（雪峰王朝）遗址以及世界最大的桃花谷——波密桃花谷谷口。

★ **扎木镇岗村**——位于帕龙藏布临近雅江的"几"字形拐弯处，森林湖泊共构奇幻美景。

> **旅行锦囊**

加油站：全程没有加油站，建议出发前在酒店将油补满。

> **餐饮推荐**

波密：岗云杉糌粑、天麻、羊肚菌。

DAY6　波密—林芝
（行驶里程 220 公里）

从波密出发沿帕龙藏布溯流而上，经通麦镇，过通麦大桥就到达排龙门巴民族乡、不久抵达具有"东方瑞士"之称的鲁朗，品尝著名的鲁朗"石锅鸡"，然后开始翻越色季拉山，天气好的话，在山顶可以望见世界第 15 高峰南迦巴瓦峰和加拉白垒山。下午到达林芝市首府"八一镇"。

> **路况：** 全程路况为国道一级路面，弯道较多。

> **海拔情况**

南迦巴瓦峰：7782 米；加拉白垒山：7300 米；林芝：2900 米；色季拉山：4700 米；鲁朗：3700 米。

温馨提示： 在翻越垭口的时候尽量不要打开车窗，保持车内温度和气压预防高原反应。

> **沿途特色景区**

通麦大桥——通麦大桥是川藏公路南线 318 国道著名通麦天险路段上的咽喉工程，在同样的位置分布着不同历史时期的三座跨江大桥。

帕龙藏布——是中国的雅鲁藏布江主要支流之一。

鲁朗——鲁朗意为"龙王谷""神仙居住的地方"，素有"天然氧吧""生物基因库"之美誉。

南迦巴瓦峰——是林芝市最高的山，有"西藏众山之父"之称。

> **全国乡村旅游重点村（或全国乡村旅游扶贫重点村）**

★ **故乡古村**——这里有乔那温泉，乔那温泉水温在 86℃ 左右。该处四季常青，景色优美，周围有千奇百怪的树木及各种野花，还有雄伟壮观的雪山及猴子、山鸡、野鸭等野生动物。

★ **玉许乡白玉村**——这里种植小麦、青稞、油菜，牧养黄牛、羊、马等。这里是林芝桃花节著名的波密桃花沟核心地带，桃花漫山遍野。

> **旅行锦囊**

加油站：全程没有中石化加油站，波密 2 号加油站和鲁朗加油站有中石油加油站，建议准备燃油宝。

> **餐饮推荐**

鲁朗：石锅鸡。

林芝：烧烤、菌汤锅。

DAY7　林芝—拉萨
（行驶里程 390 公里）

早餐后前往游览苯日神山，后沿尼洋河而上，沿途欣赏秀美的尼洋河风光，之后上林拉公路沿拉萨河谷行驶，经达孜县眺望抵达西藏自治区首府拉萨。过拉萨河大桥就能看到雄伟的布达拉宫。

> **交通选择**

拉萨机场航班直达：成都、重庆、西安、广州、北京、上海、西宁、深圳、杭州、长沙、南京、天津、石家庄、兰州、郑州、贵阳、昆明、福州。

拉萨火车站直达：北京、上海、广州、成都、重庆、西宁、兰州。

> **海拔情况**

拉萨：3650 米；工布江达：3400 米；墨竹工卡：3800 米。

> **温馨提示**

气候干燥，注意补水保湿，一定要带润唇膏、防晒霜、有黑色涂层的遮阳伞、防紫外线的墨镜（不仅防晒，更防止眼睛灼伤）。

> **市区特色景区**

布达拉宫——世界上海拔最高，集宫殿、城堡和寺院于一身的宏伟建筑，也是西藏最庞大、最完整的古代宫堡建筑群。

大昭寺——融合了藏、唐、尼泊尔、印度的建筑风格，是藏式宗教建筑的千古典范。

八廓街——又名八角街，位于拉萨市旧城区，是拉萨著名的转经道和商业中心，较完整地保存了古城的传统面貌和居住方式。

药王山——位于布达拉宫西侧，有条小路可至峰顶，半山腰上的照景台是拍摄布达拉宫的最佳位置。

罗布林卡——西藏人造园林中规模最大、风景最佳的、古迹最多的园林。

哲蚌寺——中国藏传佛教格鲁派寺院，与甘丹寺、色拉寺合称拉萨三大寺。

> **全国乡村旅游重点村（或全国乡村旅游扶贫重点村）**

★ **吉苏村**——交通便利，物资丰富，主要农作物有樱桃、角瓜、卷心菜、杏子、南瓜等。

★ **次角林村**——拉萨河南岸，村里有次角林寺，是拉萨市市级文物保护单位。

> **餐饮推荐**

拉萨：拉萨菌汤、酥油茶、藏餐。

No.30 重走茶马古道、国道317另类川藏线

朝圣拉萨，川藏线北线历史文化之旅

【手绘线路图】

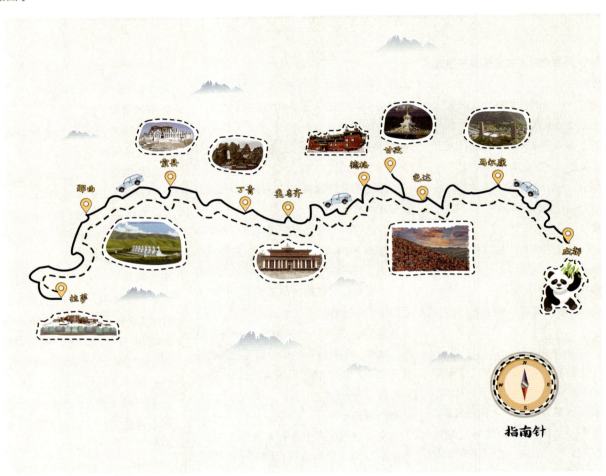

【线路概况】

这条线路从成都开始，一路沿着国道317行驶，沿途可以到达国道317上众多著名景点，如色达佛学院、德格印经院、金沙江、澜沧江、布加雪山、藏北草原、纳木措等，一路经历过雪山、草地、湖泊、冰川，到众多佛教寺庙，感受佛教文化，体验藏族人民生活。

【非遗体验】

拉萨雪顿节、拉萨朗玛、唐卡、当雄"当吉仁"赛马、昌都传统藏戏。

【土特产】

西藏青稞酒、藏红花、藏刀、西藏天珠、当雄曲玛弄矿泉水、酥酪糕、亚东黑木耳、藏毯。

【行程规划】

> 线路：成都—马尔康—色达—甘孜—德格—昌都—丁青—那曲—拉萨
> 总里程：2460公里
> 推荐时长：9天

DAY1 成都—卓克基官寨—马尔康
（行驶里程330公里）

早晨驱车上成灌高速，到都江堰转都汶高速到达汶川转汶马高速，穿过鹧鸪山隧道，下午前往卓克基官寨。卓克基官寨建

于清乾隆年间，是清末最后一个土司的居所，在嘉绒藏族的历史发展中有重要的意义。随后沿着国道317前往马尔康休息。

> **路况：** 全程路况较好，大部分是高速，国道为一级路面。

1. 成都市区施行尾号限行规定，请车友务必了解。

2. 成灌高速、都汶高速均为两车道高速，请车友务必小心谨慎。

3. 汶马高速隧道较多，均限速80公里/小时，且大部分有区间测速，雅康高速属于山区高速，弯道较多。

4. 马尔康下高速后进入国道317车流量较大，请车友务必小心，城区道路窄，车流量大。

△ 德格印经院

△ 青藏铁路 + 念青唐古拉山

海拔情况

汶川县城：1326 米；马尔康县城：2600 米；鹧鸪山隧道：3400 米；卓克基官寨：2700 米。

温馨提示：在翻越垭口的时候尽量不要打开车窗，保持车内温度和气压，预防高原反应。

沿途特色景区

桃坪羌寨——世界上保存最完整的、尚有人居住的、碉楼与民居融为一体的建筑群，享有"天然空调"美名。

全国乡村旅游重点村（或全国乡村旅游扶贫重点村）

★**绵虒镇金波村**——拥有极高的森林覆盖率，丰富的负氧离子，空气清新，有高山农家乐和特色农家菜。

★**杂古脑镇打色尔村**——曾是茶马古道的重要通道和驿站，拥有保存最完整的羌族建筑文化艺术。

旅行锦囊

加油站：

1. 高速只有绵虒服务区有 95#、92# 汽油以及 0# 柴油供应（中国石油）。

2. 桃坪乡加油站，在桃坪羌寨下高速沿国道 317，左前方能看到加油站，有 95#、92# 汽油以及 0# 柴油供应（中国石油）。

3. 理县加油站有 95#、92# 汽油以及 0# 柴油供应（中国石油）。

餐饮推荐

映秀：老腊肉。

汶川：羌藏农家菜。

DAY2 马尔康—观音桥—色达
（行驶里程 280 公里）

由马尔康出发沿国道 317 到达观音桥镇，途经翁达。在前往色达县城的路上，远观壮阔的金马草原，游览色达五明佛学院，此为藏传佛教的学院，有上千名喇嘛在此学习佛经、研究佛法。晚上住色达县城。

路况：全程路况都是国道一级路面，但是弯道较多。

1. 马尔康到观音桥路段，路面较窄，弯道较大，请谨慎驾驶，注意刹车，不要长时间踩住刹车，防止刹车片发烫增加制动距离。

2. 停车拍照一定停进停车区，道路限速 60 公里 / 小时。

海拔情况

观音桥镇：2630 米；翁达：3370 米；色达：3800 米。

温馨提示：在翻越垭口的时候尽量不要打开车窗，保持车内温度和气压，预防高原反应。

沿途特色景区

观音庙——该庙名气颇大，香火旺盛，布施丰厚。

金马草原——海拔近 4000 米，阳光、蓝天、彩云，仿佛伸手即可触摸太阳，牦牛安详地在草地上游荡，还有胖乎乎、圆鼓鼓的土拨鼠。

全国乡村旅游重点村（或全国乡村旅游扶贫重点村）

★**松岗镇哈飘村**——境内的四季雪峰、漫山彩林、高山草甸、千年古碉、特色民居与丰富的土司官寨构成了一方自然与文化交相辉映的大展台。

旅行锦囊

加油站：

1. 马尔康县城出入口各 1 个加油站，有 95#、92# 汽油以及 0# 柴油供应（中国石油）。

2. 色达县城入口处 1 个加油站，有 95#、92# 汽油以及 0# 柴油供应（中国石油）。

餐饮推荐

色达：牦牛肉汤锅、糌粑、藏餐。

DAY3 色达—甘孜
（行驶里程 150 公里）

晨起从色达出发，沿国道 548，翻越无名山

△ 色达

△ 五明佛学院

△ 新路海——玉隆拉错   △ 孜珠寺

区，远处能看到雪山，盘山公路上到垭口，下山也是盘山公路。之后下到甘孜，前往县城附近山上的甘孜寺。晚上住甘孜县城。

> **路况：** 全程路况都是国道一级路面，但是弯道较多。当天山多，在下山时不要长时间踩住刹车，防止刹车片发烫增加制动距离。

> **海拔情况**

色达县城：3800 米；甘孜县城：3410 米；垭口：4200 米。

> **温馨提示：** 在翻越垭口的时候尽量不要打开车窗，保持车内温度和气压预防高原反应，垭口海拔较高，风大，不宜过度停留。

> **沿途特色景区**

甘孜寺——已经有 339 年历史，建筑风格属藏、汉结合，寺庙系格鲁派。

> **旅行锦囊**

加油站：沿途没有中石油和中石化加油站，有私人加油站，建议准备一个燃油宝或者提前在色达将油补满。

> **餐饮推荐**

甘孜：青菠面、花馍馍、熏牛肉、团结包子、米玉馍、奶渣。

DAY4 甘孜—马尼干戈—德格
（行驶里程 290 公里）

早上从甘孜出发，驾车到达马尼干戈，此处东连四川盆地，西北可达青海玉树，西南去往西藏拉萨，曾是茶马古道的重镇。之后前往被誉为九天瑶池的玉隆拉措，湖泊周围森林草甸环绕，湖岸边随处可见刻满经文的嘛呢石，可谓世间仙境。游览完毕后穿过新通的川藏北线天险隧道"雀儿山隧道"，抵达有"康巴文化发祥地"之称的德格县城，前往德格印经院，晚住县城。

> **路况：** 全程路况为国道一级路面，但是弯道较多。

> **海拔情况**

马尼干戈：4180 米；雀儿山隧道：4300米；玉隆拉措：4040 米。

> **温馨提示：** 在翻越垭口的时候尽量不要打开车窗，保持车内温度和气压预防高原反应。当天弯道较多，行车一定要注意安全，提前检测好刹车。

> **沿途特色景区**

雀儿山——冰雪皑皑、巍峨雄伟的雀儿山居沙鲁里山系北段，最高峰海拔 6168 米，该山山势挺拔，壁立于周围十座 5500 米的群峰之上。故有"爬上雀儿山，鞭子打着天"之说。

玉隆拉措——又名"新路海"，是甘孜州著名的冰蚀湖。水源由雀儿山冰川和积雪消融供给，湖尾流出的溪流为措曲河源头之一。

德格印经院——始建于 1729 年，素有"藏文化大百科全书""藏族地区璀璨的文化明珠""雪山下的宝库"盛名。

> **全国乡村旅游重点村（或全国乡村旅游扶贫重点村）**

★下雄乡下雄一村——为纯牧业乡，主要饲养牦牛、山羊。生产牛羊毛加工制品。

> **旅行锦囊**

加油站：当天加油站较少，建议出发前将油补满，在甘孜出县城鸿远加油站有 92# 汽油和 0# 柴油。

> **餐饮推荐**

德格：高山虎掌菌、藏餐、酥油糌粑鱼汤。

DAY5 德格—昌都—类乌齐
（行驶里程 410 公里）

早上从德格县城出发，跨过金沙江，进入西藏境内岗托县，继续沿国道 317 前行，来到高原明珠之城昌都，跨过澜沧江，行驶在藏东地区，前往类乌齐县附近的查杰玛大殿，晚上住在类乌齐。

> **路况：** 全程路况都是国道一级路面，弯道较多。

> **海拔情况**

江达县：3650 米；昌都市：3500 米；类乌齐：3800 米。

> **温馨提示：** 在翻越垭口的时候尽量不要打开车窗，保持车内温度和气压，预防高原反应。

> **沿途特色景区**

澜沧江——澜沧江发源于青海省唐古拉山东北部，流经缅甸、老挝、泰国、柬埔寨，于越南西贡注入南海，是东南亚最大的国际河流。

金沙江——金沙江穿行于川、藏、滇三省区之间，其间有最大支流雅砻江汇入，至四川宜宾纳岷江始名长江。

查杰玛大殿——昌都地区历史最悠久、规模最宏大的一座寺庙。1285 年，由桑吉温奠基修建查杰玛大殿，并于 1328 年竣工。该殿一向以雄伟壮观的气势、珍藏众多的佛像经典而闻名于世。

> **全国乡村旅游重点村（或全国乡村旅游扶贫重点村）**

★岗托村——1950 年 10 月，解放昌都的战役在金沙江边打响，西藏境内第一面五星红旗插在了岗托村的土地上。岗托村正在积极打造 4A 级民俗休闲度假区。

★阿旺乡扎龙村——位于平均海拔 4030米的草原上，纯牧业乡，以畜产品加工、批发和活畜交易为主。

> **旅行锦囊**

加油站：

1. 德格县中石油加油站有 92# 汽油和 0# 柴油。

2. 江达县中石化加油站有 92# 汽油和 0#

柴油。

> ❯ **餐饮推荐**

昌都：酥酪糕、加加面、醉梨、麦片粥、人参果糕。

DAY6　类乌齐—丁青
（行驶里程 300 公里）

早上从类乌齐出发沿国道 317 继续向西，经孜珠寺，前往的布加雪山坐落在丁青西部，是藏东最高的山峰，晚上住丁青。

> ❯ **路况：** 全程路况为国道一级路面，弯道较多。

> ❯ **海拔情况**

孜珠寺：4800 米；布加雪山：4800 米；丁青：8900 米。

温馨提示： 在翻越垭口的时候尽量不要打开车窗，保持车内温度和气压，预防高原反应。

> ❯ **沿途特色景区**

孜珠寺——位于西藏东部昌都地区丁青县著名的神山——孜珠山上，海拔 4800 米左右，是西藏海拔最高的寺院之一。

布加雪山——附近有很多国家级野生动物，如黑颈鹤、鹿、雪鸡、獐子、野山羊、四不像、棕熊、雪豹、狼、豹子等；草药类有冬虫夏草、雪莲花、贝母等，并有宽达 40 万平方米的湿地，极大地影响着当地的气候及环境。

> ❯ **全国乡村旅游重点村（或全国乡村旅游扶贫重点村）**

★**丁青镇茶龙村**——县小学老师免费传授藏饰贴、毛毯、珠串等手工编织技术，由丁青镇联系货商对编织的手工品进行统一收购，可以购买纯手工艺品。

> ❯ **旅行锦囊**

加油站：

1. 出类乌齐县城上国道 317，前行 103 公里处有加油站。

2. 丁青县城入口中国石油加油站有 92# 和 95# 汽油。

> ❯ **餐饮推荐**

丁青：生态牛肉汤锅、羊肉。

DAY7　丁青—索县
（行驶里程 250 公里）

早餐后从丁青出发，继续沿国道 317 前往索县，下午游玩赞丹寺。这是藏北地区最早的黄教寺庙，建于 1668 年，是拉萨哲蚌寺的属寺，修建在雅拉多山顶上，形态

酷似布达拉宫。赞丹寺所处的雅拉多山西面的雅拉乡，是格萨尔王妃子的故乡。晚上住索县。

> ❯ **路况：** 全程路况为国道一级路面，弯道较多。

> ❯ **海拔情况**

索县：3989 米；赞丹寺：4200 米。

温馨提示： 在翻越垭口的时候尽量不要打开车窗，保持车内温度和气压，预防高原反应。

> ❯ **沿途特色景区**

麦莫溶洞——因洞内的各种石柱、石笋等奇形怪状的自然景观而闻名于世，洞壁以石灰质岩石为主要部分，其内的自然景观是由于长期的溶蚀而形成。

> ❯ **全国乡村旅游重点村（或全国乡村旅游扶贫重点村）**

★**嘎瓦卡村**——有少量的森林分布，野生动物种类较多，交通不便，多为羊肠小道，崎岖难行，不能通车。

> ❯ **旅行锦囊**

加油站：出丁青县沿国道 317，前行 120 公里处中石油加油站有 92# 和 95# 汽油。

DAY8　索县—那曲
（行驶里程 230 公里）

早上从索县出发，当天即将抵达国道 317 的终点那曲市，宽阔的柏油马路一望无际，人烟稀少。晚上抵达那曲市。

> ❯ **路况：** 全程路况为国道一级路面。

> ❯ **海拔情况**

那曲：4500 米。

温馨提示：

1. 切忌剧烈运动，高原地区温差较大，应及时添加衣物，防止感冒。

2. 建议多次喝水，每次少量饮用。晨起后不建议饮用牛奶。

> ❯ **沿途特色景区**

羌塘草原——"羌塘"藏语全称为"羌东门梅龙东"，既"北方高平地"之意，这片高原平均海拔 4000 米以上，世代生活着逐水草而居的藏族游牧民。

> ❯ **全国乡村旅游重点村（或全国乡村旅游扶贫重点村）**

★**普拉村 12 村**——平均海拔在 4000 米以上，高山草场自然资源丰富，草场除湖泊沿岸水草茂盛的地带外，大多为高山草甸

型牧场。

> ❯ **旅行锦囊**

加油站：出索县沿国道 317，前行 128 公里处有中石油加油站，有 92# 汽油和 0# 柴油。记得加满油。那曲市有加油站，有 92# 和 95# 汽油。

> ❯ **餐饮推荐**

那曲：白肠、风干牛肉、吧啦饼、虫草松茸鸡。

DAY9　那曲—拉萨
（行驶里程 460 公里）

早餐后前往游览纳木措，它是西藏三大圣湖之一，对面念青唐古拉山脉雪山连连，倒映在纳木措湖中。下午从当雄前往拉萨，于傍晚抵达西藏自治区首府拉萨。

> ❯ **路况：** 全程路况为国道一级路面。

> ❯ **海拔情况**

纳木措：4500 米；拉萨：3650 米。

温馨提示：

气候干燥，注意补水保湿，一定要带润唇膏、防晒霜、有黑色涂层的遮阳伞，防紫外线的墨镜（不仅防晒，更防止眼睛灼伤）。

> ❯ **市区特色景区**

布达拉宫——世界上海拔最高，集宫殿、城堡和寺院于一身的宏伟建筑，也是西藏最庞大、最完整的古代宫堡建筑群。

大昭寺——融合了藏、唐、尼泊尔、印度的建筑风格，是藏式宗教建筑的千古典范。

八廓街——又名八角街，位于拉萨市旧城区，是拉萨著名的转经道和商业中心，较完整地保存了古城的传统面貌和居住方式。

药王山——位于布达拉宫西侧，有条小路可至峰顶，半山腰上的照景台是拍摄布达拉宫的最佳位置。

罗布林卡——西藏人造园林中规模最大、风景最佳的、古迹最多的园林。

哲蚌寺——中国藏传佛教格鲁派寺院，与甘丹寺、色拉寺合称拉萨三大寺。

> ❯ **全国乡村旅游重点村（或全国乡村旅游扶贫重点村）**

★**登康桑 15 村**——交通不方便，藏北地区物资匮乏，主要农作物有青稞。

> ❯ **餐饮推荐**

拉萨：拉萨菌汤、酥油茶、藏餐。

No.31 一路向西，进击的青藏线

天路之旅，穿越青藏线

【手绘线路图】

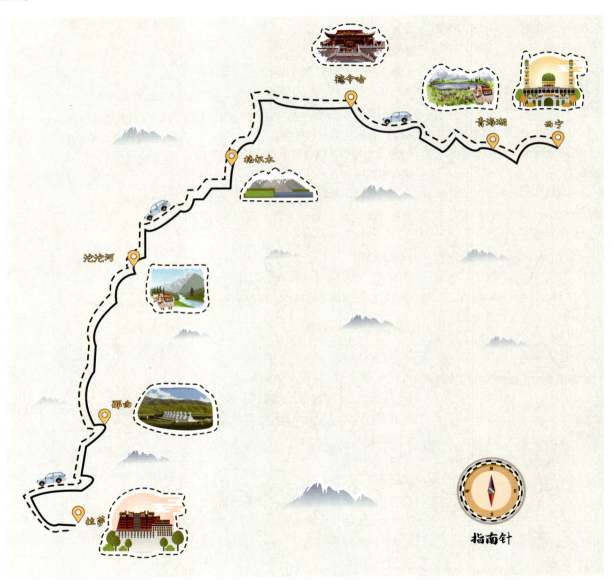

指南针

【线路概况】

这是一条完整走完青藏公路的线路，这条世界上海拔最高、线路最长的柏油公路，从西宁出发，拉萨结束，一路经过中国最大的内陆湖青海湖、"天空之镜"茶卡抵达德令哈，之后再过翡翠湖、格尔木，翻越昆仑山、唐古拉山口，到达世界上海拔最高的城市那曲，在那曲休整后，前往西藏三大圣湖之一的纳木措，最后抵达拉萨。行驶在这条路上，沿途景观比较大气磅礴，可看到草原、盐湖、戈壁、高山、荒漠等景观。高原的美与险，都能在这条线上看见。

【非遗体验】

拉萨雪顿节、唐卡、当雄"当吉仁"赛马、青海湖"祭海"、土族"安召舞"、黄南藏戏、安多鹰笛、那曲索县"雪"热巴铃鼓舞。

【土特产】

青稞酒、青海冬虫夏草、刚察黄蘑菇、刚察牦牛、湟源陈醋、藏红花、藏刀、西藏天珠、当雄曲玛弄矿泉水、酥酪糕、亚东黑木耳、藏毯。

【行程规划】

线路：西宁—青海湖—德令哈—格尔木—沱沱河—那曲—拉萨

总里程：2260公里

推荐时长：6天

△ 茶卡盐湖

△ 翡翠湖

DAY1 西宁—青海湖
（行驶里程 200 公里）

早餐后出发前往佛教格鲁派六大丛林寺院的塔尔寺，欣赏塔尔寺精美的艺术三绝。后继续游览西宁藏文化博物院，它是世界上唯一一座全面收藏、保护、展示和研究藏文化的综合型博物馆，下午经过环湖东路前往青海湖。

▶ **路况：** 全程路况较好，有部分高速和部分国道。
全程区间测速较多，且限速均不一样。

▶ **海拔情况**
西宁市：2261 米；塔尔寺：2670 米；拉脊山：3820 米；藏文化博物馆：2800 米；青海湖：3196 米。

温馨提示： 青海湖地处高原的西北部，属于高原地带，可能会产生轻微高原反应，切记不可剧烈运动，多喝水，好好休息。

▶ **沿途特色景区**
塔尔寺——是我国藏传佛教格鲁派（黄教）创始人宗喀巴诞生地，是黄教著名的两大寺院之一。

拉脊山——日月山支脉，藏语称"贡毛拉"，横亘于西宁南，是黄土高原与青藏高原的分界线。
青海藏文化馆——集知识性、趣味性、观赏性和参与性于一体，整个场景充满梦幻般神秘色彩和强烈的震撼力。
青海湖——中国最大的内陆湖、湖水冰冷且盐分很高，湖区盛夏时节平均气温仅15℃，为天然避暑胜地。

▶ **全国乡村旅游重点村（或全国乡村旅游扶贫重点村）**
★ **扎麻隆村**——绿树成荫、鸟语花香，麻隆的凤凰山是神话传说中华夏母亲九天玄女的降生地。
★ **五庄镇峡口村**——曾实行退耕还林政策，盛产猕猴桃。

▶ **旅行锦囊**
加油站：
1. 倒淌河有一个加油站。
2. 途中服务区均有加油站。
3. 青海湖加油站较少。

▶ **餐饮推荐**
西宁：青海酿皮、手抓羊肉、青海土火锅、青海老酸奶。
青海湖：羊肠面、尕面片、粉汤。

DAY2 青海湖—茶卡盐湖—德令哈
（行驶里程 350 公里）

早餐后从青海湖出发，餐后前往茶卡，茶卡是网红旅游打卡胜地，位于海西州乌兰县茶卡镇茶卡盐湖的东部区域的青海"天空壹号"景区。景区以盐为主题，盐花为形状，可通过栈道观赏盐湖湿地景色，下午继续前进抵达"金色世界"德令哈。

▶ **路况：** 大部分路段为高速，青海湖到茶卡景区小部分为国道。

▶ **海拔情况**
二郎剑景区：3200 米；茶卡盐湖：3100米；德令哈：2980 米。

温馨提示： 如想拍照好看，记得多带颜色鲜艳的衣服，红、白色是永远都不会过时的，选衣服尽量以这两色为主。

△ 可可西里野生动物

△ 可可西里野生动物

△ 青海湖

△ 唐古拉山

❂ 沿途特色景区

二郎剑景区——青海湖的主景区，深入湖内十几公里的一条窄窄的尖形半岛，形状像是一把剑。

黑马河乡——青海湖环湖公路的起点，也是观看青海湖日出的最佳地点之一。

茶卡盐湖——青海四大景之一，被旅行者称为中国"天空之镜"，被《中国旅游地理》杂志评为"人一生必去的55个地方"之一。

❂ 全国乡村旅游重点村（或全国乡村旅游扶贫重点村）

★ **蓄集乡乌察汗村**——是德令哈市唯一的纯牧业乡，也是蒙古族为主体的民族乡。

★ **柯鲁柯镇花土村**——附近有可鲁克湖-托素湖湿地自然保护区、柴达木梭梭林自然保护区、柏树山、吐蕃墓葬群、克鲁克湖等旅游景点。

❂ 旅行锦囊

加油站：

1. 茶卡服务区有一个加油站。

2. 乌兰服务区北有一个加油站。

❂ 餐饮推荐

德令哈：可鲁克湖中华绒螯蟹、青海冬果梨、炕羊排。

DAY3　德令哈—翡翠湖—格尔木
（行驶里程 420 公里）

早餐后，驱车经过大柴旦抵达翡翠湖，这里有许多大小不一颜色不同的湖泊，蓝色的、绿色的、黄色的，在蓝天白云衬托下，格外艳丽。之后沿柳格高速前往格尔木。

❂ 路况：全程均为高速，路面平坦开阔，路况较好。

❂ 海拔情况

翡翠湖：3148 米；可鲁克湖：2817 米；格尔木：2780 米。

温馨提示：

1. 翡翠湖行进线路为原老 215 国道。

2. 翡翠湖暂不适合中巴、大巴进入，且注意车辆停放不要影响矿区的通行与生产。

3. 建议不要随意下水，以免发生意外。

❂ 沿途特色景区

可鲁克湖旅游景区——微咸性淡水湖，蒙古语意为"多草的芨芨滩""水草茂美的地方"。

翡翠湖——属硫酸镁亚型盐湖，是海西州第三大人工湖，由于盐床由淡青、翠绿以及深蓝的湖水辉映交替、晶莹剔透，当地人称之为"翡翠湖"。

❂ 全国乡村旅游重点村（或全国乡村旅游扶贫重点村）

★ **郭勒木德镇中村**——高原乡村，主要盛产枸杞。

★ **陶生诺尔村**——以畜牧业为主的纯牧业村，在这里，牧草连天涯，浓绿胜似酒。原野上牛羊成群，炊烟袅袅，牧歌悠悠。

❂ 旅行锦囊

加油站：全程 2 个加油站。

1. 柯鲁克服务区有一个加油站。

2. 怀头他拉服务区有一个加油站。

❂ 餐饮推荐

格尔木：手抓羊肉、烤羊肉、牛杂汤。

DAY4　格尔木—可可西里—沱沱河
（行驶里程 410 公里）

早上从格尔木出发向南，沿着 109 国道，经纳赤台、西大滩，翻过昆仑山，进入"人类生存禁区"可可西里自然保护区，下午抵达沱沱河。

❂ 路况：全程柏油路，路况整体比较平稳，有间接性路面起伏，部分路段中间有坑洼现象。

❂ 海拔情况

昆仑山：4767 米；可可西里：4600 米；沱沱河镇：4700 米。

温馨提示：

1. 景区内，不要过分接近野生动物，特别是野牦牛，万一见到，一定要离它们远点。

2. 黄羊和藏羚羊有与汽车赛跑的习惯，要小心谨慎。

3. 可可西里环境很脆弱，要注意环保，垃圾不可分解的要带出，可分解的就地掩埋。

❂ 沿途特色景区

昆仑山——又称昆仑虚、中国第一神山、万祖之山、昆仑丘或玉山，在中华民族的文化史上具有"万山之祖"的显赫地位，古人称昆仑山为中华"龙脉之祖"。

可可西里自然保护区——21 世纪初世界上原始生态环境保存较好的自然保护区，主要是保护藏羚羊、野牦牛、藏野驴、藏原羚等珍稀野生动物、植物及其栖息环境。

❂ 全国乡村旅游重点村（或全国乡村旅游扶贫重点村）

★ **扎仁镇热高村**——属纯牧业村，主要牧养牦牛、山羊、绵羊等。

★ **雁石坪镇门列桑玛村**——纯牧业村，牧场资源丰富，与沱沱河镇相邻。

❂ 旅行锦囊

加油站：全程 2 个加油站，在南山山口与格尔木玉峰附近。

❂ 餐饮推荐

唐古拉镇：手抓羊肉、牦牛肉。

DAY5　沱沱河—那曲
（行驶里程 420 公里）

早上从沱沱河出发，沿 109 国道行进，途

△ 唐古拉山兵站

△ 外星人遗址

经雁石坪、通天河，翻过唐古拉山口，远远地可以眺望到长江的源头——各拉丹冬雪山，感受世界屋脊——地球第三级的雄伟丰姿和变幻莫测的高原气候，穿过西藏面积最大的纯天然草原羌塘草原后到达那曲。

❍ 路况：

1. 全程京拉国道（青藏线），整体比较平稳，有间接性路面起伏，部分路段中间有坑洼现象。

沱沱河到雁石坪路段部分路面有炮弹坑。

2. 唐古拉山口路况相对较差，有颠簸感，路面经常有结冰现象。

❍ 海拔情况

羌塘草原：4500 米；唐古拉山口：5231 米；雁石坪镇：4700 米；那曲市：4500 米。

温馨提示： 唐古拉山口天气极不稳定，即使夏天，公路也经常被大雪所封，冰雹、霜雪更是常见现象。经过时车辆需慢行，预防高原反应。

❍ 沿途特色景区

雁石坪——海拔 4721 米、年平均气温 -4℃、氧气含量仅是内地氧气含量的 50% 左右，一年到头只有冬季和"大约在冬季"两个季节。

唐古拉山——藏语"高原上的山"，由于终年风雪交加，号称"风雪仓库"。这里是世界上海拔最高的公路。

羌塘草原——是中国五大牧场之一，它不仅是野生动植物的天堂，同时也是一个具有丰厚沉积层的文化沃土。

❍ 旅行锦囊

加油站：雁石坪、安多均有加油站。

❍ 餐饮推荐

那曲：虫草松茸鸡、酥油茶、藏式牛肉粉、白肠。

DAY6 那曲—纳木措—拉萨
（行驶里程 460 公里）

早上驱车上 109 国道，途经当雄前往西藏的"三大圣湖"之一纳木措，之后翻越念青唐古拉山，进入藏北草原，经过羊八井，抵达拉萨。

❍ 路况：全程均为柏油路。

1. 路面平整，但是车上会有轻微的颠簸感。

2. 秋冬季节路面会有结冰现象。

3. 通往纳木措景区的路为盘山公路，且海拔较高，爬坡难。

❍ 海拔情况

纳木措：4718 米；羊八井镇：4231 米；当雄县：4200 米；拉萨：2650 米。

温馨提示：

1. 青藏线路段行驶速度不要过快，转弯处要提前鸣笛，切记弯道处不要超车。

2. 路上拖挂大货车比较多，切记不要跟车和超车。

❍ 沿途特色景区

羊八井温泉——全国温泉最高的水泉，有罕见的爆炸泉和间歇温泉，总面积超过 7000 平方米。

纳木措——纳木措是西藏的"三大圣湖"之一，古象雄佛法雍仲苯教的第一神湖，为著名的佛教圣地之一。

扎西半岛——位于当雄县，是纳木措最大的半岛，也是游览纳木措最重要的景点。

❍ 全国乡村旅游重点村（或全国乡村旅游扶贫重点村）

★**达嘎乡其奴村**——少数民族聚居村，自然资源丰富，环境优美。

★**仁钦蔡村**——位于拉萨市北的帕逢岗山脚下，昔日刀耕火种、辗转迁徙，如今过着游牧生活的"小部落"。

❍ 旅行锦囊

加油站：当雄县、羊八井镇均有加油站。

❍ 餐饮推荐

羊八井：麻森、"煺"酥酪糕。

当雄：牦牛肉、藏式酸菜汤、青稞酒。

拉萨：拉萨菌汤、酥油茶、藏餐。

关于青藏线自驾的友情提示：

1. 车辆的准备：

（1）七八月的青藏线，尽量不要开轿车、跑车等底盘底的车，因为这个时候的雨水很充足，路况坑坑洼洼的，不好行驶。建议用越野车。

（2）如果一定要用轿车的话，建议在 5、6、9 月份去，这个时候降水就比较少了。

2. 不要选择夜间行车，避免在危险路段停留，中途想欣赏景色也不要在弯道停车。若是冬季则注意冰雪，缓慢驾驶，安全第一。

3. 行驶在临江悬崖路段，车辆一定要靠山体一侧行驶，外围路肩很松软，特别容易在外力的作用下发生坍塌。尤其是大货车过后，很多路段边缘在雨水和重压之后路基容易毁坏。

4. 一般海拔 4000 多米以上，会有呼吸累、头胀等感觉，没有特别难受的感觉建议不要吃药，坐下来休息一下就可以了。

5. 尽量多加油，青藏线某些路段加油站较少，甚至没有加油站，所以半箱油以后，看到加油站就去加油。

6. 饮食应选择高热量、易消化食物，不可暴饮暴食，晚餐时尤应注意不可过量，以免加重胃肠道负担，使心肺受压，造成胸闷心慌。睡眠可采用半卧位，以减轻心肺负担。

No.32 新藏圣景，新藏线秘境穿越

中国最艰苦而又最迷人的线路之一

【手绘线路图】

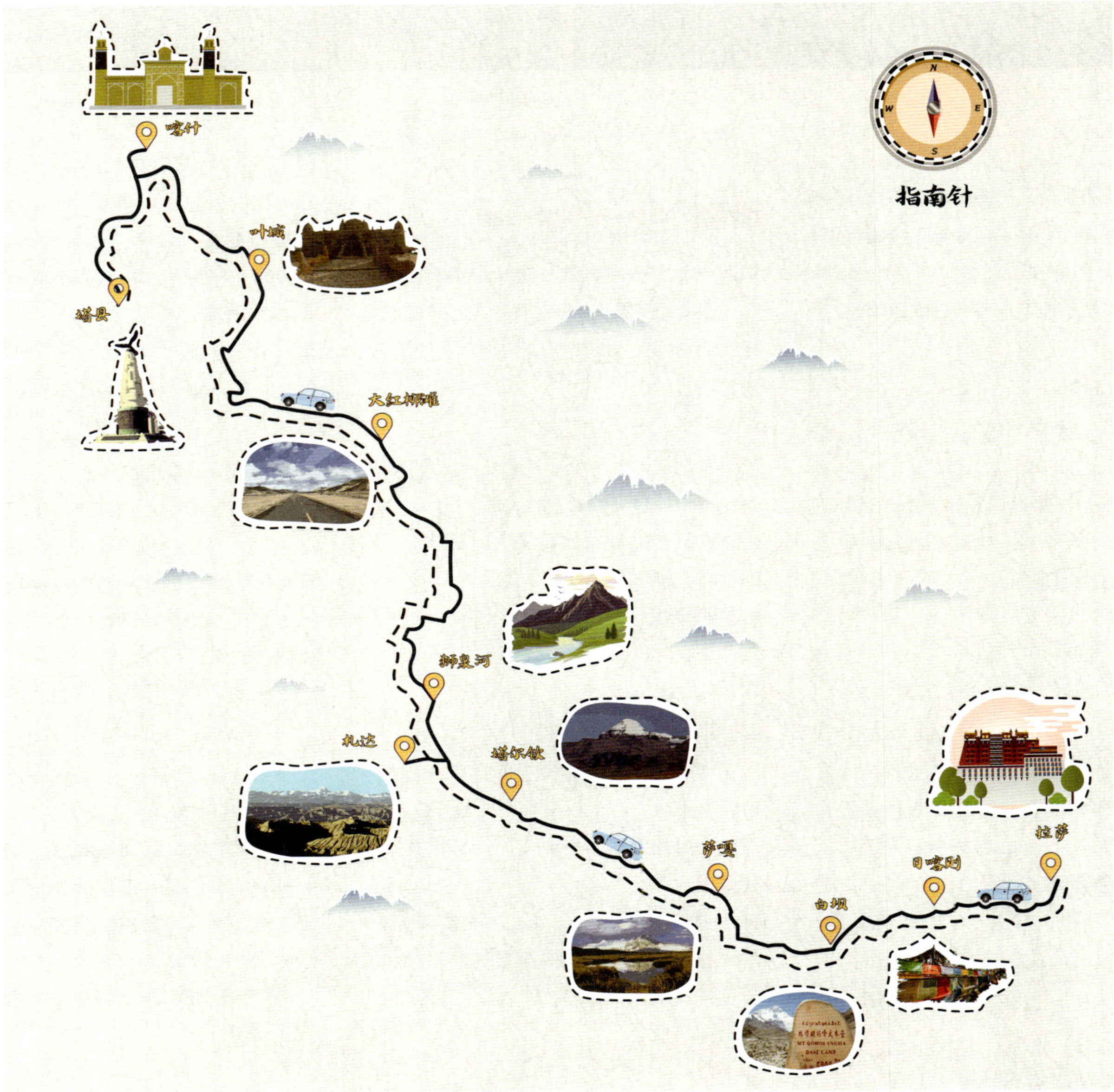

【线路概况】

天空湛蓝，山川广袤，湖泊宁静，新藏线是中国版图最遥远而又最迷人的地区之一。象雄、普兰、古格，一个个古文明在这里繁衍又消亡，只留下神山圣湖永恒存在，沿着219国道一路向西再向北，行进于冈底斯山脉和喜马拉雅山脉之间的谷地，天空纯净得有点不真实，古格遗址和穹隆遗址各自矗立在奇异的地貌中。在世界第一的珠穆朗玛峰到世界第二的乔戈里峰之间的穿越，无论是身体还是精神都是巨大的挑战。

【非遗体验】

西藏是民族民间文化资源大区，非物质文化遗产项目众多。独具特色的“藏纸工艺”、历久弥香的“藏香文化”“拉萨泥塑、布制面具”、藏民族文化瑰宝“唐卡”、西藏绘画史上的明珠“壁画”、古老多彩的指尖艺术“藏文书法”、抢救民族记忆的《格萨尔》史诗”、藏族文艺活化石“藏戏”、穿在身上的彩虹“邦典”等。

【土特产】

唐卡、藏刀、雪莲、麝香、藏红花、尼木藏香、牦牛、氆氇、红土豆、黑木耳、松茸、虫草。

△ 班公措

△ 冈仁波齐

△ 珠峰大本营

【行程规划】

线路：拉萨—日喀则—定日—萨嘎—塔尔钦—札达—狮泉河—大红柳滩—叶城

总里程：3200 公里

推荐时长：10 天

DAY1　拉萨—浪卡子—日喀则
（行驶里程 280 公里）

从拉萨出发经曲水、羊卓雍措、浪卡子县（浪卡子镇翁果村）、江孜、白朗抵达日喀则，途中游览羊卓雍措，它是西藏三大圣湖之一。傍晚抵达日喀则入住酒店。

➤ **路况：** 全程路况较好，拉萨到曲水为高速，曲水到羊卓雍措为 307 省道，羊卓雍措游览后继续沿 307 省道到达日喀则。

1. 拉萨到曲水途经的机场高速车流量较大，且部分路段中间隔离带有缺口，偶有当地车辆高速上临时掉头，务必谨慎驾驶。

2. 羊卓雍措到浪卡子再到日喀则的 308 省道全程均为铺装路面，到浪卡子县之前全程间断区间限速 50 公里 / 小时；浪卡子到江孜县全程间断区间限速 40 公里 / 小时；请控制车速。

➤ **海拔情况**

拉萨：3650 米；浪卡子县：4460 米；羊卓雍措：4441 米；岗巴拉山口：5030 米；江孜：4040 米；日喀则：3850 米。

温馨提示： 在翻越垭口的时候尽量不要打开车窗，保持车内温度和气压预防高原反应。

➤ **沿途特色景区**

羊卓雍措——西藏三大圣湖之一，由冰川泥石流堰塞湖形成，如珊瑚戏般铺展山间。

江孜古堡——《红河谷》的故事背景，1904 年英军入侵西藏，江孜百姓同入侵者对抗三天三夜直至弹尽粮绝。

➤ **全国乡村旅游重点村（或全国乡村旅游扶贫重点村）**

★ **浪卡子镇翁果村**——历史悠久，毗邻羊卓雍措，地处要塞，近年重点发展农业，主要农作物有芦笋、黄豆、洋菇、生菜等。

➤ **旅行锦囊**

加油站：

1. 拉萨城区加油站众多（有 92#、95# 汽油以及 -10#、0# 号柴油供应，部分大型加油站还有 98# 汽油供应）。

2. 从拉萨到曲水后，有中石油曲水加油站和中石化曲水加油站（有 92#、95# 汽油以及 0# 号柴油供应）。

3. 从曲水到日喀则，有浪卡子中石油加油站、江孜中石油加油站、白朗县中石油加油站（有 92#、95# 汽油以及 0# 号柴油供应，但 95# 汽油油枪偶尔会存在缺油情况）。

4. 日喀则加油站较多，县城内较大型的有四个中石油加油站以及一个道达尔加油站。（有 92#、95# 汽油以及 0# 号柴油供应）。

➤ **餐饮推荐**

浪卡子：羊卓雍风干肉。

理县：火烧蕨麻猪、奶渣包子、吹肝、藏族血肠。

DAY2　日喀则—拉孜—定日
（行驶里程 260 公里）

当天游览扎什伦布寺后，经拉孜、嘉措拉山以及山下措布村后抵达定日。途中可远眺珠峰及周边峰群。扎什伦布寺为班禅驻地，其中强巴佛殿中有世界最大的镀金坐像。四大僧院中的吉康扎仓会不定期辩经。

➤ **路况：**

1. 全程路况较好，均为 318 国道铺装路面。

2. 从日喀则到定日限速，摄像头较少，国道限速 60 公里 / 小时。

➤ **海拔情况**

拉孜县城：4012 米；定日县城：4300 米；

嘉措拉山：5248 米。

温馨提示： 当天行程海拔逐渐上升，户外活动请缓行，以防高原反应。

➤ **沿途特色景区**

扎什伦布寺——这座格鲁派大寺占地广阔，跟着朝圣群众一起沿着迷宫般的线路参观，烟煴和锣鼓声更增添气氛。

➤ **全国乡村旅游重点村（或全国乡村旅游扶贫重点村）**

★ **拉孜县措布村**——措布村地理位置偏僻，海拔较高，主要发展农业，新修灌溉水渠，主要农产品有青稞。

➤ **旅行锦囊**

加油站：

1. 当天全程加油站不多，建议在日喀则补满油料再出发。

2. 沿途加油站较少，且加油站规模较小，油品不充足。

3. 拉孜县有两个中石油加油站、定日县有一个中石油加油站（有 92# 汽油以及 0# 号柴油供应）。

➤ **餐饮推荐**

深入该地区后，旅游配套设施及条件较差。

DAY3　定日—萨嘎
（行驶里程 480 公里）

当天为赶上珠峰日出，需早起，经扎西宗乡曲宗村前往珠峰大本营，到珠峰大本营前会路过世界上海拔最高的寺庙绒布寺。大本营停留半小时后原路返回至白坝继续向西经吉隆抵达萨嘎，途中可游览佩古措，晚上抵达萨嘎入住酒店。

➤ **路况：** 全程路况较好，大多为铺装路面，过门布乡后约 10 公里向右前方朝吉隆方向行驶再到萨嘎，道路较窄，弯道较多，且小部分路段为非铺装路面，请谨慎驾驶。

➤ **海拔情况**

珠峰大本营：5200 米；吉隆县：4200 米；

△ 玛旁雍措

△ 札达土林

佩古措：4590 米；萨嘎县：4489 米；加乌拉山：5923 米。

温馨提示： 行程第三天，虽然海拔逐渐升高，但基本已适应高原环境。

❯ 沿途特色景区

珠峰大本营——海拔 5200 米，与珠峰峰顶的直线距离约 19 公里，国家 5A 级旅游景区。

佩古措——日喀则地区最大的湖泊，虽名气不大，游客较少，但却美如仙境。

❯ 全国乡村旅游重点村（或全国乡村旅游扶贫重点村）

★扎西宗乡曲宗村——地处前往定日到珠峰大本营的途中，海拔高，条件较为恶劣，发展旅游配套业务，为前往珠峰的游客提供休憩和餐饮服务。

❯ 旅行锦囊

加油站：

1. 当天加油站较少，建议加满油料再出发，出定日县城后，需到 400 公里外的吉隆才有加油站。

2. 吉隆及萨嘎县城均有中国石油加油站（有 92# 汽油以及 0# 号柴油供应）。

❯ 餐饮推荐

深入后藏腹地，海拔较高，果蔬及食品供应较少，无特色美食推荐，食物多以青稞、糌粑、牦牛肉为主。

DAY4 萨嘎—仲巴—塔尔钦
（行驶里程 500 公里）

当天路程较长，全程均为国道 219 铺装路面，国道限速 70 公里 / 小时，经仲巴、帕羊镇吉拉乡夏达村、玛旁雍措后抵达塔尔钦。随着雅鲁藏布江逆流而上，肥美的草甸上有成群的牦牛和山羊。而过仲巴之后，路边的沙丘是另一番景色。在经过玛旁雍措后抵达塔尔钦。

❯ 路况：全程路况较好，均为铺装路面，

国道限速 70 公里 / 小时，从帕羊到 207 省道路口 236 公里有区间限速，请注意控制车速。

❯ 海拔情况

仲巴县：4772 米；帕羊镇：5500 米；玛旁雍措：4588 米；塔尔钦：4600 米。

温馨提示： 塔尔钦住宿海拔较高，且住宿条件较差，如有携带氧气瓶或制氧机，当天可以派上用场。

❯ 沿途特色景区

玛旁雍措——自古以来佛教信徒都把它看作圣地"世界中心"，是中国蓄水量第二大的天然淡水湖、湖水透明度最大的淡水湖，藏地所称三大"神湖"之一。它也是亚洲四大河流的发源地。

❯ 全国乡村旅游重点村（或全国乡村旅游扶贫重点村）

★吉拉乡夏达村——位于帕羊镇旁，海拔较高，发展其他行业较为困难，近年着力打造旅游配套相关服务，力争成为新藏线上游客停留的新地标之一。

❯ 旅行锦囊

加油站：沿途加油站较少，只有沿途大型城镇具有中石油加油站，沿途仲巴、帕羊以及塔尔钦有中石油加油站（有 92# 汽油以及 0# 号柴油供应，偶尔会出现油料短缺情况）。

❯ 餐饮推荐

深入后藏腹地，海拔较高，果蔬及食品供应较少，无特色美食推荐，食物多以青稞、糌粑、牦牛肉为主。

DAY5 塔尔钦—普兰—札达
（行驶里程 300 公里）

塔尔钦旁的冈仁波齐为冈底斯山脉第二高峰，金字塔般的规则外形让人过目不忘，之后经门士乡、普兰赤德村后抵达札达。

百万年的地质变迁，使札达盆地湖底的沉积地层暴露在干燥空气中，在长期的风化和雨雪侵蚀下，发育出光影迷离的札达土林。

❯ 路况：全程路况较好，国道 219 为全铺

装路面，抵达巴尔兵站后距离札达 120 公里为札达县唯一铺装路面，路况不错但较为狭窄，过弯或会车时务必减速慢行（此路段全程限速 40 公里 / 小时）。

❯ 海拔情况

普兰：3900 米；札达：3700 米。

温馨提示： 当天住宿海拔相对较低，大家可以早点休息，以调整身体的疲惫。

❯ 沿途特色景区

冈仁波齐——冈仁波齐是世界公认的神山，被誉为神山之王。同时被印度教、藏传佛教、西藏原生雍仲苯教以及古耆那教认定为世界的中心。冈仁波齐并非这一地区最高的山峰，但是只有它终年积雪的峰顶能够在阳光照耀着奇异的光芒，夺人眼目。

❯ 全国乡村旅游重点村（或全国乡村旅游扶贫重点村）

★普兰赤德村——远望雪山、近靠河流、三国交界，坐拥得天独厚的自然优势，大力发展旅游业、农业及配套产业，特产有油菜、精细饲料等。

❯ 旅行锦囊

加油站：沿途加油站较少，只有沿途大型城镇有中石油加油站，沿途塔尔钦、普兰、札达有中石油加油站（有 92# 汽油以及 0# 号柴油供应，偶尔会出现油料短缺情况）。

❯ 餐饮推荐

札达：牦牛肉、炸灌肺、畲箕饼。

DAY6 札达—狮泉河
（行驶里程 250 公里）

清晨可相约前往古格王朝（札达土林）拍摄日出，或者一觉睡到自然醒，然后前往

△ 扎什伦布寺

△ 羊卓雍措

狮泉河，途经噶尔县狮泉河镇加木村，沿途奔驰在阿里地区广袤的土地上到达阿里地区首府狮泉河镇，入住酒店。

路况： 全程路况较好，均为铺装路面，但从札达返回 219 国道的道路路面较窄，弯道注意减速及会车。国道 219 限速 70 公里 / 小时。

海拔情况

阿里昆莎机场：4266 米；狮泉河镇：4283 米。

温馨提示： 当天行程较短，途中不必赶路，抵达狮泉河后早点休息，为明天的艰苦行程养足精神。

沿途特色景区

札达土林——札达土林是经流水侵蚀而形成的特殊地貌，蜿蜒曲折数十里，约 1100 年历史。札达土林是古格王国的宫殿和寺院的遗址。

全国乡村旅游重点村（或全国乡村旅游扶贫重点村）

★狮泉河镇加木村——加木村留存着噶尔县乃至阿里地区最大的一片红柳林，国家还投资建起了红柳湿地公园，当地村民依托红柳林地创办度假村。

旅行锦囊

加油站：从札达到狮泉河镇，沿途无加油站，但进入狮泉河镇后加油站较多，镇上有 5 个中石油加油站（有 92#、95# 汽油以及 0# 号柴油供应，95# 汽油偶会出现油料短缺情况）。

餐饮推荐

噶尔：红烧鱼、牦牛肉、烤羊肉等。

DAY7　狮泉河—日土—大红柳滩
（行驶里程 590 公里）

早餐后出发，前往大红柳滩，途中经日土县日土村远眺班公措，这里又称措木昂拉红波，藏语意为"长脖子天鹅"，下午途经界山达坂、奇台达坂、松西达坂、红土达坂入住大红柳滩。

路况： 当天行程较长，路况均为铺装路面，国道 219 限速 70 公里 / 小时，途经村镇限速 40 公里 / 小时。

海拔情况

日土县：4260 米；大红柳滩：4200 米；班公措：4250 米；界山达板：5347 米；奇台达板：5170 米；松西达板：5248 米；红土达板：5380 米。

温馨提示： 当天行程较长，海拔较高，户外活动注意预防高原反应；车辆驾驶定时换乘换驾。

沿途特色景区

班公错——位于阿里地区日土县城西北约 12 公里处，呈东西走向，平均海拔 4400 米，湖面面积 639739.1 亩，东淡西咸，属自然湖泊生态风光旅游景区。

全国乡村旅游重点村（或全国乡村旅游扶贫重点村）

★日土县日土村——毗邻班公措，是一个半农半牧村。土壤肥沃，灌溉条件较好，油菜、豌豆、蔬菜等粮食作物和经济作物在该村都有很大的种植面积，是日土县的主要农区之一。

旅行锦囊

加油站：全程 590 公里中，仅日土县及日土县多玛乡（日土出城沿国道 219 行驶约 100 公里处）有加油站，建议在噶尔县城加满油再出发，途中在日土再补油一次（有 92# 汽油以及 0# 号柴油供应，但偶尔出现油料短缺情况，出行前请提前确认）。

餐饮推荐

日土：火车饼。

DAY8　大红柳滩—叶城
（行驶里程 490 公里）

早餐后翻越喀喇昆仑山脉多个海拔 5000 米的达坂，喀喇昆仑在突厥语中意为"黑石群"，后过三十里营房，远眺世界第二高峰乔戈里峰，过麻扎达坂、库地达坂（阿卡孜达坂），抵达塔里木盆地，经柯克亚乡阿克美其特村抵达叶城后入住酒店。

路况： 全程路况较好，国道 219 限速 70 公里 / 小时。

海拔情况

喀喇昆仑：5500 米；乔戈里峰：8611 米；三十里营房：3700 米；麻扎达坂：5100 米；阿卡孜达坂：3150 米；叶城：1765 米。

温馨提示： 当天行程进入尾声，长时间在海拔 5000 米以上地区驾驶，但住宿地叶城海拔仅为 1765 米，请多喝水，多吃素菜，以免醉氧。

沿途特色景区

乔戈里峰——乔戈里峰是国际登山界公认的 8000 米以上攀登难度最大的山峰，也是迄今为止唯一一座没有在冬季攀登成功的 8000 米级独立山峰。

全国乡村旅游重点村（或全国乡村旅游扶贫重点村）

★柯克亚乡阿克美其特村——地处新藏公路 219 国道 93 ~ 100 公里处，村内资源丰富，有脆硫锑铅矿、脆银矿、方铅石、冰长石等矿石资源，主要农产品有脆甜、苦瓜、洋葱、黄椒、白萝卜等。

旅行锦囊

加油站：沿途基本为高海拔无人区，仅三十里营房有一个加油站（有 92# 汽油以及 0# 号柴油供应，但偶尔出现油料短缺情况）。

餐饮推荐

叶城：红烧鱼、烤羊肉、烤馕、羊杂汤、烤鸡、切糕。

No.33 梦栖诗画里，心泊青海湖

青之韵，海之情，湖之魂，之环湖大计

【手绘线路图】

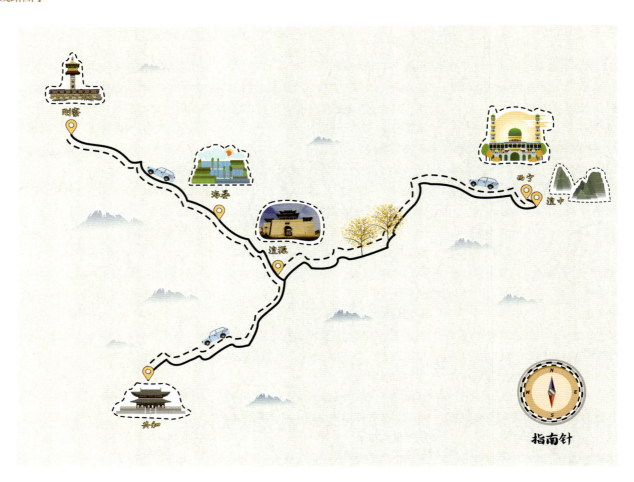

【线路概况】

青海湖又名库库诺尔，即蒙古语青色的湖之意，西宁出发一路向西，环湖从西和高速开始，路上有藏传佛教格鲁派六大寺院之一的塔尔寺、丹葛尔古城、金银滩原子城景区，还经过有"小北京"美誉的湟源，无不彰显着青海湖的魅力。还有那百亩的油菜花和无边无际的大草原，这儿的安宁可真让人羡慕。这样的一条环湖之路集合了人类的历史活动和自然的潜移默化，只有真正走过的人，才能感受到青之韵、海之情、湖之魂吧！

【非遗体验】

这条线路上的非物质文化遗产很多，老爷山花儿会、塔尔寺酥油花、湟源排灯、加牙藏族织毯技艺、西宁贤孝、河湟皮影戏、青海平弦、青海越弦、湟中堆绣、湟中县千户营高台等。

【土特产】

虫草酒、加牙藏毯、黑枸杞、蜂王浆、红景天、矢车菊、秦艽、藏书羊肉、雪灵芝、塔尔寺酥油花、青海雪莲、冬虫夏草。

【行程规划】

线路： 西宁—湟源—海晏—刚察—共和—湟中—西宁

总里程： 1227公里

推荐时长： 6天

DAY1 西宁—丹葛尔古城—日月山—湟源
（行驶里程155公里）

早晨驱车上西和高速，到湟源转京藏高速到达泸定下高速，前往丹葛尔古城游览用午餐，午餐后前往参观日月山，感受儿时教材里的风景，随后沿着京藏高速前往湟源县城。

▶ **路况：** 全程路况较好，大部分是高速，部分景点海拔落差较大，路线对车辆无过分要求。

▶ **海拔情况**

西宁：2261米；丹葛尔古城：2639米；日月山：4877米；湟源：2660米。

温馨提示： 在游览日月山时尽量不要剧烈运动，预防高原反应。

△ 青海湖

◉ 沿途特色景区

大黑沟森林公园——省级森林公园，绿树白桦，丛丛灌木，红花绿草，险峰绝壁。

宗家沟文化旅游景区——是集文化寻根、文化传承、休闲观光、探险娱乐、生态旅游为一体的原生态旅游风景区。

倒淌河——"天下河水皆向东，唯有此溪向西流"的倒淌河。

赞普林卡藏文化展览馆——青藏高原上的一所集藏传佛教八大教派为一体的藏王寺院，也是世界上的一个藏王寺院，而两尊玉佛也是独一无二的。

◉ 全国乡村旅游重点村（或全国乡村旅游扶贫重点村）

★ **大石头村**——天蓝水清，山清水秀，人勤物丰，盛产苦瓜、大蒜、哈密瓜、丝瓜、橘子。

★ **西扎湾**——盛产奇异果、秋葵、香菇、白萝卜、水稻、乌饭果、酸橙、马铃薯。

◉ 餐饮推荐

羊羔肉、烤羊肉、炕锅肉、手抓羊、烧羊肝、爆焖羊羔肉。

DAY2 **湟源—海晏**（行驶里程 65 公里）

由湟源县城驱车沿湟嘉公路、湟西一级公路前往达玉部落景区游玩之后，继续向西前往金银滩原子城景区，沿途绝美风景，让你目不暇接，舒适的路况让你体验驾驭的快感。

温馨提示： 高原地区的阳光和紫外线十分强烈，请注意防晒，气候干燥，很容易流鼻血和嘴唇干裂。

◉ 沿途特色景区

王洛宾音乐艺术馆——全国最大规模的集中体现王洛宾音乐文化和西部音乐的艺术馆。

尕海古城遗址——第八批全国重点文物保护单位，环青海湖古城池中的五城之一。

△ 倒淌河

△ 门源

△ 门源油菜花

> **全国乡村旅游重点村（或全国乡村旅游扶贫重点村）**

★ **甘子河乡俄日村**——盛产青椒、甜菜、梨子、木瓜、矿产芒硝、钡长石、沸石金红石。

★ **金滩乡海东村**——"海北最美乡村"美丽小江南，梦幻新海东。依托自身资源创新建设新农村。

> **餐饮推荐**

海晏羔羊肉、海晏牦牛、羊肠面、烤饼。

DAY3 海晏—门源百里油菜花—祁连山草原—刚察
（行驶里程 501 公里）

从海晏出发到门源百里油菜花田，中午在门源吃饭，下午从门源出发去祁连山草原，游览祁连山脉的独特魅力，站在卓尔山顶视野极度开阔，四周没有任何遮拦，山对面是尽览四季景色的牛心山，左右两侧分别是拉洞峡和白杨沟风景区，背面是连绵起伏的祁连山，山脚下滔滔八宝河像一条白色的哈达环绕在县城周边。

温馨提示： 在翻越垭口的时候尽量不要打开车窗，保持车内温度和气压预防高原反应。

> **海拔情况**

门源：2700 米；祁连县：3169 米；刚察：3300 米。

> **沿途特色景区**

卓尔山——祁连山的一条支脉，呈现丘陵状的草原风光，山体裸露的地方都是赤红的砂岩，与碧绿的草原层叠交错，非常漂亮。

门源油菜花——门源县一种美丽而蔚为壮观的人造景观。门源县是北方小油菜发源地，是全国乃至全世界最大的小油菜种植区，种植面积达 50 万亩。

> **全国乡村旅游重点村（或全国乡村旅游扶贫重点村）**

★ **伊克乌兰乡亚秀村**——有黄蘑菇、刚察藏羊、刚察牦牛、牦牛标本、转经筒等特产。

> **旅行锦囊**

加油站：沿途加油站较多，中石化、中石油均覆盖。

> **餐饮推荐**

门源奶皮、牦牛肉。

DAY4 刚察—共和
（行驶里程 123 公里）

早餐后驾车前往仙女湾景区，下一个景点到青海湖国家级自然保护区和鸟岛，游玩之后可以住在青海湖日出观景点附近，第二天一早看日出。

温馨提示： 在翻越垭口的时候尽量不要打开车窗，保持车内温度和气压，预防高原反应。

> **沿途特色景区**

沙柳河景区——是中国唯一观赏裸鲤洄游奇观的最佳景点之一。

情人崖——在当地是男女恋爱时立誓的圣地。

> **全国乡村旅游重点村（或全国乡村旅游扶贫重点村）**

★ **龙羊峡镇龙才村**——可以去看看雄奇秀美的龙羊峡国家土林地质公园。

★ **沙珠玉乡珠玉村**——小蚕豆种植、林下鸡养殖带动了当地人致富之路。可以购买林下鸡、土鸡蛋和蚕豆。

> **餐饮推荐**

湟鱼、黄蘑菇、藏族酥酪糕、雪域藏餐。

DAY5 共和—湟中
（行驶里程 276 公里）

一早起床看日出，之后一路沿着青海湖边行驶，沿湖风景绝美，特别是快到龙羊峡的路上，云雾缭绕，恍如仙境，牛羊多到数不胜数，两岸红色的峡谷美不胜收。之后到清清黄河景区和玉皇阁景区。

> **沿途特色景区**

青海湖二郎剑景区——二郎剑以其蜿蜒深入青海湖中的特殊地理位置，以草原、沙滩、动物为主的生态自然资源，加之丰富的民间文化活动，成为青海湖旅游区一颗耀眼的明珠。

中华福运轮——拥有世界上最大的名为"中华福运轮"的转经轮，于 2012 年获颁吉尼斯世界纪录。

南海殿景区——藏语称"东那特吉乾波"，意为"山嘴下的大悲观音"，汉语称"南海观音殿"。

> **全国乡村旅游重点村（或全国乡村旅游扶贫重点村）**

★ **湟中东岔村**——有胡麻、燕麦、蚕豆、酥油花、加牙地毯等特产。

★ **下圈村**——由村集体带动一般农户和贫困户改建藏式住宅，形成藏式民宿吸引旅游客源，真正打造独具特色的"金露梅"旅游产业。

> **旅行锦囊**

加油站：沿途加油站较多，中石化、中石油均覆盖。

> **餐饮推荐**

蜂尔里脊、酥合丸、尕面片。

DAY6 湟中—西宁
（行驶里程 107 公里）

早上驱车沿 G227 和西久公路到达塔尔寺参观，中午可在此地就餐，随后前往不远

△ 青海湖

△ 卓尔山

处的青海藏文化馆，之后驱车返回西宁。

沿途特色景区

莲花湖——离西宁和塔尔寺都很近，景色非常美，近处是青草和洁净的湖水，远处是白色的水库，还有茂密的树林。

南佛山——"逍遥神仙府，清静道士家。"道观始建于明代万历年间，是青海省境内的名山和道教圣地，被称为"道藏第四太元极真洞天"。

南滩古城墙——南滩古城墙是当年青唐城南城墙的一部分，青唐城是唃厮啰政权的都城，建于1034年。

群加国家森林公园——为典型的高山峡谷地貌，山势雄伟，奇峰怪石、悬崖绝壁构成了复杂多姿的高原地貌景观。

旅行锦囊

加油站：沿途加油站较多，中石化、中石油均覆盖。

餐饮推荐

余酿皮、手抓羊肉、杂碎汤、羊肠面。

△ 青海湖

No.34 巡游大西北，看百面青海

溯黄河之源、探青海秘境、踏唐蕃古道、翻昆仑之巅

【手绘线路图】

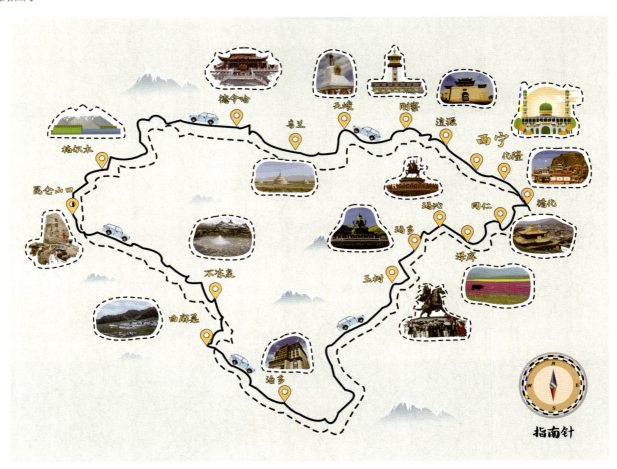

【线路概况】

这是一条有情怀的线路，也是一条充满挑战的线路。从西宁出发一路向西，翻过日月山，来到湛蓝的青海湖边停下行色匆匆的脚步，站在天空之境，叹天地一色，恍然如梦。穿越柴达木盆地来到万山之祖的昆仑山之巅，可可西里的茫茫戈壁呈现在眼前。方向斗转，由西往东，踏上1300年前文成公主进藏的唐蕃古道，从盛唐京都的西安到雪域高原的拉萨，她走了三年。如今我们的车轮再次停靠在这一片神秘的土地，这里是青藏高原腹地的三江源头，层层叠叠的峰峦，把这方土地的明媚、质朴和神奇一直守护至今，更令它平添厚重。

【非遗体验】

青海非遗众多，其中有曲麻莱县昆仑民族文化艺术节、化隆宗喀白日光唐卡、玉树藏娘唐卡、循化尤阙疗法、民间青盐药用技术、热贡皮革制作技术、玉树石刻等。

【土特产】

青海土特产众多，有冬虫夏草、刚察黄蘑菇、刚察牦牛、柴达木枸杞、湟源陈醋、海东鸡、玉树马、西宁手抓、青稞饼、化隆清蒸牛蹄筋、西宁搅团、热贡堆绣等。

【行程规划】

线路： 西宁—湟源—刚察—天峻—乌兰—德令哈—格尔木—昆仑山口—不冻泉—曲麻莱—治多—玉树—玛多—玛沁—泽库—同仁—循化—化隆—西宁

总里程： 2940 公里

推荐时长： 7 天

DAY1 **西宁—湟源—刚察—天峻—乌兰—德令哈**
（行驶里程 500 公里）

一早从西宁出发经过湟源县翻日月山，经倒淌河抵达青海湖，游览完青海湖之后，前往茶卡网红旅游打卡胜地，位于海西州

△ 翡翠湖

△ 可可西里

乌兰县茶卡镇的"茶卡盐湖"景区。景区以盐为主题、盐花为形状，可通过栈道观赏盐湖湿地景色，傍晚到达"金色世界"德令哈入住酒店。

❱ 路况：

1. 全程路况较好，大部分是高速，部分景点海拔落差较大，路线对车辆无过分要求。

2. 西宁前往青海湖车流量大，尤其货车居多，在进入隧道及上山道路时，请保持足够的车距。

3. 西宁至湟源限速 80 ~ 100 公里/小时，湟源经过倒淌河镇至青海湖畔限速 40 ~ 70 公里/小时，区间测速较多。

温馨提示：

1. 初进入高原地区，注意不要剧烈运动，合理休息，多补充能量和水分。

2. 当天行车里程较长，全程海拔较高注意不要剧烈运动，准备好食物和饮用水。

❱ 海拔情况

西宁：2261 米；日月山：4877 米；湟源：2660 米；青海湖：3100 米；茶卡盐湖：3100 米；德令哈：2980 米。

❱ 沿途特色景区

日月山——日月山自古就是历史上"羌中道""丝绸南路""唐蕃古道"的重要通道。

倒淌河——"天下河水皆向东，唯有此溪向西流"的倒淌河仙女湾位于青海湖北岸，这里动植物品种繁多，湿地景观独具特色，尤其是数十种鸟类钟爱的迁徙栖息之地。

青海湖——蒙古语名为"库库诺尔"（意为"青色的湖"）。这里是中国最大的内陆湖。

茶卡盐湖——别称茶卡或达布逊淖尔，是柴达木盆地四大盐湖之一。

❱ 全国乡村旅游重点村（或全国乡村旅游扶贫重点村）

★ **希里沟镇西庄村**——麦浪翻滚、枸杞果香、牛羊肥壮，贩运和育肥的牛羊每年达到数万只。

★ **生格乡奥陇村**——水美，气候温和，风景如画，主要农产品：白萝卜、苦瓜、西兰花、青豆、生姜。

❱ 旅行锦囊

加油站：

1. 西宁城区：有多处中国石油、中国石化加油站。

2. 湟源县城：有中国石油、中国石化加油站。

3. 倒淌河镇：中国石油、中国石化加油站各有一处。

4. 青海湖：二郎剑景区附近有一处中国石油加油站。

5. 茶卡盐湖：中国石化、中国石油加油站均有。

6. 德令哈：中国石化、中国石油加油站均有。

❱ 餐饮推荐

西宁：白条手抓、羊羔肉。

湟源县城：牛肉面、面片。

青海湖：血肠、烤羊。

德令哈：青海牦牛酸奶、西北酿皮。

DAY2 德令哈—可鲁克湖—翡翠湖—格尔木
（行驶里程 427 公里）

早餐后驱车前往距离德令哈 30 公里的可鲁克湖游览，可鲁克湖是一个生态环境非常好且未被过度开发的淡水湖，湖边有一个外星人遗址可一并参观，随后继续前往翡翠湖，晚宿格尔木。

❱ 路况：全程路况均是高速、沙漠戈壁公路，路况良好。

❱ 海拔情况

可鲁克湖：2817 米；翡翠湖：3148 米；格尔木：2780 米。

温馨提示：盐湖形成不易，要爱护生态环境。

❱ 沿途特色景区

可鲁克湖——位于德令哈市西南 30 公里处，可鲁克湖与托素湖一淡一咸、水域相通，人称"褡裢湖"。湖中有飞禽群集的鸟岛，湖畔有芦苇。

翡翠湖——大柴旦翡翠湖属硫酸镁亚型盐湖，是海西州第三大人工湖，由于盐床由淡青、翠绿以及深蓝的湖水辉映交替、晶莹剔透，当地人称之为"翡翠湖"。

❱ 全国乡村旅游重点村（或全国乡村旅游扶贫重点村）

★ **蓄集乡乌察汗村**——附近有可鲁克湖—托素湖湿地自然保护区、柴达木梭梭林自然保护区、柏树山、吐蕃墓葬群、克鲁克湖等旅游景点。

★ **郭勒木德镇中村**——位于格尔木市西郊，北靠阿拉尔、秀沟草原，村中格芒公路穿行而过，交通十分便利。

❱ 旅行锦囊

加油站：

1. 德令哈至格尔木高速有 2 处中国石化加油站和 1 处中国石油加油站。

2. 格尔木市区加油站众多，油号齐全。

❱ 餐饮推荐

格尔木：烤全羊、烤羊腿等。

DAY3 格尔木—昆仑山口—不冻泉—曲麻莱
（行驶里程 488 公里）

酒店早餐后，沿着青藏线翻越昆仑山抵达藏羚羊的故乡、中国最大的一处世界自然遗产地可可西里国家级自然保护区。这片无人区的美弥足珍贵，大漠荒野、雪岭冰川，风景如梦如幻，人迹罕至，更是野生动植物的乐园。下午经过不冻泉前往曲麻莱，入住酒店。

△ 可可西里

△ 克鲁克湖

> 路况：全程路况均是高速、沙漠戈壁公路，路况良好。

> 海拔情况

昆仑山垭口：4767 米；不冻泉：4543 米；曲麻莱：4175 米。

温馨提示：

1. 当地住宿条件较为简陋，请有心理准备。

2. 海拔逐渐攀升，有明显的高原反应症状，请注意不要剧烈活动。

> 沿途特色景区

昆仑山垭口——昆仑山是中华民族的象征，也是中华民族神话传说的摇篮，古人尊为"万山之宗""龙脉之祖"，昆仑山垭口，是青海、甘肃两省通往西藏的必经之地，也是青藏公路上的一大关隘，因山谷隘口而得名。

不冻泉——不冻泉位于昆仑玉珠雪山遥望的三江源保护区与可可西里保护区的交界处，青藏公路与青藏铁路在此处穿过，尽管位于高海拔的冷冻区域，但常年泉水清澈见底，清澈泉水源源不断流入黄河长江源头，与浑浊的雪山水并入溪流。

可可西里——是 21 世纪初世界上原始生态环境保存较好的自然保护区，也是中国建成的面积最大、海拔最高、野生动物资源最为丰富的自然保护区之一。

> 全国乡村旅游重点村（或全国乡村旅游扶贫重点村）

★曲麻河乡昂拉村——位于楚玛尔河畔，美丽的玉珠峰脚下，夏季融化的雪水滋养着山脚下的草场，同时养育着漫山遍野的牛羊，映照出一种"人与自然和谐共处"的仙境。

★干乡代曲村——这是一个雪域村落，如今正大力发展蔬菜种植基地。

> 餐饮推荐

曲麻莱：川味王老火锅、手抓饭。

DAY4 **曲麻莱—治多—玉树**
（行驶里程 230 公里）

酒店早餐后，前往玉树文成公主庙，在公主庙可以体会到当年文成公主远嫁藏地的长途跋涉之辛苦，与对民族团结大爱的宽广情怀，下午继续参观玉树东结古山上著名的藏传佛教萨迦派的结古寺，结古寺寺僧众多、建筑恢宏、文物丰富，而且登高望远，可以将玉树城区全景尽收眼底。傍晚入住酒店。

> 路况：全程路况均是省道，柏油马路，路况良好。

> 海拔情况

治多县：4897 米；玉树：3696 米。

温馨提示：游览寺庙时，请注意不要拍照。

> 沿途特色景区

文成公主庙——别名"加萨公主庙"，相传系唐代藏族人为纪念文成公主而建。地处青藏高原东南部的"三江之源"，始建于唐代，有 1300 多年历史，是唐蕃古道的重要文化遗存之一。

结古寺——以建筑宏伟、寺僧众多、文物丰富、多名僧高徒著称。

> 全国乡村旅游重点村（或全国乡村旅游扶贫重点村）

★哈秀乡云塔村——位于通天河沿岸，属于三江源国家级自然保护分区的核心区，区域内生活了雪豹、棕熊、白唇鹿、马麝、岩羊、盘羊等数十种国家级珍稀保护动物。

★索加乡莫曲村——境内有大片湿地，是野牦牛等野生动物的重要栖息地。

> 旅行锦囊

加油站：治多、玉树均有中石油加油站。

> 餐饮推荐

玉树：肋巴、牦牛酸奶、酥油茶、牦牛肉干。

DAY5 **玉树—玛多—玛沁**
（行驶里程 580 公里）

早上驱车离开玉树翻越巴颜喀拉山，过星星海景区，到"黄河源头第一县"的玛多县，前往鄂陵湖、扎陵湖。在两湖之间有一座措哇尕什则神山。游览结束后，翻越阿尼玛卿神山到达玛沁县入住酒店。

> 路况：全程路况为柏油马路。如遇冬季翻越雪山时一定要注意行车安全。

> 海拔情况

巴颜喀拉山：4824 米；玛多县：4280 米；阿尼玛卿神山：6282 米；玛沁县：3723 米；措哇尕什则神山：4610 米。

温馨提示：当天景点众多，可根据自己的时间自行选择个别景点游览。

> 沿途特色景区

鄂陵湖——是黄河上游的大型高原淡水湖，与扎陵湖并称为"黄河源头的姊妹湖"。湖心的小岛候鸟群集，形成青藏高原上的另一鸟岛。

扎陵湖——又称"查灵海"，因黄河携带大量泥沙入湖，风浪泛起时湖面呈灰白色，故有白色长湖之称，与鄂陵湖同为青海水产捕捞基地之一。

巴颜喀拉山——旧称巴颜喀喇山。巴颜喀拉（喇）在蒙古语的意思是"富饶青（黑）色的山"。藏语叫"职权玛尼木占木松"，即祖山的意思。

措哇尕什则神山——是玛多地区的十三"圣山"之一，每年都有众多游客来此溯源。

阿尼玛卿神山——阿尼玛卿在藏语中意为活佛座前的最高侍者，被藏族人视为神山，每年都有大批朝圣者前去虔诚朝拜。

> 全国乡村旅游重点村（或全国乡村旅游扶贫重点村）

★巴塘乡相古村——相古村四周青山郁郁，原始森林遮天蔽日，因海拔较低，植物生长茂盛，是玉树市海拔相对较低、含氧量相对较高的地方，旅游产业发展前景广阔。

△ 克鲁克湖

△ 昆仑山

★**扎陵湖乡卓让村**——山明水秀，社会和谐稳定，茂林成荫，历史悠久，主要农产品有洋蓟、红薯、青豆、芥菜苗、生姜。

❯ **旅行锦囊**

加油站：

1. 玛多县和玛沁县均有中国石油加油站。

2. 全天公里数较长，请注意在有加油站的地方一定要补满，以免错过加油站。

❯ **餐饮推荐**

玛沁县：老马家酿皮、觉如仓藏餐、玛拉雅素食厅。

玛多县：伊隆老炒炮仗、黄河源大酒店餐厅。

DAY6 **玛沁—泽库—同仁**
（行驶里程 365 公里）

早餐后，经河南蒙古族自治县、泽库县驱车前往麦秀林场，这里有青海地区罕见的大面积原始森林，而且可以看到很多受保护的野生动物，种类很多，常见的有褐马鸡、旱獭，深入该地区可见狼等动物。到达同仁后，参观同仁县"热贡艺术馆"。每年的藏乡民间"六月会"和以唐卡、堆绣、雕塑为主的"热贡艺术"光彩夺目。随后前往"隆务寺"，明帝曾题赐"西域胜境"匾额，悬于经堂门首。随后前往吾屯上寺，寺内还珍藏着释迦牟尼头发，参观完毕后入住同仁酒店。

❯ **路况**：全程路况为省级路面。

❯ **海拔情况**

泽库县城：3655 米；河南县城：3527 米；同仁县：2495 米。

温馨提示：

1. 山路为主，弯多路急，请注意行驶安全。

2. 沿途经过村镇时一定要注意行人。

❯ **沿途特色景区**

热贡艺术馆——热贡艺术馆主要为宣传热贡艺术。全馆现有展厅五个：唐卡厅、雕刻厅、堆绣厅、沙盘厅、文物厅。

隆务寺——寺中现存明朝御赐释迦牟尼金像等珍贵文物；寺藏佛经上万部，其中以德格版《甘珠尔》《丹珠尔》尤属难得。

吾屯上寺——该寺处于"热贡艺术"的发源地，僧人大多擅长绘画、泥塑、雕刻，而且那里的老艺人热心授徒，故被称为"热贡艺术学校"。

麦秀林场——山峰连绵起伏，蕴藏大片原始森林，万木峥嵘，风光秀丽，据说不同季节会呈现出不一样的颜色，如同上帝打翻了调色板。

❯ **全国乡村旅游重点村（或全国乡村旅游扶贫重点村）**

★**麦秀镇龙藏村**——龙藏村位于麦秀林区，拥有得天独厚的旅游资源。

★**麦秀镇多龙村**——风景优美，还成立了有机生态畜产品开发专业合作社。

❯ **旅行锦囊**

加油站：

1. 泽库县有中国石油加油站。

2. 同仁市区有 95#、95# 和 92# 汽油以及 0# 号柴油供应（中国石油、中国石化均有）。

❯ **餐饮推荐**

同仁：藏餐馆、梦士庄园特色餐厅。

DAY7 **同仁—循化—化隆—西宁**
（行驶里程 350 公里）

酒店早餐后，离开同仁前往循化大河家镇游览被誉为"青藏高原上的西双版纳"的孟达天池，也是青海省避暑、疗养和旅游胜地。随后返回循化参观青海第二大清真寺"街子清真大寺"，下午过化隆县前往李家峡水库，该水库是目前世界上最大的双排机水电站，它是黄河上游第二个高峡平湖，昔日那汹涌澎湃、桀骜不驯的"大黄龙"终于被锁定在李家峡。下午时分返回西宁结束本次行程。

❯ **路况**：全程路况较好，全天一半是高速，一半是旅游公路。

1. 孟达天池景区至循化县城为清大线，货车较多，注意保持车距。

2. 大河家镇到孟达天池景区有一段乡道，道路较窄。

❯ **温馨提示：**山路为主，弯多路急，请注意行驶安全。沿途经过村镇时一定要注意行人。

❯ **沿途特色景区**

街子清真大寺——伊斯兰阿拉伯式建筑，青海第二大清真寺，珍藏着撒拉族先民 700 年前东迁时带来的一部手抄本《古兰经》。

孟达天池——天池面积约 300 亩，池水清澈碧澄与蓝天一色，群峰倒影，随波微动。湖中水鸟飞翔，鱼儿舒然游动。是青海省避暑、疗养和旅游胜地。

李家峡水库——游览李家峡水库最好是坐游艇，在南宗沟门口有游艇码头，可乘坐往返李家峡北岸码头。需要注意的是，李家峡水库只有在每年五一至十一期间开放，其他时间只能远远观望。

❯ **全国乡村旅游重点村（或全国乡村旅游扶贫重点村）**

★**隆务镇依里村**——地处要塞，交通便利，花团锦簇，风景宜人，主要农产品有茴香、菠菜、木瓜、青豆、芥菜苗。

★**积石镇大别列村**——位于循环县街子工业区，紧邻黄河，该地特产花椒、薄皮核桃。

❯ **旅行锦囊**

加油站：

1. 大河家场镇有中国石油加油站。

2. 循化及化隆县城均有中国石油、中国石化加油站。

❯ **餐饮推荐**

大河家镇：大盘鸡、柴火鸡。

循化：羊肉面片、土豆裂袋、白条手抓。

化隆：清蒸牛蹄筋。

No.35 黄河廊道旅游线

大美青海，多彩"海南"之旅

【手绘线路图】

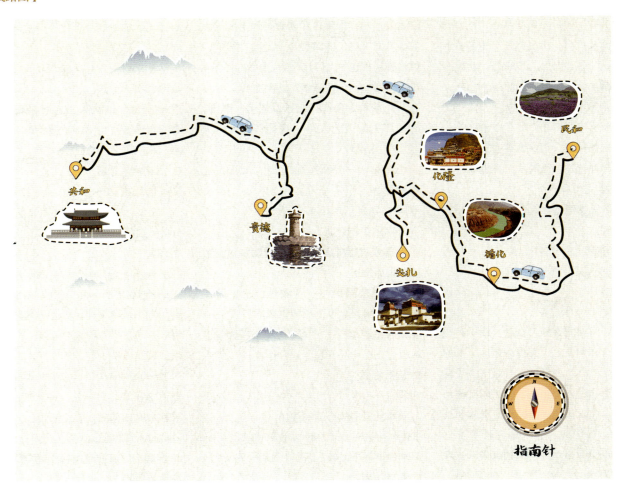

【线路概况】

从民和县出发，游览完喇家遗址后，进入黄河流域，一直沿着黄河逆流而上，黄河水从浑浊变清澈，沿途的少数民族聚居区，也从回族、土族，变成了多民族生活的区域，黄河两岸景色依然美丽，尤其在进入坎布拉、李家峡水电站之后。天下黄河贵德清，而贵德的丹霞地貌也不会让人失望。

【非遗体验】

这条线路上的非物质文化遗产很多，有土族纳顿节、撒拉族婚礼、撒拉族谚语、歇后语、尚尤则柔、青海藏族螭鼓舞、撒拉族寺院古建筑技艺。

【土特产】

民和肉牛、旱砂西瓜、循化花椒、循化薄皮核桃、循化线辣椒、尖扎核桃、牛羊头工艺品、贵德辣椒、青海秋子梨、贵德长把梨、贵德蜂蜜、贵德软儿梨。

【行程规划】

> **线路：** 民和—循化—化隆—尖扎—贵德
>
> **总里程：** 290 公里
>
> **推荐时长：** 3 天

DAY1 民和—喇家遗址—孟达天池—尖扎
（行驶里程 170 公里）

从民和出发，沿着川大高速抵达民和县喇家遗址博物馆，这里是一处新石器时代的大型聚落遗址，被称为"东方庞贝"。随后经过大河家镇前往被誉为"青藏高原上的西双版纳"的孟达天池，也是青海省避暑、疗养和旅游胜地。下午沿着黄河经循化抵达尖扎。

➔ **路况：** 全程路况较好，全天一半是高速，一半是旅游公路。

1. 川大高速限速 80 ~ 110 公里 / 小时，隧道限速 80 公里 / 小时。

2. 从喇家遗址到孟达天池经过大河家镇后，会走一段乡道，道路较窄，路过村庄

△ 青海贵德风光

请谨慎驾驶。

3. 孟达天池景区至循化县城为清大线，货车较多，注意保持车距。

4. 循化到尖扎为循隆高速，限速 80 ~ 100 公里 / 小时，切勿超速。

❯ 沿途特色景区

喇家遗址——位于青海省民和县的喇家遗址素有"东方庞贝"之称，是迄今为止发现的我国唯一一处大型灾难遗址。

孟达天池——孟达天池面积约 300 亩，池水清澈碧澄与蓝天一色，群峰倒影，随波微动。湖中水鸟飞翔，鱼儿舒然游动。是青海省避暑、疗养的旅游胜地。

❯ 全国乡村旅游重点村（或全国乡村旅游扶贫重点村）

★**西沟乡官地村**——位于民和县城南 50 公里处，旱砂西瓜是当地特产，所产的西瓜具有含糖量高、瓤色鲜红、质地脆沙、口感好、清热解暑等特点。

★**积石镇大别列村**——位于循环县街子工业区，紧邻黄河，该地特产花椒、薄皮核桃。

❯ 旅行锦囊

加油站：

1. 民和县城有多处中国石油、中国石化加油站。

大河家场镇有中国石油加油站。

2. 循化县城均有中国石油、中国石化加油站。

3. 尖扎县有中国石油、中国油联加油站。

4. 以上均有有 92#、95# 汽油以及 0# 号柴油供应。

❯ 餐饮推荐

民和：手抓羊肉、牛肉面。

大河家镇：大盘鸡、柴火鸡。

循化：羊肉面片、土豆搅袋、白条手抓。

尖扎：青海土火锅。

DAY2 尖扎—李家峡水库—坎布拉—贵德
（行驶里程 120 公里）

早餐后经过李坎公路前往李家峡水库，游览李家峡水库最好是坐游艇，在南宗沟门口有游艇码头，可乘坐往返李家峡北岸码头。需要注意的是，李家峡水库只有在每年五一至十一期间开放，其他时间只能远远观望，之后前往坎布拉国家森林公园，坎布拉丹霞地貌多以奇峰、方山、洞穴、峭壁为其主要地貌特征。之后前往贵德。

❯ 路况：全程路况都是景区旅游公路，为三级路面。

1. 尖扎县城至坎布拉镇为李坎公路，道路较好，限速 40 ~ 60 公里 / 小时，沿途经过村庄请慢行。

2. 坎布拉镇至贵德为盘山道路，弯道较

△ 贵德

△ 孟达天池

△ 坎布拉

多，限速 30 ～ 50 公里 / 小时，请控制车速、保持车距。

> **沿途特色景区**

李家峡水库——李家峡水库是黄河上游最大的水库之一，在坎布拉森林公园旁边。这里由于是黄河上游，水质清澈，周围绿化很好，天气好的时候可以坐船一游。

坎布拉国家森林公园——坎布拉是典型的丹霞地貌，沿着南宗沟前进，两旁是高耸的赤峰和风蚀残丘。在山林间有茂密的树林，每到秋天树叶金黄时，山水树叶相间最为美丽。

> **全国乡村旅游重点村（或全国乡村旅游扶贫重点村）**

★ **尖扎县尖藏村**——地处坎布拉国家森林公园，空气清新，景色优美。

★ **尖扎县直岗拉卡村**——紧邻黄河，两岸古树花香，有藏式餐饮、休闲度假村。

> **旅行锦囊**

加油站：

1. 尖扎县城：有中国石油、中国油联加油站。

2. 坎布拉镇：李家峡加油站（私人）。

3. 贵德：有多处中国石油、中国石化加油站及多处私有加油站。

以上有 92#、95# 汽油以及 0# 号柴油供应。

> **餐饮推荐**

坎布拉镇：藏餐、清真餐。

贵德：烤羊肉、柴火鸡、牛肉面。

DAY3 **贵德—青海贵德黄河清国家湿地公园**

从贵德县城出发向西宁方向，不多远就到了青海贵德黄河清国家湿地公园，"天下黄河贵德清"在这里得到充分体现。游玩完毕后可以前往西宁。途中可经过塔尔寺、阿什贡国家地质公园等地。

> **沿途特色景区**

青海贵德黄河清国家湿地公园——天下黄河贵德清，这里尽显高原上的"碧水丹山"奇观。

> **全国乡村旅游重点村（或全国乡村旅游扶贫重点村）**

★ **河西乡多哇村**——紧邻黄河边，这里有文昌宫、黄河奇石苑、水车广场等景点。

★ **河东乡阿什贡村**——著名的阿什贡国家地质公园就坐落在这里，丹霞地貌在这里呈现出壮美的画面。

> **旅行锦囊**

加油站：贵德有多处中国石油、中国石化加油站及多处私有加油站。均有 92#、95# 汽油以及 0# 号柴油供应。

> **餐饮推荐**

贵德：烤羊肉、柴火鸡、牛肉面。

△ 贵德

△ 李家峡水库

No.36 追寻天空之境，看金银滩草原

观赏"天空之境"的茶卡盐湖，驰骋金银滩草原

【手绘线路图】

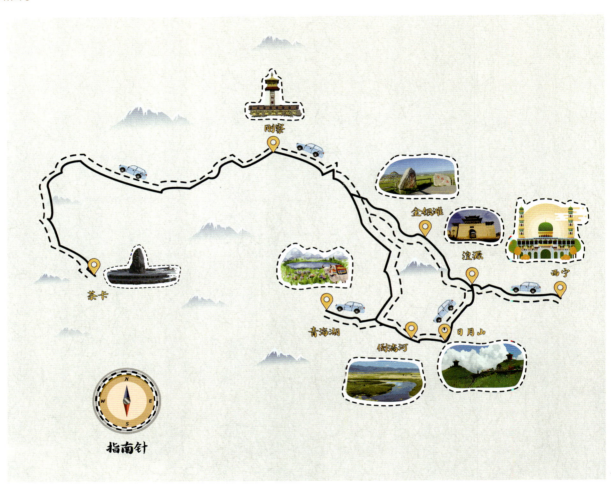

指南针

【线路概况】

这条线路从西宁出发，前往天空之境的茶卡盐湖，再去到金银滩草原，浮云般的羊群，棕黑相间的牦牛，星星点点地徜徉在青草和野花丛中。穿着藏服的藏族人，骑着骏马悠然地在草原上缓缓而来。远处，山峦起伏，偶有雄鹰飞过的身影，莲花般的蒙古包散落在白云深处。

【非遗体验】

这条线路上的非物质文化遗产很多，有青海湖"祭海"、土族"安召舞"、黄南藏戏、藏族"螭鼓舞"。

【土特产】

青稞酒、青海冬虫夏草、刚察黄蘑菇、刚察牦牛、湟源陈醋。

【行程规划】

线路： 西宁—湟源—青海湖—金银滩原子城—刚察—茶卡

总里程： 515公里

推荐时长： 3天

DAY1 西宁—日月山—青海湖
（行驶里程150公里）

从西宁出发经过湟源县翻日月山，日月

山曾经是会盟、和亲、战争以及"茶盐""茶马"互市等众多历史事件的见证。随后穿过倒淌河抵达青海湖，传说唐蕃联姻，文成公主远嫁吐蕃王松赞干布，途中公主思念起家乡，便拿出日月宝镜，果然看见了久违的家乡长安。她泪如泉涌。然而，公主突然记起了自己的使命，便毅然决然地将日月宝镜扔了出去，没想到那宝镜落地时闪出一道金光，变成了青海湖。

▶ **路况：** 全程路况较好，一半京藏高速，一半是国道109，都为一级路面。西宁前往青海湖车流量大，尤其货车居多，在进入隧道及开到上山道路时请保持足够的车距。

△ 茶卡盐湖

▶ 海拔情况

青海湖：3196 米。

▶ 沿途特色景区

日月山——日月山自古就是历史上"羌中道""丝绸南路""唐蕃古道"的重要通道。

青海湖——蒙古语名为"库库诺尔"，是中国最大的内陆湖。

倒淌河景区——发源于日月山西侧，是一条依靠雪融水和雨水的季节河，青海湖水系中最小的一支。

▶ 全国乡村旅游重点村（或全国乡村旅游扶贫重点村）

★**湟源县董家庄村**——位于湟源县城城南，紧邻赞普林卡、石刻公园等景点。

★**哈城村**——位于京藏高速三岔口，是西宁、青海湖、贵德的道路的重要节点。紧邻日月山，高原风光从这里延伸至青海湖。

▶ 旅行锦囊

加油站：沿途均有加油站，建议在倒淌河镇之前给爱车补满燃油。

▶ 餐饮推荐

白条手抓、羊羔肉、牛肉面、面片、血肠、烤羊。

DAY2　青海湖—金银滩原子城
（行驶里程 90 公里）

早餐后出发，经过刚察县，前往我国第一颗原子弹和第一颗氢弹研制成功的地方——西海镇，又称"原子城"，游览现在还完好无损地保存着被称为"亚洲第一坑"的填埋坑和爆破实验场等遗迹。还有金银滩草原，这里草原牧草肥美、牛羊肥壮，人们以金银遍地来形容这片美丽而富饶的土地，故得名"金银滩"。

▶ 路况：全程路况较好，大部分是高速，国道为一级路面。

▶ 海拔情况

金银滩草原：3200 米。

▶ 沿途特色景区

原子城——我国建设的第一个核武器研制基地，老一辈科技工作者在这里成功研制出中国第一颗原子弹和第一颗氢弹。

藏家风情苑——世界名曲《在那遥远的地方》的诞生地。

▶ 全国乡村旅游重点村（或全国乡村旅游扶贫重点村）

★**伊克乌兰乡亚秀村**——蒙语意为"红色的河"，曾举办过第四届"民族团结杯"场地赛马会。

▶ 旅行锦囊

加油站：行驶里程较短，请提前为爱车加满油。

▶ 餐饮推荐

羊杂碎、爆焖羊羔肉。

DAY3　金银滩原子城—茶卡
（行驶里程 275 公里）

早餐后前往茶卡网红旅游打卡胜地，这里位于海西州乌兰县茶卡镇茶卡盐湖的东部区域的青海"天空壹号"景区。景区以盐为主题、盐花为形状，为景区增添了别样的风情，可通过栈道观赏盐湖湿地景色。

▶ 海拔情况

茶卡盐湖：3100 米。

温馨提示：藏族聚居区紫外线强烈，需要注意防晒。

▶ 沿途特色景区

茶卡盐湖——茶卡盐湖是柴达木盆地有名的天然结晶盐湖。

▶ 全国乡村旅游重点村（或全国乡村旅游扶贫重点村）

★**茶卡镇茶卡村**——著名的茶卡盐湖景区和茶卡天空壹号景区坐落在村庄里。

★**希里沟镇西庄村**——位于乌兰县城南，紧邻希里沟湖。

▶ 餐饮推荐

清真美食、牛肉干。

△ 青海湖

△ 卓尔山

No.37 世界屋脊探险之旅

探险世界屋脊，打卡青藏高原

【手绘线路图】

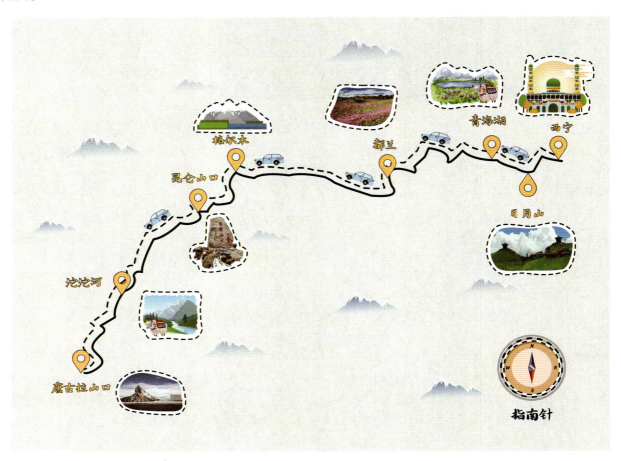

【线路概况】

这条线路由西宁一路向西，沿 G6 京藏高速，全程经过湟源县、共和县抵达黑马河。沿路路况较好，风景优美，有历史上的丝绸之路、唐蕃古道、茶马古道的必经之地日月山，中国最大的内陆湖青海湖，还有青海湖日出最美观景点黑马河。一路上会有草原、花海、湖泊、高山等景观让你应接不暇。最后还会去到我国第一颗原子弹和第一颗氢弹研制成功的地方海西镇，又名原子城。一路向西可以看高原精灵藏羚羊，感受青藏高原的荒凉与神奇。

【非遗体验】

这条线路上的非物质文化遗产很多，海西蒙古族婚礼、海西蒙古族剪发礼、青海平弦、海西蒙古族那达慕、海西蒙古族祭敖包、曲子戏（敦煌曲子戏、华亭曲子戏）、哈萨克族阿依特斯、夜光杯雕、青海湖"祭海"、土族"安召舞"、黄南藏戏、藏族"螭鼓舞"。

【土特产】

青海冬虫夏草、湟源陈醋、沙棘茶、青稞酒、青海老酸奶。

【行程规划】

线路： 西宁—日月山—青海湖—都兰—格尔木—昆仑山口—沱沱河—唐古拉山口

总里程： 1700 公里

推荐时长： 5 天

DAY1　西宁—青海湖
（行驶里程 150 公里）

从西宁出发经过湟源县翻日月山，经倒淌河抵达青海湖。因距离西宁 151 公里，这里又被称为 151 基地，景区可自费游玩水上娱乐项目，或沿湖行驶，或租辆自行车骑行青海湖，夜晚天气晴好的条件下，青海湖的星空也很美丽。

路况： 全程路况较好，一半京藏高速，一半是国道 109，为一级路面。

1. 西宁前往青海湖车流量大，尤其货车居多，在进入隧道及行驶上山道路时请保持足够的车距。

2. 西宁至湟源限速 80 ~ 100 公里 / 小时，湟源经过倒淌河镇至青海湖畔限速 40 ~ 70 公里 / 小时，区间测速较多。

△ 茶卡盐湖

温馨提示：青海湖海拔 3196 米，请不要剧烈运动，高原地区不要打开车窗，保持车内温度和气压，预防高原反应。

沿途特色景区

日月山——日月山自古就是历史上"羌中道""丝绸南路""唐蕃古道"的重要通道。日月山不仅有恢宏的历史意义，它还有非常重大的地理意义。它位于我国季风区与非季风区的分界线上，地处黄土高原与青藏高原的叠合区，是青海省内外流域的天然分界线，划分了农耕文明与游牧文明。

青海湖——蒙古语名为"库库诺尔"（意为"青色的湖"）。这里是中国最大的内陆湖。

全国乡村旅游重点村（或全国乡村旅游扶贫重点村）

★ **湟源县董家庄村**——位于湟源县城城南，紧邻赞普林卡、石刻公园等景点。

★ **哈城村**——位于京藏高速三岔口，是西宁、青海湖、贵德的道路的重要节点。紧邻日月山，高原风光从这里延伸至青海湖。

旅行锦囊

加油站：

1. 西宁城区：有多处中国石油、中国石化加油站。

2. 湟源县城：有中国石油、中国石化加油站。

3. 倒淌河镇：中国石油、中国石化加油站各有一处。

4. 青海湖：二郎剑景区附近有一处中国石油加油站。

以上有 92#、95# 汽油以及 0# 号柴油供应。

△ 茶卡盐湖

△ 青海湖

△ 唐古拉山

△ 唐古拉山

建议在倒淌河镇之前给爱车补满燃油。

❯ 餐饮推荐

西宁：青海酿皮、手抓羊肉、青海土火锅、青海老酸奶。

青海湖：羊肠面、尕面片、粉汤。

DAY2 青海湖—茶卡盐湖—德令哈
(行驶里程 350 公里)

早餐后从青海湖出发，前往茶卡。景区以盐为主题、盐花为形状，可通过栈道观赏盐湖湿地景色，下午继续前进抵达"金色世界"德令哈。

❯ 路况：大部分路段为高速，青海湖到茶卡景区小部分为国道。

❯ 海拔情况

二郎剑景区：3200 米；茶卡盐湖：3100米；德令哈：2980 米。

温馨提示：如想拍照好看，记得多带颜色鲜艳的衣服，红、白色是永远都不会过时的，选衣服尽量以这两色为主。

❯ 沿途特色景区

二郎剑景区——青海湖的主景区，深入湖内十几公里的一条窄窄的尖形半岛，形状像是一把剑。

黑马河乡——青海湖环湖公路的起点，也是观看青海湖日出的最佳地点之一。

茶卡盐湖——青海四大景之一，被旅行者称为中国"天空之镜"，被国家旅游地理杂志评为"人一生必去的 55 个地方"之一。

❯ 全国乡村旅游重点村（或全国乡村旅游扶贫重点村）

★蓄集乡乌察汗村——是德令哈市唯一的

纯牧业乡，也是蒙古族为主体的民族乡。

★柯鲁柯镇花土村——附近有可鲁克湖—托素湖湿地自然保护区、柴达木梭梭林自然保护区、柏树山、吐蕃墓葬群、可鲁克湖等旅游景点。

❯ 旅行锦囊

加油站：

1. 茶卡服务区有一个加油站。

2. 乌兰服务区北有一个加油站。

❯ 餐饮推荐

德令哈：可鲁克湖中华绒螯蟹、青海冬果梨、炕羊排。

❯ 高原提示

1. 切忌剧烈运动，高原地区温差较大，应及时添加衣物防止感冒。

2. 当天已初步适应高原，建议多次喝水，每次少量饮用。晨起后不建议饮用牛奶。

DAY3 德令哈—翡翠湖—格尔木
(行驶里程 420 公里)

早餐后，驱车经过大柴旦抵达翡翠湖，这里有许多大小不一、颜色不同的湖泊，蓝色的、绿色的、黄色的，在蓝天白云衬托下，格外艳丽。之后沿柳格高速前往格尔木。

❯ 路况：全程均为高速，路面平坦开阔，路况较好。

❯ 海拔情况

翡翠湖：3148 米；可鲁克湖：2817 米；格尔木：2780 米。

温馨提示：

1. 翡翠湖行进线路为原老 215 国道。

2. 翡翠湖暂不适合中巴、大巴进入，且注

意车辆停放不要影响矿区的通行与生产。

3. 建议不要随意下水，以免发生意外。

❯ 沿途特色景区

可鲁克湖旅游景区——微咸性淡水湖，蒙古语意为"多草的芨芨滩""水草茂美的地方。"

翡翠湖——属硫酸镁亚型盐湖，是海西州第三大人工湖，由于盐床由淡青、翠绿以及深蓝的湖水辉映交替、晶莹剔透，当地人称之为"翡翠湖"。

❯ 全国乡村旅游重点村（或全国乡村旅游扶贫重点村）

★郭勒木德镇中村——高原乡村，主要盛产枸杞。

★陶生诺尔村——以畜牧业为主的纯牧业村，在这里，牧草连天涯。原野上牛羊成群，炊烟袅袅，牧歌悠悠。

❯ 旅行锦囊

加油站：全程 2 个加油站。

1. 柯鲁克服务区有一个加油站。

2. 怀头他拉服务区有一个加油站。

❯ 餐饮推荐

格尔木：手抓羊肉、烤羊肉、牛杂汤、烤羊腿。

DAY4 格尔木—可可西里—沱沱河
(行驶里程 410 公里)

早上从格尔木出发向南，沿着 109 国道，经纳赤台、西大滩，翻过昆仑山，进入"人类生存禁区"可可西里自然保护区，下午抵达沱沱河。

❯ 路况：全程京拉国道（青藏线），整体比较平稳，有间接性路面起伏，部分路段

△ 唐古拉山

△ 唐古拉山

中间有坑洼现象。

海拔情况

昆仑山：4767 米；可可西里：4600 米；沱沱河：4500 米。

温馨提示：

1. 景区内，不要过分接近野生动物，特别是野牦牛，它们攻击性太强，拍照时也请保持距离。

2. 黄羊和藏羚羊有与汽车赛跑的习惯，需要注意安全，拍照也请保持一定距离，避免惹怒动物。

3. 可可西里环境很脆弱，要注意环保，垃圾不可分解的要带出，可分解的就地掩埋。

沿途特色景区

昆仑山——又称昆仑虚、中国第一神山、万祖之山、昆仑丘或玉山，在中华民族的文化史上具有"万山之祖"的显赫地位，古人称昆仑山为中华"龙脉之祖"。

可可西里自然保护区——21 世纪初世界上原始生态环境保存较好的自然保护区，主要是保护藏羚羊、野牦牛、藏野驴、藏原羚等珍稀野生动物、植物及其栖息环境。

旅行锦囊

加油站：全程 2 个加油站，在南山山口与格尔木玉峰附近。

餐饮推荐

唐古拉镇：手抓羊肉，牦牛肉。

DAY5　**沱沱河—唐古拉山口—沱沱河**
（行驶里程 380 公里）

早上从沱沱河出发一路向南，沿着 109 国道，前往唐古拉山口游览，唐古拉是青海和西藏的分界线，山口处建有纪念碑及标志碑，是沿青藏公路进入西藏的必经之地，并且是长江的发源地。这里是世界上海拔最高的公路。四五月间的高原，江河凝缩成晶莹的冰川，浪花沉默成无言的冰雕，晚上返回沱沱河入住，也可继续往拉萨方向进发。

路况：全程京拉国道（青藏线），整体比较平稳，有间接性路面起伏，部分路段中间有坑洼现象。

海拔情况

唐古拉山口：5200 米；沱沱河：4500 米。

温馨提示：

四五月间的高原，路上常年结冰，车上需要准备防滑链。这一路较为荒凉需要自己准备干粮和水。

沿途特色景区

昆仑山——又称昆仑虚、中国第一神山、万祖之山、昆仑丘或玉山，在中华民族的文化史上具有"万山之祖"的显赫地位，古人称昆仑山为中华"龙脉之祖"。

唐古拉山口——唐古拉山口是青海、西藏两省的天然分界线。山口天气极不稳定，即使是夏天，公路被大雪所封也是常见现象。

旅行锦囊

加油站：全程只有 1 个加油站，在 109 国道，一定要注意将油补满。

餐饮推荐

唐古拉镇：手抓羊肉、牦牛肉。

△ 唐古拉山

No.38 青藏高原东部，共饮三江三水

重走唐蕃古道，探秘文成公主进藏之旅

【手绘线路图】

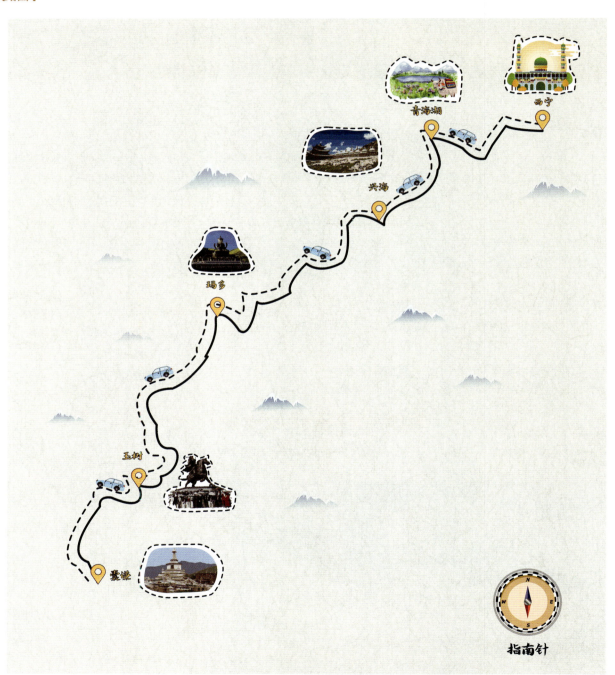

指南针

【线路概况】

这条线路从西宁开始，一路沿着共玉高速、214国道行驶，整个行程从西宁到囊谦，全程经过青海湖、苦海、鄂陵措、扎陵措等，这里是三江源保护区，沿线大大小小的湖泊有3000多个，被誉为湖泊上的公路。从青藏高原的东北部，跨越昆仑山、巴颜喀拉山来到青藏高原的东部囊谦。大约1100公里的里程上，自然风光和人文历史让我们感叹岁月的流逝并没有改变这片土地的容颜，反而更加深邃。高原的美与险，就在这条线上展露无疑。

【非遗体验】

玉树赛马节，从藏族早期史籍和壁画中也可以看到玉树地区的赛马竞技由来已久，赛牦牛也是一项传统活动。

△ 青海湖

【土特产】

雪灵芝、麝香、虫草、牦牛鞭、青海雪莲、奶酪、藏药、香杜鹃、蕨麻、藏菌陈、炉贝母等。

【行程规划】

线路： 西宁—青海湖—兴海—玛多—玉树—囊谦

总里程： 1100公里

推荐时长： 4天

DAY1 **西宁—青海湖—兴海**

从西宁出发经过湟源县翻日月山，经倒淌河抵达青海湖，因距离西宁151公里，这里又被称为151基地，景区可自费游玩水上娱乐项目，之后经共和前往兴海。

路况： 全程路况较好，京藏高速和共玉高速，其余为省道201。

1. 西宁前往青海湖车流量大，尤其货车居多，在进入隧道及上山道路时请保持足够的车距。

2. 西宁到湟源限速80～100公里/小时，湟源经过倒淌河镇至青海湖畔限速40～70公里/小时，区间测速较多。

温馨提示： 青海湖海拔3100米，请不要剧烈运动，高原地区不要打开车窗，保持车内温度和气压预防高原反应。

沿途特色景区

日月山——日月山自古就是历史上"羌中道""丝绸南路""唐蕃古道"的重要通道。日月山不仅有恢宏的历史意义，它还有非常重大的地理意义。它位于我国季风区与非季风区的分界线上，地处黄土高原与青藏高原的叠合区，是青海省内外流域的天然分界线，划分了农耕文明与游牧文明。

△ 日月山

△ 星星海景区

△ 日月山

青海湖——蒙古语名为"库库诺尔"（意为"青色的湖"）。这里是中国最大的内陆湖。

◆ 全国乡村旅游扶贫重点村

★湟中区峡口村——背依云谷川水库，风景秀丽，全力扶持发展特色"农家乐"。

★共和西台村——创新的重点扶持粮油种植村、蔬菜大棚村、牛羊育肥村和奶牛饲养村，可以去购买蔬菜和奶制品。

◆ 旅行锦囊

加油站：

1. 西宁城区：有多处中国石油、中国石化加油站。

2. 湟源县城：有中国石油、中国石化加油站。

3. 倒淌河镇：中国石油、中国石化加油站各有一处。

4. 青海湖：二郎剑景区附近有一处中国石油加油站。

以上有 92#、95# 汽油以及 0# 号柴油供应。不过建议在倒淌河镇之前给爱车补满燃油。

◆ 餐饮推荐

西宁：白条手抓、羊羔肉。

湟源县城：牛肉面、面片。

青海湖：血肠、烤羊。

DAY2 兴海—苦海—玛多
（行驶里程 270 公里）

早上从兴海出发沿共玉高速前行，大约 150 公里到达苦海游览，苦海滩属于碱性土地，一层层白色的碱露出土层，走在上面如同在雪地中行走。继续行驶大约 50 公里，进入花石峡镇，这里是德马高速和共玉高速的交会点。下午前往玛多县休息。

◆ 路况：全程共玉高速，有部分景区道路。

路面平整，全程高速双向四车道，限速 100 公里 / 小时。

秋冬季节路面会有结冰现象。

◆ 海拔情况

兴海县：3300 米；苦海：4200 米；玛多：4300 米。

◆ 温馨提示：在高原行驶的时候尽量不要打开车窗，保持车内温度和气压预防高原反应。

◆ 沿途特色景区

苦海——名为海，实为湖。唐代称"烈谟海"，当地人称"豆措"。海南面的雪山叫"莫格让"，在当地人心目中是一座神山。

三江源玛多国家公园——是万里黄河流经的第一县，素有"黄河之源，千湖之县"的美称。玛多生态地位突出，是青藏高原的重要生态屏障。

◆ 全国乡村旅游扶贫重点村

★团结村——大力培育科学种植、黄河奇石、蔬菜种植、餐饮业和劳务输出五大产业，进一步调整优化产业结构。

★龙曲村——一个纯牧业村，党员群众认真贯彻执行农牧区的各项方针政策，抓组织、搞建设、谋发展，全村经济得到了较快发展。

◆ 旅行锦囊

加油站：

兴海县：中石油和中石化提供 95#、92# 汽油及柴油。

1. 中石油五道河停车区加油站提供 95#、92# 汽油及柴油。

2. 中石油温泉服务区加油站提供 95#、92# 汽油及柴油。

3. 中石油花石峡停车区加油站提供 92# 汽油及柴油。

4. 玛多中石油加油站提供 92# 汽油及柴油。

◆ 餐饮推荐

兴海：牦牛肉、手抓羊肉、糌粑。

DAY3 玛多—星星海—玉树
（行驶里程 330 公里）

早餐后沿共玉高速前往星星海景区，这里是淡水湖，湖水碧清，环湖绿草如茵，湖水都从北面流入黄河。沿途多个地方为三江源保护区，下午翻越巴颜喀拉山，晚抵达玉树。

◆ 路况：全程高速路面。

◆ 海拔情况

玛多：3300 米；星星海景区：3500 米；玉树：4400 米。

◆ 温馨提示：

1. 共玉高速限速 100 公里 / 小时，切记弯道处不要超车。

2. 路途大货车可能比较多，切记不要跟车和超车。

◆ 沿途特色景区：

鄂陵湖——是青藏高原上一个大型微咸水湖，重要的是渔业，也是鸬鹚、雁鸭类（包括斑头雁和赤麻鸭）和鸥类（棕头鸥和渔鸥）的重要繁殖地。

巴彦喀拉山——旧称巴颜喀喇山。巴颜喀拉（喇）在蒙古语的意思是"富饶青（黑）色的山"。藏语叫"职权玛尼木占木松"，即祖山的意思。

◆ 全国乡村旅游扶贫重点村

★扎陵湖乡擦泽村——平均海拔在 4000 米以上，自然资源丰富，草场除湖泊沿岸水

△ 青海湖

草茂盛的地带外，大多为高山草甸型牧场。

★**扎陵湖乡尕泽村**——三江源国家级自然保护区核心腹地，也是母亲河黄河的发源地，多以放牧为生。

> **旅行锦囊**

加油站：玛多、玉树均有中石油加油站。

> **餐饮推荐**

玉树：肋巴、牦牛酸奶、酥油茶、牦牛肉干。

> **高原提示**

当天睡眠可能不会很好，建议靠在床上盖好被子睡觉，比躺下睡得更舒服。

DAY4　**玉树—囊谦**
（行驶里程 180 公里）

早餐后上西景线（西宁—景洪），也就是国道 214，抵达本次旅行的终点囊谦。

> **路况：** 全程 214 国道，国家二级公路干线。

1. 整个路段区间测速较多，路面微有起伏，但并不明显。

2. 往来两边货车较多，注意避让。

> **海拔情况**

囊谦：3660 米。

温馨提示： 在翻越垭口的时候尽量不要打开车窗，保持车内温度和气压预防高原反应。

> **全国乡村旅游扶贫重点村**

★**吉曲乡瓦卡村**——位于海拔 4000 多米的青藏高原东部草原，当地以放牧为生。

★**觉拉乡卡永尼村**——积极推进各项强农惠农富农政策的落实，提高农技化水平，引导当地群众转变生产方式，切实解决农业生产方面存在的实际困难。

> **旅行锦囊**

加油站：玉树、囊谦有中石油加油站。

> **餐饮推荐**

囊谦：糌粑、青稞酒、酥酪糕。

△ 三江源保护区美景

No.39 柴达木盆地探险之旅

穿越柴达木，探险大西北

【手绘线路图】

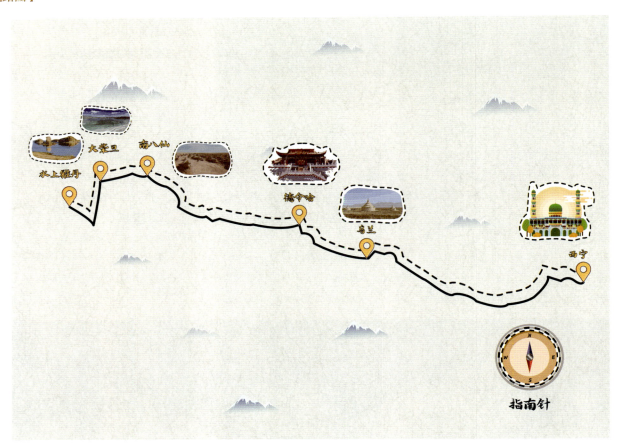

水上雅丹　大柴旦　南八仙　德令哈　乌兰　西宁　指南针

【线路概况】

这条线路由西宁一路向西，沿 G6 京藏高速行驶，沿路路况较好。途中经过黑马河，茶马古道的必经之地日月山、中国最大的内陆湖青海湖、网红盐湖翡翠湖、中国的玻利维亚茶卡盐湖和水上雅丹等特殊地形风景，一路感受大西北的荒凉与神奇，感叹大自然的鬼斧神工。

【非遗体验】

这条线路上的非物质文化遗产很多，例如海西蒙古族婚礼、海西蒙古族剪发礼、青海平弦等。

【土特产】

青海冬虫夏草、湟源陈醋、沙棘茶、青稞酒、青海老酸奶等。

【行程规划】

> 线路：西宁—青海湖—乌兰—德令哈—水上雅丹—南八仙魔鬼城—大柴旦
> 总里程：1200 公里
> 推荐时长：4 天

DAY1　西宁—青海湖
（行驶里程 150 公里）

从西宁出发经过湟源县翻日月山，经倒淌河抵达青海湖二郎剑景区，因距离西宁 151 公里，这里又被称为 151 基地。景区可自费游玩水上娱乐项目，或者沿湖行

驶，或租辆自行车骑行青海湖，夜晚天气晴好的条件下，青海湖的星空也很美丽。

> 路况：全程路况较好，一半京藏高速，一半是国道 109，为一级路面。

1. 西宁前往青海湖车流量大，尤其货车居多，在进入隧道及上山道路时请保持足够的车距。

2. 西宁至湟源限速 80 ～ 100 公里 / 小时，湟源经过倒淌河镇至青海湖畔限速 40 ～ 70 公里 / 小时，区间测速较多。

温馨提示： 青海湖海拔 3100 米，请不要剧烈运动，高原地区不要打开车窗，保持车内温度和气压，预防高反。

> **沿途特色景区**

青海湖——蒙古语名为"库库诺尔"（意为"青色的湖"）。这里是中国最大的内陆湖。

△ 水上雅丹

二郎剑景区——青海湖的主景区，深入湖内十几公里的一条窄窄的尖形半岛，形状像是一把剑。

全国乡村旅游重点村（或全国乡村旅游扶贫重点村）

★**湟源县董家庄村**——位于湟源县城城南，紧邻赞普林卡、石刻公园等景点。

★**哈城村**——位于京藏高速三岔口，是西宁、青海湖、贵德的道路的重要节点。紧邻日月山，高原风光从这里延伸至青海湖。

旅行锦囊

加油站：

1. 西宁城区：有多处中国石油、中国石化加油站

2. 湟源县城：有中国石油、中国石化加油站

3. 倒淌河镇：中国石油、中国石化加油站各有一处

4. 青海湖：二郎剑景区附近有一处中国石油加油站

以上有 92#、95# 汽油以及 0# 号柴油供应，建议在倒淌河镇之前给爱车补满燃油。

餐饮推荐

西宁：青海酿皮、手抓羊肉、青海土火锅、青海老酸奶。

青海湖：羊肠面、尕面片、粉汤。

DAY2 **青海湖—乌兰—茶卡盐湖—德令哈**
（行驶里程 350 公里）

早餐后从青海湖出发，前往茶卡网红旅游打卡胜地，位于海西州乌兰县茶卡镇茶卡盐湖的东部区域的青海"天空壹号"景区。景区以盐为主题、盐花为形状，为景区增添了别样的风情，可通过栈道观赏盐湖湿地景色。下午继续前进抵达"金色世界"德令哈。

路况： 大部分路段为高速，青海湖到茶卡景区小部分为国道。

海拔情况

茶卡盐湖 3100 米；德令哈 2980 米。

△ 柴达木盆地

△ 柴达木盆地

△ 翡翠湖

温馨提示： 如想拍照好看，记得多带颜色鲜艳的衣服，红、白色是永远都不会过时的，选衣服尽量以这两色为主。

> **沿途特色景区**

茶卡盐湖——青海四大景之一，被旅行者称为中国"天空之镜"，被《中国旅游地理》杂志评为"人一生必去的55个地方"之一。

> **全国乡村旅游重点村（或全国乡村旅游扶贫重点村）**

★**蓄集乡乌察汗村**——是德令哈市唯一的纯牧业乡，也是蒙古族为主体的民族乡。

★**柯鲁柯镇花土村**——附近有可鲁克湖—托素湖湿地自然保护区、柴达木梭梭林自然保护区、柏树山、吐蕃墓葬群、克鲁克湖等旅游景点。

> **旅行锦囊**

加油站：

1. 茶卡服务区有一个加油站。

2. 乌兰服务区北有一个加油站。

> **餐饮推荐**

德令哈：可鲁克湖中华绒螯蟹。

温馨提示：

1. 当地条件有限可以准备些干粮以备不时之需。光照长，气温年和日变化大，降水很少，蒸发旺盛。夏季炎热，但酷暑期短；冬无严寒，但低温期长；春夏多大风、沙暴、浮尘天气。在途中一定要多喝水以补充体内水分，带好防晒物品如遮阳帽、伞、太阳镜、防晒霜等。

2. 旅游行程长，温差大，水质也较硬，一时难以适应，可能会出现水土不服症状，应携带一些常用药品，如感冒药或治疗腹泻的药物，如泻痢停等。

> **民俗习惯**

1. 在少数民族聚集区尽量表现得友好些，如果不确定要买的东西不要去砍价。

2. 在清真餐厅就餐，禁止吸烟饮酒，禁带猪肉类的熟食，更不要公开大声谈论有关猪的话题，以免造成不必要的误会。

3. 想对少数民族拍照，一定要先征得他们同意。

△ 315国道

△ 茫崖翡翠湖

DAY3 **德令哈—翡翠湖—水上雅丹**
（行驶里程 450 公里）

早餐后，驱车经过大柴旦抵达翡翠湖，这里有许多大小不一、颜色不同的湖泊，蓝色的、绿色的、黄色的，在蓝天白云衬托下，格外艳丽。继续出发前往水上雅丹，这是历经千万年的地质运动和时空苍变，孕育和形成一片世界面积最大、最为壮观的雅丹群落，雅丹遍布于湖泊之中，是发现的世界上最早的一处水上雅丹景观。

❯ **路况：** 全程均为高速，路面平坦开阔，路况较好。

❯ **海拔情况**

翡翠湖：3148 米；可鲁克湖：2817 米；格尔木：2780 米。

❯ **温馨提示：**

1. 车辆检修好（夏季车辆轮胎要充氮气），车辆一旦发生故障，道路救援需要很长的时间才能到达，且维修费用昂贵。

2. 注意控制车速，特别注意坡陡弯急的视线盲点。

3. 让车、超车、会车时不要太靠路边，防止路基松软卡陷车轮造成事故。

4. 当天行车时间较长，在途中一定要多喝水以补充体内水分，带好防晒物品如遮阳帽、伞、太阳镜、防晒霜等。

❯ **沿途特色景区**

翡翠湖——属硫酸镁亚型盐湖，是海西州第三大人工湖，盐床由淡青、翠绿以及深蓝的湖水辉映交替、晶莹剔透，当地人称之为"翡翠湖"。

水上雅丹——由于亿万年的地质变迁，因褶皱而隆起和因断裂破碎的裸露第三级地层在外因力的长期作用下，吹蚀一部分地表物质形成的多种残丘和槽形低地。

❯ **全国乡村旅游重点村（或全国乡村旅游扶贫重点村）**

★**郭勒木德镇中村**——高原乡村，主要盛产枸杞。

★**陶生诺尔村**——以畜牧业为主的纯牧业村，在这里，牧草连天涯。原野上牛羊成群，炊烟袅袅，牧歌悠悠。

❯ **旅行锦囊**

加油站：

1. 全程加油站较少建议提前准备燃油添加剂。

2. 柯鲁克服务区有一个加油站。

3. 怀头他拉服务区有一个加油站。

❯ **餐饮推荐**

水上雅丹：手抓羊肉、面条，条件较差，建议自备一些速食便餐，如自热火锅、自热米饭等。

DAY4 **水上雅丹—南八仙魔鬼城—大柴旦**
（行驶里程 250 公里）

早餐后，驱车经过大柴旦抵达南八仙魔鬼城，凸起的沙堆从远处看像浮在一层水汽上。当傍晚来临，夕阳照在这些沙堆上，色彩、阴影、光线一切看起来都是流动的，在这片魔鬼城的深处有一片湖泊，在此可以看见绝无仅有、如梦似幻的水上雅丹。晚上依然返回大柴旦入住，可选择入住星空营地。

❯ **路况：** 全程省道加高速，路面平坦开阔，路况较好。

❯ **海拔情况**

水上雅丹：3000 米；大柴旦：3400 米；南八仙魔鬼城：3700 米。

❯ **温馨提示：**

1. 让车、超车、会车时不要太靠路边，防止路基松软卡陷车轮造成事故。

2. 当天行车时间较长，在途中一定要多喝水以补充体内水分，带好防晒物品如遮阳帽、伞、太阳镜、防晒霜等。

❯ **沿途特色景区**

南八仙魔鬼城——中国面积最大的雅丹地貌，也是大柴旦最值得去的地方。

❯ **旅行锦囊**

加油站：全程加油站较少需要及时补油，建议准备些燃油添加剂。

❯ **餐饮推荐**

水上雅丹：手抓羊肉。

No.40 梦幻青海，挺进黑马河

寻觅最美日出，遇见梦幻青海湖

【手绘线路图】

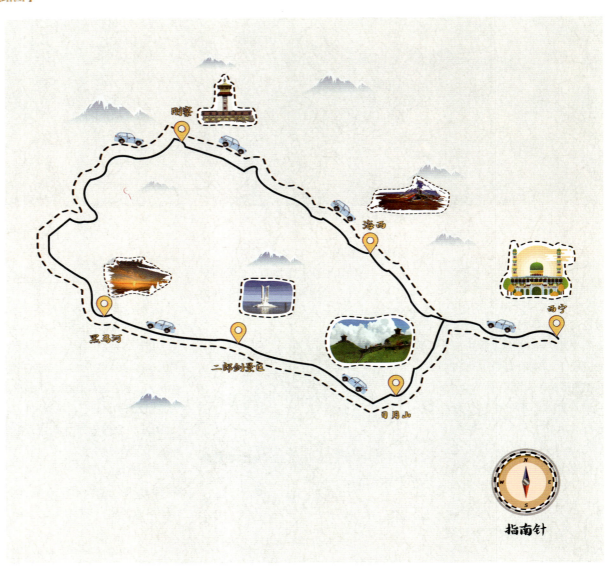

【线路概况】

这条线路由西宁一路向西，沿 G6 京藏高速开始，全程经过湟源县、共和县抵达黑马河，沿路路况较好，风景优美，有历史上的丝绸之路、唐蕃古道、茶马古道的必经之地日月山、中国最大的内陆湖青海湖，还有青海湖日出最美观景点黑马河，一路上会有草原、花海、湖泊、高山等景观让你应接不暇，最后还会去到我国第一颗原子弹和第一颗氢弹研制成功的地方海西镇，又名原子城，游览现在还完好无损

地保存着被称为"亚洲第一坑"的填埋坑和爆破实验场等遗迹。这条线路在西北环线中不算长，却集合了西北地区特有的美，不愧为一条经典线路。

【非遗体验】

青海湖"祭海"、土族"安召舞"、黄南藏戏、藏族"螭鼓舞"。

【土特产】

青稞酒、青海冬虫夏草、刚察黄蘑菇、刚察牦牛、湟源陈醋。

【行程规划】

线路： 西宁—日月山—青海湖二郎山景区—黑马河—刚察—原子城—西宁

总里程： 530 公里

推荐时长： 2 天

DAY1 西宁—日月山—青海湖二郎山景区—黑马河
（行驶里程 220 公里）

早晨驱车上 G6 京藏高速，前往日月山游

△ 黑马河日落

览，随后继续沿着 G6 一路西行，进入青海湖的主景区青海湖二郎山景区，这里可游玩水上娱乐项目，或者沿湖行驶，或租辆自行车骑行青海湖，傍晚抵达黑马河，欣赏黑马河日落。

◆ **路况：** 全程路况较好，有部分高速和部分国道。

1. 从湟源开始有多个区间限速。

2. 过 151 基地后往黑马河方向限速 70。

海拔情况

西宁：2261 米；日月山：4877 米；青海湖：3196 米；黑马河：3200 米。

温馨提示： 青海湖地处高原的西北部，属于高原地带，可能会产生轻微高原反应，切记不可剧烈运动，多喝水，好好休息。

◆ **沿途特色景区**

日月山 ——古代"羌中道""丝绸南路""唐蕃古道"之重要通道，又是中国季风气候分界线。

倒淌河景区 ——发源于日月山西侧，是一条依靠雪融水和雨水的季节河，青海湖水系中最小的一支。

二郎剑景区 ——青海湖的主景区，深入湖内十几公里的一条窄窄的尖形半岛，形状像是一把剑。

黑马河乡 ——青海湖环湖公路的起点，也是观看青海湖日出的最佳地点之一。

◆ **全国乡村旅游扶贫重点村**

★**曲布滩村** ——青稞原种的繁育基地，种植出来的青稞畅销全国。

★**龙羊峡镇龙才村** ——平均海拔 2700 米，有丰富的乡野园林资源、地热温泉资源、野生鱼类资源、丹霞土林资源等。

◆ **旅行锦囊**

加油站：湟源、倒淌河、青海湖、黑马乡均有数家加油站。

◆ **餐饮推荐**

西宁：青海酿皮、手抓羊肉、青海土火锅、青海老酸奶。

湟源：甜醅、小花卷、萝卜盒。

黑马河：炕锅羊肉。

◆ **DAY2** **黑马河—刚察—原子城—西宁**
（行驶里程 310 公里）

早起在经幡摇曳中观看黑马河日出，之后沿环湖西路前行，经过刚察县，前往我国第一颗原子弹和第一颗氢弹研制成功的地方，西海镇又称"原子城"，游览现在还完好无损地保存着被称为"亚洲第一坑"

的填埋坑和爆破实验场等遗迹，随后驱车返回西宁。

◆ **路况：** 全程均为柏油路面。

路面平整开阔，区间测速较多。

◆ **海拔情况**

刚察县：3400 米；西海镇：3110 米。

温馨提示：

环湖有相当长的路段需要走国道，国道速度快，需要注意交通安全，特别注意大型卡车，尤其是雨天和夜间。

◆ **沿途特色景区**

青海湖日出观景点 ——青海湖西南部，角度最好，能看到全部的日出景象。

原子城 ——我国建设的第一个核武器研制基地，老一辈科技工作者在这里成功研制出中国第一颗原子弹和第一颗氢弹。

达玉部落景区 ——最大的环青海湖骑行服务驿站，是集特色民族文化体验游、宗教观光、草原休闲、草原露营等为一体的多功能景区。

大黑沟森林公园 ——绿树白桦，丛丛灌木，红花绿草，险峰绝壁，令人流连忘返。

昆仑圣都扎麻隆凤凰山 ——属于东昆仑山余脉，山势犹如一只展翅欲飞的凤凰。

◆ **全国乡村旅游扶贫重点村**

★**甘子河乡俄日村** ——牧场资源丰富，是一个以藏族为主的纯牧业乡。

★**伊克乌兰乡亚秀村** ——蒙语意为"红色的河"，曾举办过第四届"民族团结杯"场地赛马会。

◆ **餐饮推荐**

刚察县：刚察牦牛、刚察藏羊、刚察黄蘑菇。

海西镇：特色坑锅。

△ 日月山

△ 青海湖

No.41 祁连风光，童话世界

驰骋草原，游离森林

【手绘线路图】

指南针

【行程规划】

> 线路：西宁—海晏—祁连—互助—西宁
>
> 总里程：671公里
>
> 推荐时长：3天

DAY1 西宁—海晏—祁连
（行驶里程311公里）

早晨驱车前往海晏，是黄河重要支流——湟水河的发源地，下午到达祁连，北邻古丝绸之路的首要通道甘肃河西走廊，故有青海"北大门"之称。

路况： 全程路况较好，大部分是高速，国道为一级路面。

海拔情况

海晏：3110米；祁连：2113米；牛心山：4667米。

温馨提示： 在翻越垭口的时候尽量不要打开车窗，保持车内温度和气压，预防高原反应。

沿途特色景区

金银潭草原——青海湖北，广袤的金银滩草原，诞生了西部歌王王洛宾的《在那遥远的地方》。

牛心山——藏语称为"阿咪东索"，意为"众山之神""镇山之山"，是位于县东南2公里处的山。其作为祁连的象征，巍峨高耸，一山尽览四季之景。

全国乡村旅游重点村（或全国乡村旅游扶贫重点村）

★黄藏寺村——这里有青稞酒、祁连牦牛、祁连藏羊、祁连藏系羊肉、祁连黄蘑菇等特产。

★边麻村——这里有欧洲萝卜、茄子、南美梨、绿苹果等特产。

旅行锦囊

加油站：沿途加油站较多，中石化、中石油均覆盖。

【线路概况】

这条线路由西宁一路向西北。用一里一幅画、一步一个景来形容再贴切不过。听着熟悉的旋律《在那遥远的地方》驰骋在草原上，到达心灵的最深处，去拥抱大自然，欣赏卓尔山和门源的壮丽景观。

【非遗体验】

这条线路上的非物质文化遗产有《祁连山下》非遗影像，"眉户戏""回族宴席曲""华热民俗"等民族地方特点文化技艺。

【土特产】

雪莲、蚕缀、雪山草、牦牛、犏牛奶、青稞酒、洋芋、卤大肉。

△ 金银潭草原

> **餐饮推荐**

尕面片、拉条、酿皮、锅盔、羔羊肉、羊肠面、酸奶。

DAY2 祁连—互助
（行驶里程 310 公里）

早上驱车前往祁连卓尔山，站在卓尔山顶视野极度开阔，四周没有任何遮拦，山对面是一山尽览四季景色的牛心山，左右两侧分别是拉洞峡和白杨沟风景区，背面是连绵起伏的祁连山，山脚下滔滔八宝河像一条白色的哈达环绕在县城周边。处处美景，宛如仙境，令人心旷神怡。下午去到门源，这里是全国乃至全世界最大的小油菜花的童话世界。

> **路况：** 全程路况都是国道一级路面。

> **海拔情况**

卓尔山：28308 米；门源：2388 米；互助：2530 米。

温馨提示： 在翻越垭口的时候尽量不要打开车窗，保持车内温度和气压，预防高反。

> **沿途特色景区**

卓尔山——祁连山的一条支脉，呈现丘陵状的草原风光，山体裸露的地方都是赤红的砂岩，与碧绿的草原层叠交错，非常漂亮。

门源油菜花——门源县一种美丽而蔚为壮观的人造景观。门源县是北方小油菜发源地，是全国乃至全世界最大的小油菜种植区，种植面积达 50 万亩。

> **全国乡村旅游重点村（或全国乡村旅游扶贫重点村）**

★**东沟乡大庄村**——房屋、草地、树林、山坡相互交错间隔，村子外围是一块块方形的金黄色的油菜花地和墨绿色的小麦或蚕豆地交错相接。同时，大庄村民风淳朴、历史悠久，土族生产生活场景保存较多，村民热情好客，是发展土族民俗旅游和休闲度假的好地方。

★**威远镇白崖村**——土族占总人口的80%，是一个土族聚居村。

> **旅行锦囊**

加油站：沿途加油站较多，中石化、中石油均覆盖。

> **餐饮推荐**

门源青稞、门源奶皮、清蒸牛蹄筋、羊羔盖。

DAY3 互助—西宁
（行驶里程 50 公里）

早上前往北山国家森林公园，徒步锻炼，呼吸新鲜空气，感受来自大自然的馈赠，下午到土族故土园，体验最传统的土族民俗文化。

温馨提示：

1. 高原风光好，但是日照强烈、空气干燥、昼夜温差大。

2. 需要准备遮阳帽、墨镜、防晒衣、单衣、冲锋衣外套和唇膏、面霜。

> **沿途特色景区**

北山国家森林公园——群峰巍峨，山清水秀，天高云淡，空气洁净，高原特色突出，是旅游避暑、疗养度假、科普考察的胜地。

土族故土园——天佑德中国青稞酒之源、彩虹部落土族园、纳顿庄园和西部土族民俗文化村、小庄土族民俗文化村 5 个核心景点，展现了土族绚丽多彩的民俗文化、源远流长的青稞酒文化、弥久沉香的酩馏酒文化、古老纯真的建筑文化、别具一格的民居文化、古朴神秘的宗教文化，是世界上最全面、最纯正、最真实的以"土族文化"为主题，集游览观光、休闲度假、民俗体验、宗教朝觐为一体的综合性旅游景区，成为国内外游客集中了解土族民俗文化的首选之地。

> **全国乡村旅游重点村（或全国乡村旅游扶贫重点村）**

★**朱家庄村**——有菊苣、红苕、苹果、球芽甘蓝、莴苣、黄绿苹果和小芋头等特产。

★**景阳镇土村**——种植玉米和蔬菜，养殖奶牛和肉猪等。

> **旅行锦囊**

加油站：沿途加油站较多，中石化、中石油均覆盖。

> **餐饮推荐**

蜂尔里脊、酥合丸、尕面片、余酿皮、锅盔馍馍、手抓羊肉、杂碎汤、羊肠面、炮仗面。

△ 门源油菜花

△ 门源油菜花

No.42 遇见"非遗"

访历史名城探秘"非遗"

【手绘线路图】

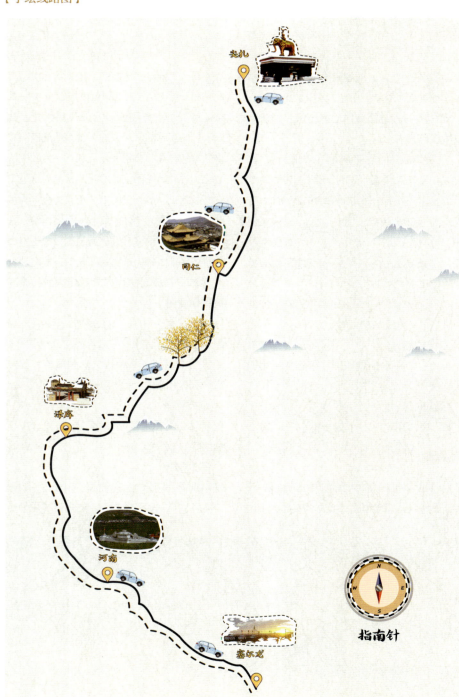

尖扎

同仁

泽库

河南

赛尔龙

指南针

"雪域之舟"的牦牛、闻名遐迩的河曲马，更是这条线路的亮丽的风景线。

【非遗体验】

这条线路上的非物质文化遗产很多，有尖扎的"五谷画"、藏绣。同仁县热贡艺术，主要有唐卡、壁画、堆绣、泥塑、金雕等，还有热贡六月会、黄南藏戏以及其他建筑彩绘、民间歌舞、民族服饰、宗教文化等。

【土特产】

尖扎核桃、牛羊头工艺饰品、青稞、泽库冬虫夏草、西秦艽、高同仁黄果梨。

【行程规划】

> **线路：**尖扎—同仁—河南—赛尔龙
> **总里程：**332公里
> **推荐时长：**3天

DAY1 尖扎—岗拉卡村—依里村—同仁
（行驶里程130公里）

早晨前往坎布拉国家森林公园参观游览，景区非常大，是典型的丹霞地貌，沿着南宗沟前进，两旁是高耸的赤峰和风蚀残丘。在山林间有茂密的树林，下午时分驱车前往同仁入住酒店。

> **路况：**全程路况较好，大部分是高速及省道、国道，还有少数景区公路。前往坎布拉景区的道路均属山路，蜿蜒曲折，起起伏伏，开车注意控制车速，不能占道行驶。

> **海拔情况**
尖扎县城：2063米；同仁县：2495米。

> **温馨提示**
1. 前往卡布拉景区的道路均属山路，蜿蜒曲折，起起伏伏，开车注意控制车速，不能占道行驶。
2. 坎布拉景区分为水陆环游和环湖游两种方式，可以根据自身情况自行选择。

> **沿途特色景区**
坎布拉国家森林公园——景区面积非常大，有佛手指天、擎天一柱、点将台、南宗沟、丹霞十八峰、李家峡水库、南宗尼姑寺、

【线路概况】

这是一条很短的自驾游线路，但丰富程度不可小觑，有秀丽的自然风景，有独特的丹霞地质地貌，有水草丰美的高寒草甸型草场——河曲草原，有非遗传承"热贡艺术"，有三江源的核心保护区，有青海唯一的蒙古族聚居地，还有黄河之水贯穿全线。古老的蒙羊种"欧拉羊"、被誉为

△ 青海洮河源国家湿地公园

阿琼南宗寺、南宗扎寺、天龙八部等众多风格迥异的小景点。

❷ 全国乡村旅游重点村（或全国乡村旅游扶贫重点村）

★ **坎布拉镇直岗拉卡村自然社**——地势平坦，水利设施完备，交通便利，气候条件相对优越，发展核桃、软果等特色农业优势明显。

★ **隆务镇依里村**——地处要塞，交通便利，花团锦簇，风景宜人，主要农产品有茴香、菠菜、木瓜、青豆、芥菜苗。

❷ 旅行锦囊

加油站：

1. 高速服务区有 95#、92# 汽油以及 0# 号柴油供应（大多为中国石化加油站）。

2. 尖扎、同仁市区有 95#、92# 汽油以及 0# 号柴油供应（中国石油、中国石化均有）。

❷ 餐饮推荐

尖扎：青海土火锅、清真餐厅。

同仁：藏餐馆、梦士庄园特色餐厅。

❷ 民俗习惯

1. 小孩的头请勿抚摸。

2. 如要给僧侣拍照请征得对方同意。

3. 如要进入寺庙请确认寺庙转经是顺时针还是逆时针。

DAY2　同仁—泽库
（行驶里程 100 公里）

早餐后参观同仁县"热贡艺术馆"。每年的藏乡民间"六月会"和以唐卡、堆绣、雕塑为主的"热贡艺术"光彩夺目。随后前往"隆务寺"，明帝曾题赐"西域胜境"匾额，悬于经堂门首。随后前往吾屯上寺，寺内还珍藏着释迦牟尼头发，下午时分再驱车前往麦秀林场，这里有青海地区罕见的大面积原始森林，而且可以看到很多受保护的野生动物，种类很多，常见的有褐马鸡、旱獭、较深入地区可见狼等动物。晚上抵达泽库县城入住酒店。

❷ 路况：全程路况为省级路面。

❷ 海拔情况

泽库县城：3655 米。

温馨提示：山路为主，弯多路急，请注意行驶安全。海拔逐渐递增，切勿剧烈运动。

❷ 沿途特色景区

热贡艺术馆——热贡艺术馆主要为宣传热贡艺术。全馆现有展厅五个：唐卡厅、雕刻厅、堆绣厅、沙盘厅和文物厅。

隆务寺——寺中现存明朝御赐释迦牟尼金像等珍贵文物；寺藏佛经上万部，其中以德格版《甘珠尔》《丹珠尔》尤属难得。

吾屯上寺——该寺处于"热贡艺术"的发源地，僧人大多擅长绘画、泥塑、雕刻，而且那里的老艺人热心授徒，故被称为"热贡艺术学校"。

麦秀林场——山峰连绵起伏，蕴藏大片原始森林，万木峥嵘，风光秀丽，据说不同季节会呈现出不一样的颜色，如同上帝打翻了调色板。

❷ 全国乡村旅游重点村（或全国乡村旅游扶贫重点村）

★ **麦秀镇龙藏村**——龙藏村位于麦秀林区，拥有得天独厚的旅游资源。

★ **麦秀镇多龙村**——风景优美，还成立了有机生态畜产品开发专业合作社。

❷ 旅行锦囊

加油站：泽库县城里有 95#、92# 汽油以及 0# 号柴油供应（中国石油）。

DAY3　泽库—河南—赛尔龙
（行驶里程 102 公里）

早餐后驾车前往青海湖河南蒙古族自治县的赛尔龙乡，参观青海洮河源国家湿地公园，洮河为黄河一级支流，发源于境内东南部李恰如山与莫尔藏阿米山之间的代富桑沟，湿地公园内以高山草甸、沼泽植被为主。人烟稀少，风景优美！游览完毕后开始返程。

❷ 路况：全程路况为省道。

❷ 海拔情况

河南县城：3527 米。

❷ 沿途特色景区

青海洮河源国家湿地公园——青藏高原高寒湿地生态系统的典型代表。

❷ 全国乡村旅游重点村（或全国乡村旅游扶贫重点村）

★ **多特村**——大力发展畜产品加工。如牛、羊皮加工、奶制品、牛羊毛加工、销售。

❷ 餐饮推荐

河南县：川菜、西北美食。

△ 热贡艺术壁画

△ 热贡艺术——坛城

No.43 探秘丝绸之路

重走河西走廊

【手绘线路图】

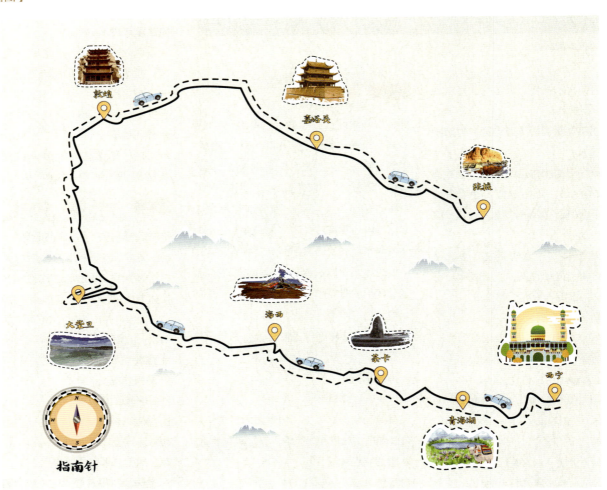

【线路概况】

从西宁出发先走一部分文成公主进藏线路抵达青海湖,之后前往天空之境的茶卡盐湖,从德令哈到敦煌的路途比较远,不过好在有翡翠湖这样的美景点缀,而敦煌有充足的时间去探秘莫高窟,在鸣沙山月牙泉骑骆驼、玩沙滩摩托也是很爽的一件事,在打卡丝绸之路重镇嘉峪关和拍摄众多电影、电视剧的张掖丹霞地貌后,丝绸之路环线自驾也完美地抵达西宁。

【非遗体验】

这条线路上的非物质文化遗产很多,海西蒙古族婚礼、海西蒙古族剪发礼、青海平弦、海西蒙古族那达慕、海西蒙古族祭敖包、曲子戏(敦煌曲子戏、华亭曲子戏)、哈萨克族阿依特斯、夜光杯雕。

【土特产】

青海冬虫夏草、湟源陈醋、沙棘茶、青稞酒、青海老酸奶、瓜州蜜瓜。

【行程规划】

线路: 西宁—青海湖—茶卡—海西—大柴旦—敦煌—嘉峪关—张掖—西宁
总里程: 2010 公里
推荐时长: 6 天

DAY1 **西宁—青海湖**
（行驶里程 150 公里）

从西宁出发经过湟源县翻日月山,经倒淌河抵达青海湖,因距离西宁 151 公里,这里又被称为 151 基地,景区可自费游玩水上娱乐项目,或者沿湖行驶,或租辆自行车骑行青海湖,夜晚天气晴好的条件下,青海湖的星空也很美丽。

▶ **路况:** 全程路况较好,一半京藏高速,一半是国道 109,都为一级路面。

1. 西宁前往青海湖车流量大,尤其货车居多,在进入隧道及上山道路时请保持足够的车距。

2. 西宁到湟源限速 80 ~ 100 公里 / 小时,湟源经过倒淌河镇至青海湖畔限速 40 ~ 70 公里 / 小时,区间测速较多。

△ 茶卡盐湖

温馨提示： 青海湖海拔 3100 米，请不要剧烈运动，高原地区不要打开车窗，保持车内温度和气压，预防高原反应。

> **沿途特色景区**

日月山——日月山自古就是历史上"羌中道""丝绸南路""唐蕃古道"的重要通道。日月山不仅有恢宏的历史意义，它还有非常重大的地理意义。它位于我国季风区与非季风区的分界线上，地处黄土高原与青藏高原的叠合区，是青海省内外流域的天然分界线，划分了农耕文明与游牧文明。

青海湖——蒙古语名为"库库诺尔"（意为"青色的湖"）。这里是中国最大的内陆湖。

> **全国乡村旅游重点村（或全国乡村旅游扶贫重点村）**

★ **湟源县董家庄村**——位于湟源县城城南，紧邻赞普林卡、石刻公园等景点。

★ **哈城村**——位于京藏高速三岔口，是西宁、青海湖、贵德的道路的重要节点。紧邻日月山，高原风光从这里延伸至青海湖。

> **旅行锦囊**

加油站：

1. 西宁城区：有多处中国石油、中国石化加油站。

2. 湟源县城：有中国石油、中国石化加油站。

3. 倒淌河镇：中国石油、中国石化加油站各有一处。

4. 青海湖：二郎剑景区附近有一处中国石油加油站。

以上有 92#、95# 汽油以及 0# 号柴油供应。建议在倒淌河镇之前给爱车补满燃油。

> **餐饮推荐**

西宁：白条手抓、羊羔肉。

湟源县城：牛肉面、面片。
青海湖：血肠、烤羊。

> **DAY2**　青海湖—茶卡—德令哈
> （行驶里程 340 公里）

从青海湖出发，前往茶卡网红旅游打卡胜地，这里位于海西州乌兰县茶卡镇茶卡盐湖的东部区域的青海"天空壹号"景区。景区以盐为主题、盐花为形状，为景区增添了别样的风情，可通过栈道观赏盐湖湿地景色，之后前往"金色世界"德令哈。

> **路况：** 青海湖至大水桥收费站为国道 109，一级路面。大水桥至茶卡镇、德令哈为高速路。

温馨提示： 7、8 月份及国庆节期间茶卡盐湖游客较多，请自行把控出发时间。

> **沿途特色景区**

茶卡盐湖——茶卡盐湖与塔尔寺、青海湖、孟达天池齐名，是"青海四大景"之一，被旅行者称为中国"天空之镜"，被国家旅游地理杂志评为"人一生必去的 55 个地方"之一。

> **全国乡村旅游重点村（或全国乡村旅游扶贫重点村）**

★ **茶卡镇茶卡村**——著名的茶卡盐湖景区和茶卡天空壹号景区坐落在村庄里。

★ **希里沟镇西庄村**——位于乌兰县城南，紧邻希里沟湖。

> **旅行锦囊**

加油站：

1. 青海湖：二郎剑景区附近有一处中国石油加油站。

2. 茶卡镇：中国石油、中国石化、富海能源加油站各有一处。

△ 茶卡盐湖

△ 敦煌

△ 翡翠湖

△ 张掖

3. 德令哈：市区有多处中国石油、中国石化加油站。

4. 高速路服务区：茶卡服务区、乌兰服务区均有中国石油加油站。

有 92#、95# 汽油以及 0# 号柴油供应（中国石油）。

> **餐饮推荐**

茶卡镇：牛肉面、羊肉泡馍。

德令哈：大棒牛骨头。

茶卡镇盐湖景区游览注意事项：

1. 游玩茶卡盐湖前最好准备湿纸巾，皮肤沾上盐粒或者盐水后要用淡水清洗或用纸巾擦掉，以免对皮肤造成一定的损伤；

2. 这里晴天光线很强，还有湖面的反射，需做好防晒准备，建议准备墨镜保护眼睛；

3. 茶卡盐湖地区海拔约 3000 米，切忌剧烈运动，以免产生高原反应；

4. 由于盐层比较粗糙，赤脚走路时会有些痛，而且湖内深处淤泥较深，所以不建议走得太深。

> **DAY3** 德令哈—翡翠湖—敦煌
> （行驶里程：550公里）

由德令哈出发，经德小高速、柳格高速抵达大柴旦翡翠湖景区，这里有许多大小不

一、颜色不同的湖泊，蓝色的、绿色的、黄色的，在蓝天白云衬托下，格外艳丽。下午抵达敦煌。

> **路况**：全程为高速路，限速 100 ~ 120 公里 / 小时，路面良好。

> **沿途特色景区**

翡翠湖——天地之眼，翡翠之湖。

> **全国乡村旅游重点村（或全国乡村旅游扶贫重点村）**

★ 蓄集乡乌察汗村——该地距离阿克塞县城 30 公里，盛产马奶酒、河西沙枣。

★ 怀图村——紧邻德小高速，海西可鲁克湖位于此处。

> **旅行锦囊**

加油站：

1. 德令哈：市区有多处中国石油、中国石化加油站。

2. 大柴旦：有 2 处中国石油、1 处中国石化加油站。

3. 敦煌：有多处中国石油、中国石化加油站。

4. 高速服务区：克鲁克服务区（中国石化）、怀头他拉服务区（中国石油）、饮马峡服务区（中国石油）、鱼卡服务区（中国石油）、中国石化海子八段加油站（团

结乡）、敦煌服务区（中国石化）。

有 95#、92# 汽油以及 0# 号柴油供应（中国石油）。

> **餐饮推荐**

大柴旦：羊肉坑锅。

敦煌：羊肉焖饼、驴肉黄面、酱驴肉、烤全羊。

> **DAY4** 敦煌一日游
> （行驶里程 40 公里）

当天可以安排游览莫高窟，莫高窟又名"千佛洞"，位于鸣沙山东麓的断崖，是我国四大石窟艺术宝库之一。后游览月牙泉鸣沙山，沙峰起伏，处于腾格里沙漠边缘，古有"沙井"之称，另外还有滑沙、滑翔跳伞、沙漠摩托、骑驼遨游等沙漠自费娱乐项目。

> **路况**：全程为市区道路、旅游公路限速 40 ~ 60 公里 / 小时，路面良好。

> **沿途特色景区**

莫高窟——又称千佛洞，景区由莫高窟数字展示中心和莫高窟石窟两部分组成，拥有大量的壁画、石窟、文物等。敦煌游玩的首选之地，可以在展示中心观看电影，然后去观赏规模浩大、内容丰富的石窟和壁画艺术。

鸣沙山——月牙泉被鸣沙山环抱，因水面酷似一弯新月而得名，这是鸣沙山景区最著名的地方，这里沙山与泉水共处，因沙动有声而得名，古称"沙角山""神沙山"。爬上鸣沙山，可以俯瞰月牙泉，还能在山顶上欣赏大漠日落，感受西北大漠的苍凉广阔。

> **旅行锦囊**

加油站：敦煌有多处中国石油、中国石化加油站。

△ 青海湖

△ 嘉峪关

△ 鸣沙山驼队

餐饮推荐

敦煌：羊肉焖饼、驴肉黄面、酱驴肉、烤全羊。

DAY5 敦煌—嘉峪关—张掖
（行驶里程：580公里）

从敦煌出发，先沿着柳格高速抵达瓜州，转连霍高速，途经嘉峪关游览，下午经过高台、临泽抵达张掖。

路况：全程为高速路，限速100~120公里/小时，路面良好。

沿途特色景区

嘉峪关——嘉峪关关城是明长城西端的第一重关，也是古代"丝绸之路"的交通要塞。关城始建于明朝，是万里长城沿线最为壮观的关城。这里并不仅是单独的关隘，还分为内城、外城和城壕。登上城楼，可以看到祁连山麓。

全国乡村旅游重点村（或全国乡村旅游扶贫重点村）

★ **广至藏族乡洮砚村**——紧邻瓜州城西，当地盛产西瓜。

★ **六墩乡柳北村**——该地特产花锅盔、磨刀石等。

旅行锦囊

加油站：

敦煌、玉门、酒泉、嘉峪关、张掖：均有多处中国石油、中国石化加油站。

高速服务区：瓜州服务区（中国石化）、布隆吉服务区（中国石油）、玉门服务区（中国石油）、酒泉服务区（中国石油）、高台服务区（中国石油），这些地方有95#、92#汽油以及0#号柴油供应（中国石油）。

餐饮推荐

嘉峪关：石锅豆腐、铁板羊羔肉。

张掖：大锅台、甘州排骨、牛肉拨鱼子。

DAY6 张掖—七彩丹霞地貌—西宁
（行驶里程：350公里）

早起前往张掖丹霞地貌，之后经过民乐县、扁都口生态休闲旅游区，抵达西北重镇峨堡镇，经过门源先翻越达坂山抵达西宁。

路况：

西张线（国道227），二级路面。
门源县至大通县翻越达坂山弯道较多，道路较窄。大货车居多，如果需要停靠观景台停车区欣赏祁连山脉，上下车请注意观察来往车辆。

沿途特色景区

张掖丹霞地貌——国内唯一的丹霞地貌与彩色丘陵复合区，被《中国国家地理》评为中国最美的七大丹霞地貌之一。主要包括冰沟丹霞和七彩丹霞两大风景区，由红色砾石、砂岩和泥岩组成，造型奇特、气势磅礴。

全国乡村旅游重点村（或全国乡村旅游扶贫重点村）

★ **丰乐乡何庄村**——距离民乐县30公里，该地特产"苹果梨"。

★ **马坊街道办事处西杏园村**——紧邻西宁火车西站，有海湖湿地公园等景点。

旅行锦囊

加油站：

1. 张掖：有多处中国石油、中国石化加油站。

2. 民乐县：中国石油加油站。

3. 门源青石嘴镇：中国石油、中国石化加油站。

4. 大通县：中国石油加油站、星星加油站。

5. 西宁市区：多处中国石油、中国石化加油站。

有95#、92#汽油以及0#号柴油供应。

餐饮推荐

民乐县：石锅豆腐、铁板羊羔肉。
门源：酸汤肥牛、西湖牛肉羹。
西宁：土火锅、手抓羊肉。

△ 月牙泉

No.44 探访火星营地，梦幻俄博梁

探秘火星秘境，揭开水上雅丹的秘密

【手绘线路图】

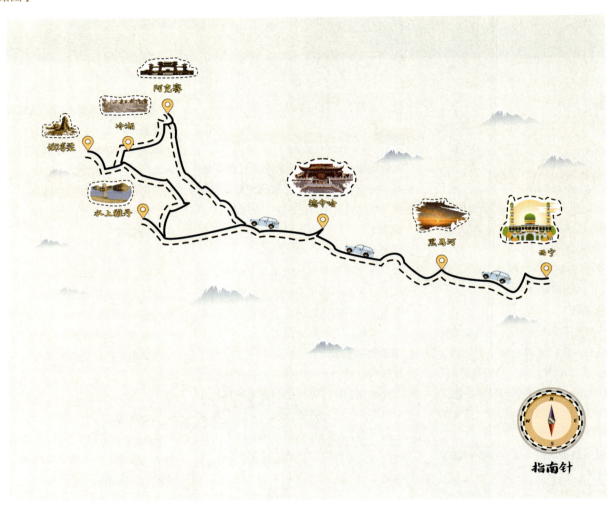

【线路概况】

这条线路由西宁一路向西，沿 G6 京藏高速，全程经过湟源县、共和县抵达黑马河，沿路路况较好，风景优美，一路上会有草原、花海、湖泊、高山等景观让你应接不暇，还有火星营地、水上雅丹等景观。

【非遗体验】

这条线路上的非物质文化遗产很多，有黄南州的热贡艺术和湟中农民画等。

【土特产】

青稞酒、青海冬虫夏草。

【行程规划】

线路： 西宁—黑马河—水上雅丹—冷湖—阿克塞—德令哈—西宁

总里程： 2985 公里

推荐时长： 7 天

DAY1 西宁—黑马河
（行驶里程 220 公里）

早晨驱车上 G6 京藏高速，前往日月山浏览，随后继续沿着 G6 一路西行，进入青海湖的主景区青海湖二郎山景区，这里可游玩水上娱乐项目，或沿湖行驶，或租辆

自行车骑行青海湖，傍晚抵达黑马河，欣赏黑马河日落。

▶ **路况：** 全程路况较好，有部分高速和部分国道。

1. 从湟源开始有多个区间限速，限的速度均不一样。

2. 过 151 基地后往黑马河方向限速 70 公里 / 小时。

▶ **海拔情况**

西宁：2261 米；日月山：4877 米；青海湖：3196 米；黑马河：3200 米。

温馨提示：

青海湖地处高原的西北部，属于高原地

△ 315 国道

带，可能会产生轻微高原反应，切记不可剧烈运动，多喝水，好好休息。

◎ 沿途特色景区

日月山——古代"羌中道""丝绸南路""唐蕃古道"之重要通道，又是中国季风气候分界线。

倒淌河景区——发源于日月山西侧，是一条依靠雪融水和雨水的季节河，青海湖水系中最小的一支。

二郎剑景区——青海湖的主景区，深入湖内十几公里的一条窄窄的尖形半岛，形状像是一把剑。

黑马河乡——青海湖环湖公路的起点，也是观看青海湖日出的最佳地点之一。

◎ 全国乡村旅游重点村（或全国乡村旅游扶贫重点村）

★ **曲布滩村**——青稞原种的繁育基地，种植出来的青稞畅销全国。

★ **龙羊峡镇龙才村**——平均海拔 2700 米，有丰富的乡野园林资源、地热温泉资源、野生鱼类资源和丹霞土林资源等。

◎ 旅行锦囊

加油站：湟源、倒淌河、青海湖、黑马乡均有数家加油站。

◎ 餐饮推荐

西宁：青海酿皮、手抓羊肉、青海土火锅、青海老酸奶。

湟源：甜醅、小花卷、萝卜合。

黑马河：炕锅羊肉。

`DAY2` 黑马河—冷湖
（行驶里程 700 公里）

早餐后出发前往冷湖镇，冷湖气候恶劣，终年寒冷多风、少雨干旱，发育有大量雅丹地貌。在这里我们可以欣赏到水上雅丹，当大风刮过时，水上雅丹就会发出呜呜风声，如鬼哭狼嚎，让人毛骨悚然。因当地岩石富含铁质，地磁强大，常使罗盘失灵，导致无法辨别方向而迷路，因此也被称为"水上魔鬼城"。

◎ 路况：全程路况较好，大部分为高速。

◎ 沿途特色景区

黑马河——黑马河到鸟岛这一段被誉为青

△ 德令哈

△ 冷湖火星营地

△ 黑马河日落

海湖最美的路段。

> **全国乡村旅游重点村（或全国乡村旅游扶贫重点村）**

★黑马河乡文巴村——距离青海湖非常近，在村中的房间里就可以看到青海湖。

> **旅行锦囊**

加油站：沿途均有加油站，提前为爱车加满油即可。

> **餐饮推荐**

牛肉面、烤羊、手抓肉。

DAY3　冷湖—火星1号公路—冷湖
（行驶里程180公里）

早餐后出发，途经火星1号公路，打卡火星营地，体验这个星球上类似火星般奇特的生态环境。在营地享用午餐后，下午继续开车进入俄博梁无人区，这里人迹罕至，但风景绝美，感受站在无人之地的孤独。夜晚仰望浩瀚星空。

> **海拔情况**

冷湖：2733米。

> **路况**：全程路况良好。

> **沿途特色景区**

俄博梁——远远地看到一道山梁矗立在戈壁之中，山上排列着参差不齐的雅丹地貌。

> **旅行锦囊**

加油站：当天行驶里程较短，提前为爱车加满油即可。

> **餐饮推荐**

条件较差，建议自备一些速食便餐，如自热火锅、自热米饭等。

温馨提示：冷湖属于无人区，基础设施较差，条件一般，建议自备干粮和饮用水。

DAY4　冷湖—芒崖
（行驶里程450公里）

早餐后出发前往柴达木西边的"天空之镜"——茫崖翡翠湖，翡翠湖位于茫崖市花土沟镇，这是一个面积达40平方公里的人工盐湖，经过钾肥工人十几年精心的"养颜"，硫酸镁卤水的颜色纯美剔透，"水映丹霞、花土朝阳、昆仑橙霞"，一时间成为人们争先向往的瀚海秘境。行走在翠色与白色之间，航拍可以望见整个梦幻般的湖面。

> **路况**：全程路况良好。

> **海拔情况**

俄博梁：3260米；芒崖：3000米。

> **沿途特色景区**

千佛崖——山崖上错落有致地排列着成千上万个佛像、菩萨和罗汉，层层叠叠。

> **旅行锦囊**

加油站：米林中石油、中石化均有，提前为爱车加满油即可。

> **餐饮推荐**

条件较差，建议自备一些速食便餐，如自热火锅、自热米饭等。

DAY5　芒崖—阿克塞
（行驶里程465公里）

早餐后前往东台吉乃尔湖。东台吉乃尔湖的湖水主要依赖东台吉乃尔河补给，是昆仑山鹤托坂日雪山和布格达坂雪山融水而得，这里是大自然奇迹的"水上雅丹"。东台吉乃尔湖的颜色与青海湖不同，由于含铜量较高，湖水呈现出鲜绿的颜色。在这里，可以尽情感受悠游假期，放肆拍摄。结束后前往阿克塞。

> **路况**：全程路况良好。

> **海拔情况**

阿克塞：3200米。

> **旅行锦囊**

加油站：沿途均有加油站，请提前为爱车加满油。

> **餐饮推荐**

建议自备一些速食便餐，如自热火锅、自热米饭等。

温馨提示：东台吉乃尔湖湖水盐分含量极高，最好不要用手触摸。

> **沿途特色景区**

东台吉乃尔湖——东台吉乃尔湖位于格尔木市，在柴达木盆地内，滨湖大多为湖积和湖相化学沉积，盐碱地广布，同样是青海的一个绝美的盐湖，是一个随手拍都是大片的地方。

DAY6　阿克塞—德令哈
（行驶里程470公里）

早餐后，可在《九层妖塔》重要拍摄地阿克赛老城进行拍摄，这里有很多废旧的老城，适合摄影。下午前往德令哈。

> **海拔情况**

德令哈：2980米。

> **路况**：全程路况良好。

> **沿途特色景区**

可鲁克湖——倾听可鲁克湖的美丽爱情传说。

哈拉湖——青海第二大湖泊。

> **全国乡村旅游重点村（或全国乡村旅游扶贫重点村）**

★希里沟镇西庄村——位于乌兰县城南，紧邻希里沟湖。

△ 茫崖翡翠湖

△ 石油小镇

> **旅行锦囊**

加油站：沿途均有加油站，请提前为爱车加满油。

> **餐饮推荐**

羊肉坑锅、烤全羊、饼。

DAY7　德令哈—西宁
（行驶里程 500 公里）

早餐后出发前往西宁藏文化博物院，它是世界上唯一一座全面收藏、保护、展示和研究藏文化的综合型博物馆，也是青海省对外开放和民族团结进步的最好范例。

> **路况：** 全程路况良好。

> **沿途特色景区**

海子诗歌陈列馆——存放海子的代表诗作。

柏树山——德令哈市的天然屏障。

> **全国乡村旅游重点村（或全国乡村旅游扶贫重点村）**

★**怀图村**——紧邻德小高速，著名的海西可鲁克湖位于此处。

> **旅行锦囊**

加油站：沿途均有加油站，请提前为爱车加满油。

> **餐饮推荐**

羊肉坑锅、烤全羊、饼。

△ 青海湖

No.45 穿越洛克线，遇见香格里拉

心中的日月，探访人间天堂

【手绘线路图】

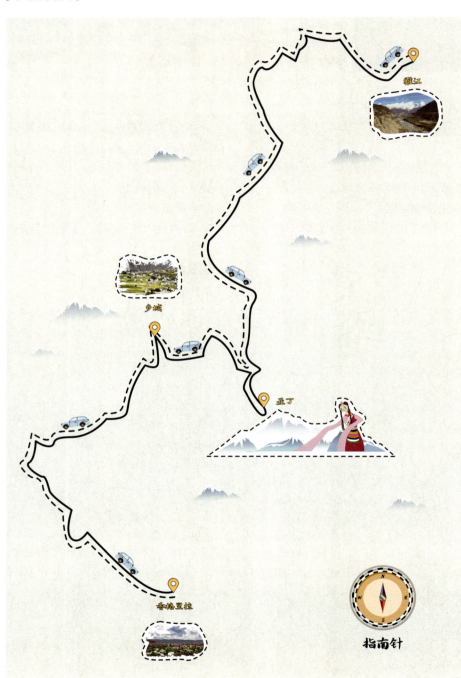

指南针

【非遗体验】

这条线路可以看到的非物质文化遗产有稻城亚丁的乡城白藏房、阿西土陶，理塘的千里藏寨、藏戏、锅庄和赛马会等。

【土特产】

泸定核桃、康定雪域人参果、康定雪茶、康定贝母鸡、高原独有野生雪鱼、雅江的松茸、高原的虫草。

【行程规划】

> 线路：香格里拉—乡城—亚丁—香格里拉镇—康定
> 总里程：800 公里
> 推荐时长：6 天

DAY1 香格里拉—普达措国家森林公园—香格里拉
（行驶里程 50 公里）

早晨驱车前往普达措国家森林公园。普达措国家森林公园拥有地质地貌、湖泊湿地、森林草甸、河谷溪流、珍稀动植物等资源。景区内有明镜般的高山湖泊、水美草丰的牧场、百花盛开的湿地、飞禽走兽时常出没的原始森林。碧塔海、属都湖两个美丽的淡水湖泊素有高原明珠之称，湖中盛产裂腹鱼、重唇鱼；秋冬季节大量的黄鸭等飞禽在湖边嬉戏，天然成趣。游览完毕后晚上入住香格里拉市。

▶ **路况：**全程为省道，路面较好，弯道较多，行车注意安全。

▶ **海拔情况**

普达措国家森林公园：3500 米。

温馨提示：景区温度较低注意保暖，徒步较多建议穿运动鞋。

▶ **全国乡村旅游重点村（或全国乡村旅游扶贫重点村）**

★迪庆藏族自治州香格里拉市尼西乡汤堆村——是旧时茶马古道的必经之路，在这

【线路概况】

这条线路是洛克线，途经亚丁、稻城、乡城风景区，其中有古老寺庙，穿越莫溪沟和日乌且沟，经过蛇湖、牛奶海、五色海、珍珠海等湖泊以及贡嘎的众多冰川。

前半段主要在森林中穿梭，几乎都是沿河而行。新果牛场后主要在高山草甸和大量碎石路上行进，水源较少。当地有马帮和向导可供雇用，穿越方式可以选择重装、轻装甚至骑马。

△ 巴拉格宗

里一直有着悠久的制陶历史，民间的制陶工艺已相传 2000 多年。尼西黑陶享誉滇西北，在中国黑陶艺术中独具一格。

★**虎跳峡镇红旗村**——虎跳峡镇地势西北高东南低，全境 1/4 地区处于金沙江西畔，为河谷地区，虎跳峡是金沙江（长江）上的第一大峡谷，更是全球著名的大峡谷。

❯ **旅行锦囊**

加油站：沿途加油站少，桑那站有中石油。

❯ **餐饮推荐**

香格里拉市：金牌扣肉、滇肉棒、蜜环菌。

DAY2　香格里拉—乡城
（行驶里程 220 公里）

早餐后驱车经奔子栏前往乡城，奔子栏素有"康巴江南"的美称，奔子栏是"三江并流"世界自然遗产区域气候多样性的一个典型，虽然与年降水量达 4600 毫米的独龙江直线距离不过 110 多公里，可这里的年降水量却只有 374 毫米，是典型的干热河谷气候。在如此短的距离内，降水量差异如此之大，堪称世界奇观。

❯ **路况：**全程路况都是国道一级路面。

海拔情况

奔子栏：2000 米；乡城：2900 米。

温馨提示：虽然路面较好但是弯道较多，大家要注意多休息，行车速度不宜过快。

❯ **沿途特色景区**

白马雪山——5 ~ 10 月夏秋两季是游览白马雪山的最佳时节，溪水潺潺，杜鹃如炽，主要保护对象为高山针叶林、山地植被垂直带自然景观和滇金丝猴。

香格里拉大峡谷巴拉格宗——地处三江并流世界自然遗产红山片区的中心腹地。峡谷深而窄，壁高 1000 多米，有巴拉格宗雪山、壁立千仞的峡谷、清澈的高原湖泊、高山牧场和藏族村落。

梅里雪山——是云南第一高峰、藏族人的朝觐圣地、"中国最美的十大名山"之一、"中国十大雄伟山峰"之一。

❯ **全国乡村旅游重点村（或全国乡村旅游扶贫重点村）**

★**霞若乡霞若村**——浓郁的傈僳族风情和独特的旅游景观令霞若风景秀丽，景色迷人。霞若傈僳族风情最为浓厚的数施坝傈僳族，施坝傈僳族民居、施坝原始森林生态景观完美。

★**奔子栏镇奔子栏村**——各种节庆活动中，汉族、藏族、纳西族等各民族文化与佛教、东巴教、自然崇拜、敬神活动等宗教内容与民族习俗综合在一起造就了小镇奔子栏的独特之处。

❯ **旅行锦囊**

加油站：沿途私人加油站覆盖，但是中石化加油站只有一个，在迪庆奔子栏站。

❯ **餐饮推荐**

奔子栏：金沙江江鱼，奔子栏手工制作的民族工艺品木碗、糌粑合等因做工精美、结实而闻名。

梅里雪山：山中盛产各类名贵药材。

DAY3　乡城—亚丁
（行驶里程 120 公里）

早餐后在《从你的全世界路过》取景地青德乡游览，白色藏居是乡城的标记，除了乡城再也找不到第二处。这里自然纯净、

△ 稻城亚丁风景区

△ 稻城亚丁风景区

△ 稻城亚丁风景区

△ 梅里雪山

不染尘世，白色藏房坐落在葱茏的青稞田野，像白珍珠撒落人间。还可以前往乡城人心中的圣地桑披岭寺，下午驱车前往亚丁酒店入住。

🔸 **路况：** 全程路况都是国道一级路面。

🔸 **海拔情况**

亚丁景区：4060 米。

温馨提示： 在翻越垭口的时候尽量不要打开车窗，保持车内温度和气压，预防高反。

🔸 **沿途特色景区**

青德乡——白色藏房坐落在葱茏的青稞田野，像白珍珠撒落人间。

🔸 **旅行锦囊**

加油站：

1. 全程加油站较少，有几个私人加油站，亚丁有一个中石油加油站。

2. 理塘县城口更登亚批村有一较大的加油站，属私人加油站。

🔸 **餐饮推荐**

理塘：大河边高原雪鱼。

稻城：丽江红火塘、松茸炖鸡。

DAY4 **稻城亚丁游览—香格里拉**
（行驶里程 70 公里）

由酒店出发前往稻城亚丁风景区门口转乘景区观光车前往亚丁风景区。景区可以游览一天时间，可提前备好干粮。

🔸 **海拔情况**

仙乃日观景台：4080 米；牛奶海：4600 米；五色海：4700 米。

温馨提示： 亚丁风景区海拔较高，请携带补水和甜食，景区内有泡面售卖，尽量自己带食品前往景区，并准备好垃圾袋；建议线路：

线路一：亚丁村（海拔 4060 米）—扎灌崩（海拔 3800 米）—冲古寺（海拔 3900 米）—卓玛拉措（海拔 4080 米）。

线路二：亚丁村（海拔 4060 米）—扎灌崩（海拔 3800 米）—冲古寺（海拔 3900 米）—洛绒牛场（海拔 4180 米）—牛奶海（海拔 4600 米）—五色海（海拔 4700 米）。

因为时间有限建议游览第一条线路后返回。

景区内严禁吸烟。

🔸 **餐饮推荐**

稻城：红火塘、松茸炖鸡、牛肉汤锅、菌汤锅。

DAY5 **香格里拉—雅江**
（行驶里程 340 公里）

早餐后驾车前往稻城、理塘，然后前往雅江县朝拜尊胜塔林，转白塔对于藏族人来说，不仅仅是自己的美好祈愿，更多的则是为家人保平安、祈福吉祥如意、家庭成员幸福健康的膜拜。

🔸 **路况：** 全程路况为国道一级路面。

1. 高尔寺山下山为梯级桥面，弯道较大请谨慎驾驶，注意刹车，不要长时间踩住，防止刹车片发烫增加制动距离。

2. 剪子弯山上山犹如登天梯，弯道较多切忌弯道超车，停车拍照一定停进停车区。

3. 卡子拉山沿山脊，在行驶路边有悬崖，请放慢车速行驶。

4. 高尔寺山隧道、剪子弯山隧道、理塘隧道限速 30 公里 / 小时。

🔸 **海拔情况**

雅江县城：2530 米；理塘县城：4014 米；

稻城县城：3750 米；高尔寺山垭口：4412 米；剪子弯山：4569 米；卡子拉山：4792 米；兔儿山：4696 米；海子山：4478 米；波瓦山：4695 米。

温馨提示： 在翻越垭口的时候尽量不要打开车窗，保持车内温度和气压预防高原反应。

🔸 **沿途特色景区**

塔公寺——康巴地区地位最高的寺庙之一，拥有上千年的释迦牟尼等身像。

熊宗卡——在云端俯瞰高原草甸、森林峡谷的绝佳美景。

乱石公园——上古时期海底隆起的最佳表现，各种乱石中还有很多湖泊夹杂。

各个山垭口——无限风光在险峰，在垭口能感受到高原壮美。

🔸 **全国乡村旅游重点村（或全国乡村旅游扶贫重点村）**

★**西俄洛镇杰珠村**——被誉为孕育"康巴汉子"的故乡，个个身材魁梧，英姿勃发。

★**祝桑乡奔达村**——特产有大芋头、生菜、葡萄和透明包菜。

🔸 **旅行锦囊**

加油站：

1. 雅江县城出入口各 1 个加油站，有 95#、92# 汽油以及 0# 号柴油供应（中国石油）。

2. 理塘县城口有一较大的加油站属私人加油站，中国石油在理塘县城中央。

3. 稻城县加油站在尊胜塔林入口，也是稻城县路边，有 92# 汽油以及 0# 号柴油供应（中国石油）。

△ 墨石公园

△ 塔公金塔

> **餐饮推荐**

理塘：大河边高原雪鱼。

雅江：松茸炖鸡、松茸炒腊肉。

DAY6　雅江—各地

早餐后可以前往墨石公园，感受来自大自然的魅力，沿途风景可能与来时的风景又不相同，也可以前往成都感受成都慢生活或者前往康定机场。

> **全国乡村旅游重点村（或全国乡村旅游扶贫重点村）**

★ **呷巴乡铁索村**——自然风光秀丽，有特色地方民宿，是徒步爱好者的好去处。

★ **芦山龙门乡隆兴村**——这里有原生态蔬菜种植基地。

> **餐饮推荐**

天全县：桥头堡抄手。

成都市：火锅、川菜。

△ 普达措

No.46 心中的滇藏线，梦中的香格里拉

滇藏线，进藏旅行中不可或缺的线路

【手绘线路图】

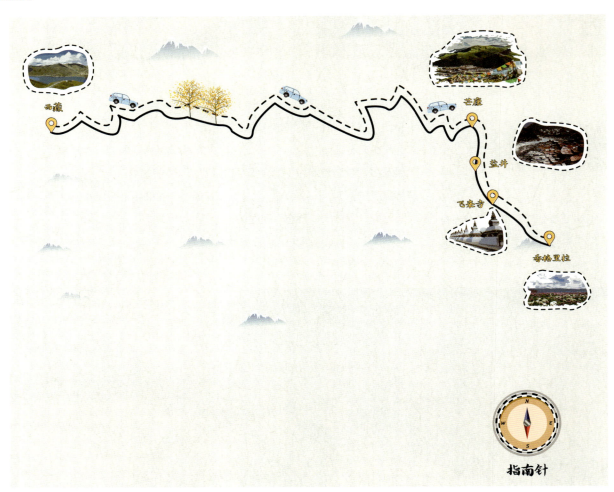

指南针

【线路概况】

纵一车之所如，凌大地之茫然！广阔天地任你行！这是专属于你的寂寞、孤独、思考的珍贵时刻。而滇藏线，就是这样一条适合一人一车出发的绝佳之路。它是入藏海拔最低的通道，全线起落不算太大，雪山、湖泊、森林、峡谷、草甸、野生动物和人文景观汇聚在一起！

【非遗体验】

迪庆传诏大法会称"默郎钦波法会"，为藏传佛教传统宗教节日，节期为藏历1月6～20日。届时，各大寺庙举行盛大的酥油花展，以五色酥油塑造各种人物、动物、花卉等，高者数尺，小者数寸，制作精美奇特，栩栩如生。白天举行迎佛、转经等活动，气氛神秘而欢腾。

赛马节节期从农历五月初五到初七。比赛项目有传统的马术、马技、速度赛、拾哈达等，此外还举行歌舞表演。格冬节又称"跳神节"，是一种跳神驱鬼的宗教活动。由于活动由各个寺院自己组织，所以各寺院举行"格冬节"的时间不一，一般多在藏历冬月举行。

【土特产】

白雪茶、维西甜茶、青稞干酒、德钦松茸、百花蜜、松茸、核桃、乌骨羊、高原葡萄酒、藏银制品等。

【行程规划】

线路：香格里拉—飞来寺—盐井—芒康
总里程：400公里
推荐时长：4天

DAY1 **香格里拉—普达措—香格里拉**
（行驶里程 25 公里）

从迪庆州出发前往香格里拉风景区只需要25公里便可抵达景区门口，安排1天的时间充分感受香格里的风景是必不可少的，之后再返回迪庆休息。

▶ **路况：**全程路况良好，均为景区双向一级公路。

△ 白马雪山

迪庆前往普达措国家森林公园车流量大，在进入隧道及上山道路时请保持足够的车距。

海拔情况

迪庆：3380 米；普达措国家森林公园：3600 米。

温馨提示： 请不要剧烈运动，高原地区不要打开车窗，保持车内温度和气压，预防高原反应。

沿途特色景区

独克宗——也称为月光之城，它是按照佛经中的香巴拉理想国建成的。古城依山势而建，路面起伏不平，那是一些岁月久远的旧石头就着自然地势铺成的，至今，石板路上还留着深深的马蹄印，那是当年的马帮留下的痕迹了。

噶丹松赞林寺——云南省规模最大的藏传佛教寺院，也是康区有名的大寺院之一，还是川滇一带的黄教中心，在整个地区都有着举足轻重的地位，被誉为"小布达拉宫"。该寺依山而建，外形犹如一座古堡，集藏族造型艺术之大成，又有"藏族艺术博物馆"之称。

纳帕海自然保护区——属湿地生态类型保护区，主要保护对象为高原季节性湖泊、沼泽草甸，是黑颈鹤等候鸟越冬的栖息地。这里是香格里拉市最大的草原，也是最富于高原特色的风景区之一。

全国乡村旅游重点村（或全国乡村旅游扶贫重点村）

★ **洛吉乡尼汝村**——境内旅游资源丰富，有藏族古村、南宝牧场、七彩瀑布、迪吉草场与帕姆乃仙人洞等风景名胜，其中尼汝徒步线路与梅里雪山雨崩村、哈巴雪山、虎跳峡、白马雪山、巴拉格宗、千湖山徒步线路并称为"迪庆州七大最美徒步线路"。

★ **洛吉乡九龙村**——传统节日有尼汝丹巴节、祭山跑马节、纳西新年、九龙彝族火把节、彝族新年等。

餐饮推荐

迪庆：牦牛肉、青稞酒、松茸、藏式糕点。

△ 独克宗古城　　　　　　　　　　　　△ 香格里拉

△ 牦牛汤锅

△ 松茸炖鸡

DAY2　香格里拉—飞来寺—德钦
（行驶里程 190 公里）

早上从迪庆出发沿国道214前行，顺金沙江而上，在金沙江大拐弯观景点可看到白马雪山，在观景台驻足停留。下午前往飞来寺，之后到德钦县城休息。

路况： 全程国道214，二级公路。

1.路面平整，弯道较多，限速60公里/小时。

2.秋冬季节路面会有结冰现象。

海拔情况

德钦县：3200米；飞来寺：3500米。

温馨提示：在高原行驶的时候尽量不要打开车窗，保持车内温度和气压，预防高原反应。

沿途特色景区

香格里拉滑雪场——雪场总占地面积约40平方公里，是由具有丰富的雪场规划设计经验的韩国专业公司完成的，雪道总面积为118万平方米，共有初、中、高级雪道12条，雪橇场一座，4～8人客运索道十条。

白马雪山——主要保护对象为高山针叶林、山地植被垂直带自然景观和滇金丝猴。夏秋两季是游览白马雪山的最佳时节，溪水潺潺，杜鹃如炽。

全国乡村旅游重点村（或全国乡村旅游扶贫重点村）

★建塘镇尼史村——藏民族聚居地，主要作物为青稞、油菜、洋芋。

★奔子栏镇奔子栏村——坐落在白马雪山脚下金沙江边，214国道穿过其中，是"茶马古道"的必经之路，每年从3月起，一直到11月，都是奔子栏旅游的旺季。

旅行锦囊

加油站：

迪庆县：中石化供95#、92#、89#汽油及柴油。

中石化瓦卡加油站供92#汽油及柴油。

德钦县：中石油加油站92#汽油及柴油。

餐饮推荐

德钦：松茸、生态牦牛肉、酥油茶、琵琶肉。

DAY3　飞来寺—盐井—芒康
（行驶里程 220 公里）

当天早起观梅里雪山日出，之后沿国道214，顺澜沧江逆流而上，跨过云南和西藏交界地，前往古盐井，这里制作盐的手工艺已经有1300年的历史。之后到达芒康。

海拔情况

盐井：2300米；芒康：4300米。

温馨提示：

1.国道214限速60公里/小时，切记弯道处不要超车。

2.路上大货车可能比较多，切记不要跟车和超车。

沿途特色景区：

澜沧江峡谷——这里谷地海拔高差4734米以上，从江面到顶峰的坡面距离为14公里，每公里平均上升337米，使峡谷形成近似垂直状态。再加上极大的流水落差，真可谓"隔河如隔天，渡河如渡险"。

盐井天主教堂——1855年由法国传教士创建。现有一位当地藏族神父主持教务，是西藏唯一的天主教堂。

红拉山自然保护区——保护区内有滇金丝猴，除滇金丝猴以外，还有很多珍稀的国家一级、二级保护动物和名贵的药材，是芒康红松的故乡、森林的王国。

全国乡村旅游重点村（或全国乡村旅游扶贫重点村）

★羊拉乡茂顶村——海拔2800米，年平均气温18℃，适宜种植小麦、青稞、玉米、洋芋等农作物。

★升平镇阿东村——种植的葡萄以赤霞珠品种为主，还有霞多丽、美乐、西拉、烟73等16个品种。

旅行锦囊

加油站：

1.德钦县城有中石油和中石化加油站，有95#、92#汽油及柴油。

2.国道214出县城67公里处有中国电力加油站，有92#汽油及0#柴油。

餐饮推荐

芒康：加加面、酥油茶、牦牛肉干。

DAY4　芒康—进藏

当天起床后，向西继续行驶进入西藏地区。

路况： 全程318国道，国家二级公路干线。

整个路段区间测速较多，路面微有起伏，但并不明显。

往来两边货车较多，注意避让。

海拔情况

芒康：4300米。

温馨提示：在翻越垭口的时候尽量不要打开车窗，保持车内温度和气压预防高原反应。

△ 飞来寺

△ 噶丹松赞林寺

No.47 从最后的秘境前往最后的净土

自驾极限之旅，秘境之美叹为观止

【手绘线路图】

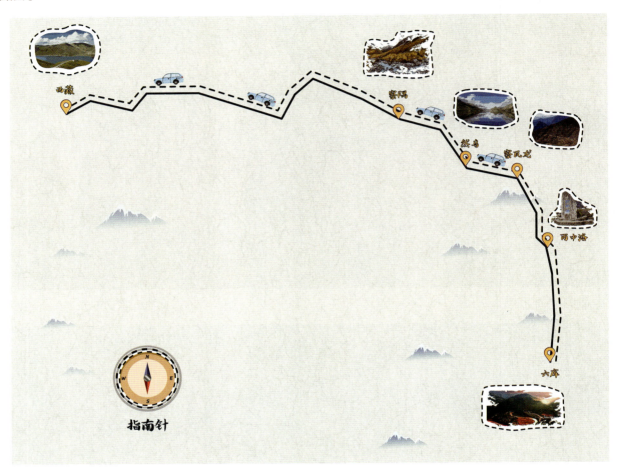

【线路概况】

如果把 318 川藏线比喻为是一条"身体下地狱，眼睛上天堂"的公路，那么滇藏公路丙察察线可谓是"地狱中的地狱，天堂中的天堂"。丙察察线是指从云南最西北端的丙中洛乡起，经西藏最东南端的察瓦龙乡，止于藏东南的察隅县，全长 280 公里，其中云南境内 27 公里，西藏境内 253 公里，这条茶马古道南线的古老驿道，目前正改扩修建成为滇藏线上的新通道。《中国国家地理》对丙察察线是这样描述的："滇藏新通道（丙察察线）极限挑战全记录自驾丙察察线——再也不想来第二次的精彩体验。丙察察线：最艰难的进藏之旅。"

【非遗体验】

察隅僜人服饰、独龙族语言、傈僳族民歌、傈僳族刀杆节、怒族仙女节。

【土特产】

珠峰圣茶、萝卜萝果、藏式木碗、野生花椒。

【行程规划】

线路：六库—丙中洛—察瓦龙—察隅—然乌

总里程：740 公里

推荐时长：5 天

DAY1　六库—丙中洛
（行驶里程 280 公里）

早餐后出发沿着怒江逆流而上，经过怒江第一潇等景点，途中要经过老姆登老虎跳、飞来石石月亮，走过福贡人马吊桥。沿途观看江中松怒江第一啸；下午抵达著名的怒江秘地丙中洛田园风光怒江第一湾桃花岛石门关，这里是人神共居的地方，傍晚前可以在丙中洛重丁教堂等游览一番。

> **路况：**国道 219，山路崎岖，弯道多。

海拔情况：

六库镇：900 米；　福贡：1200 米；
贡山：1580 米；　丙中洛：1800 米；
察隅：2300 米；　然乌：3850 米。

△ 秋那桶峡谷

> ❁ **沿途特色景区**

老姆登基督教堂——以前法国传教士建造的教堂，至今仍在被村民们使用做礼拜。

怒江第一湾——怒江大峡谷的标志景点。

丙中洛——人神共居的地方。

> ❁ **全国乡村旅游重点村（或全国乡村旅游扶贫重点村）**

★**扎那桶村**——主要种植玉米、小麦等作物。

★**普洛村**——该村的主要产业为畜牧业，主要销往普洛村。

> ❁ **旅行锦囊**

加油站：沿途加油站比较多，有中石油、中石化。

> ❁ **餐饮推荐**

石头粑粑、酸竹菜、蛋酒、酒焖鸡。

DAY2 **丙中洛—察瓦龙**
（行驶里程 80 公里）

继续向北驶去，一派田园风光，山像被一把巨斧劈开似的，凌厉陡峭。丙中洛是人神共居的家园，高黎贡山和碧罗雪山像合拢的双手将丙中洛捧在手心，眺望雾里村全景、秋那桶、著名天险老虎嘴，再往前便是滇藏界，险恶的丙察察线逐渐开始显露！

> ❁ **路况**：国道 219 路况极差，大部分都是碎石路，弯道多。

温馨提示：7 月底到 9 月是雨季，因塌方、泥石流等造成路况极差，错开这个时间进藏为好。

> ❁ **沿途特色景区**

秋那桶峡谷——整个怒江大峡谷精华中的精华部分，原始森林茂密，瀑布众多，人在峡谷中穿行，沿途景色十分壮观。

> ❁ **全国乡村旅游重点村（或全国乡村旅游扶贫重点村）**

★**上察隅镇西巴村**——波密县圣山脚下，该村有 19 户，65 人。

★**察瓦龙乡阿丙村**——特产有杏子、羽衣甘蓝、球芽甘蓝、黄瓜、西葫芦、干梅子。

> ❁ **旅行锦囊**

沿途加油站少，提前加满油。

> ❁ **餐饮推荐**

丽江腊排骨、特色羊肉。

DAY3 **察瓦龙—察隅**
（行驶里程：220 公里）

从察瓦龙乡出发，进入真正的察察线，当天是最艰苦的旅行，全程虽然只有 200 多公里，却需要七八小时的时间。当然这也是最漂亮的一天，途中翻越 3 座海拔 4000 米以上的垭口，其中有著名的齐马拉雪山垭口，还有穿越木孔雪山峡谷等，最后抵达察隅，请大家做好各种心理承受准备。

> ❁ **路况**：土路，路况较差。

> ❁ **沿途特色景区**

齐马拉雪山、莫孔雪山峡谷。

> ❁ **全国乡村旅游重点村（或全国乡村旅游扶贫重点村）**

★**下察隅镇新村**——新村以僜家乐为平台，大力发展僜人特色饮食"手抓饭"。

★**古拉乡南雪村**——藏族农牧民居住地，森林资源较为丰富，产虫草、雪莲、松茸等药材。

> ❁ **旅行锦囊**

加油站：察隅县城只有一个中国石油的加油站。

> ❁ **餐饮推荐**

萝卜萝果、藏餐。

△ 老姆登基督教堂

△ 齐马拉雪山

△ 然乌湖

DAY4 察隅—然乌 （行驶里程 160 公里）

早餐后出发，前往然乌湖，这是著名的高
原冰川湖，面积 22 平方公里，海拔 3850
米。清晨的然乌湖水平静得像一面镜子，
倒映着湖边的雪山和蓝天白云，分不清哪
是水哪是天，仿佛此时我们正站在天上。

➤ **路况：** 省道 201，路面良好。

➤ **沿途特色景区**

然乌湖——然乌湖的湖边是一大片碧草如
茵的草甸，和着碧蓝的湖水、白雪皑皑的
雪峰，景色如诗如画。

➤ **旅行锦囊**

加油站比较少。

➤ **餐饮推荐**

然乌野生鱼、藏餐。

DAY5 然乌—进藏

从然乌出发，继续沿川藏南线 318 前往圣
城拉萨。

➤ **路况：** 省道，路面良好。

➤ **沿途特色景区**

米堆冰川——西藏最重要的海洋型冰川，
也是世界上海拔最低的冰川，被《中国国
家地理》评为中国最美的六大冰川之一。

巴松措——景区融雪山、湖泊、森林、瀑
布、牧场、文物古迹、名胜古刹为一体，
景色殊异、四时不同，各类野生珍稀植物
汇集，实为人间天堂。

➤ **餐饮推荐**

石锅鸡、藏餐、汤锅。

△ 然乌湖边

△ 来古冰川

No.48 探秘东方大峡谷，怒江的狂吼

穿越云南最后一片秘境，驰骋美丽公路

【手绘线路图】

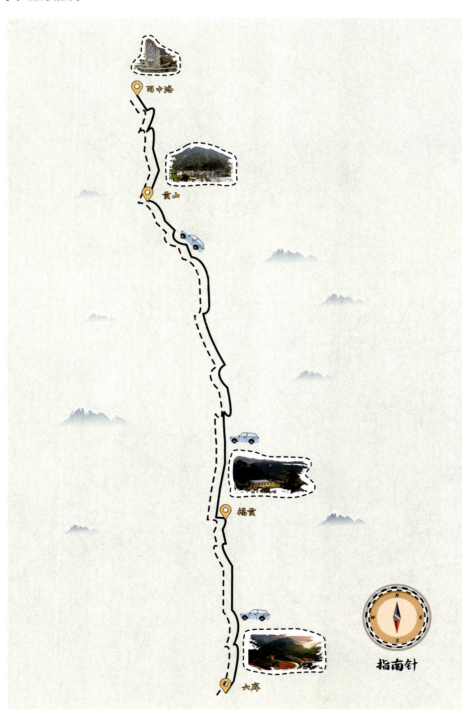

指南针

江第一险滩"的老虎跳，中国最美村寨老姆登村，跨过"世界自然博物馆"的高黎贡山，最后返回六库。这是一条围绕着怒江的线路，怒江的险、怒江的狂，还有傈僳族的民族特色，都能在这里看见。

【非遗体验】

傈僳族民歌、怒族传统舞蹈、白族勒墨服饰、独龙族民歌、怒族石板粑粑、普米族口弦。

【土特产】

福贡云黄连、漆油、贡山大理石、咕嘟酒、云南裂腹鱼、斑铜工艺。

【行程规划】

> **线路：** 六库—福贡—贡山—丙中洛—六库
>
> **总里程：** 720 公里
>
> **推荐时长：** 4 天

DAY1 **六库—怒江大峡谷**
（行驶里程 80 公里）

早餐后驱车前往怒江大峡谷景区，穿行于大峡谷深处，峡谷幽静深邃，一路走走停停，赏怒江奔腾咆哮，远观高黎贡山、碧罗雪山，峡谷两岸花香四溢，山腰的原始森林郁郁葱葱。

➡ **路况：** 比较险峻，而且多为弹石路面和土路。

温馨提示： 怒江大峡谷还在开发初始阶段，设施很不完善，而且容易遇到滑坡等危险，体验度稍低。

➡ **沿途特色景区**

青山公园——是一个融休闲、娱乐、健身、观光旅游、科普宣传为一体的城市森林公园。

怒江大峡谷——世界上最长、最神秘、最美丽险奇和最原始古朴的东方大峡谷。

【线路概况】

这条线路从六库出发，一路穿行于大峡谷深处，伴随着怒江的波涛声，全程经过福贡、丙中洛抵达贡山，沿途可观赏的原生态景观众多，有世界上最长、最神秘、最美丽险奇和最原始古朴的东方大峡谷，"怒

△ 碧罗雪山

▶ **全国乡村旅游重点村（或全国乡村旅游扶贫重点村）**

★**上江镇付坝村委会百花岭村**——民族特色村，村民大多是傈僳族，人人都是好声音，个个能歌善舞。

★**老窝镇荣华村**——这里保留了民国时期白族土司居住的院落、建筑文化艺术和墙体绘画艺术。

▶ **餐饮推荐**

六库：手抓饭、瓦姑茶、泸水草果、老窝火腿。

DAY2 六库—福贡
（行驶里程130公里）

从六库出发前往凳梗澡堂会，随后沿着怒江一路向上，穿行于大峡谷深处，怒江两岸星星点点，混合着路面灰尘的空气也开始清新起来。抵达福贡后，前往中国最美村寨老姆登游览。

▶ **路况：** 全程路况较差，多为弹石路面和土路，下雨天时常伴有塌方或泥石流。

温馨提示： 路况较差，且时常有交通管制，出发前随时关注当地交通信息，避免走冤枉路。

▶ **沿途特色景区**

老虎跳——由四个梯级滩组成，此处江面收窄，江心巨石林立，如刀削斧劈，将汹涌的江水分割为两股湍流，被誉为"怒江第一险滩"。

怒江第一吼——怒江江面从100余米突然收紧到50余米，平静的怒江水变得湍急万分，浪花飞溅，发出雷霆万钧、震耳欲聋的怒吼声，形成70余米的巨浪。

老姆登——怒族语的音译，意为"向往的地

△ 独龙族咔哇节

△ 怒江大峡谷

△ 怒江老虎跳

方",这里高山环抱、云雾缭绕,对岸是高黎贡有名的皇冠山。山脚下是怒江峡谷,周围依山而建的客栈、农舍、茶地相互映衬。

全国乡村旅游重点村（或全国乡村旅游扶贫重点村）

★**普洛村**——天然的负离子氧吧,山高谷深,森林资源丰富。

古当村——神秘的美女村,每年的农历正月初一至初三的三天里,傈僳族人都会集到泸水十六汤天然温泉,举行一年一度的澡塘会。

旅行锦囊

加油站:
1. 六库镇穿城路有一个加油站。
2. 福贡县有4个加油站。

餐饮推荐

老姆登:老姆登茶、手抓饭。
福贡:岩头小柿子、火鸡饭。

DAY3　福贡—贡山—丙中洛
（行驶里程 180 公里）

早餐后沿219国道前往丙中洛,远观千里怒江第一湾、桃花岛、丙中洛田园风光。之后原路返回,伴着怒江,听着浪涛声,

感受着怒江的艰与险,抵达贡山。

路况:全程柏油路。
1. 雨水季节,时常出现小处塌方。
2. 双向车道,货车较多。
3. 路上有马群、羊群穿行。

温馨提示:
1. 途中多处观景台,未修建好,要注意看路标,否则很容易错过（但部分景点暂无）。
2. 贡山到丙中洛段,时常有路基沉陷施工,有通行时间限制,看好时间前往,可能要在前方排队等候,到时间才可通行。

沿途特色景区

怒江第一湾——江面海拔约1700米,气势磅礴,风光旖旎,水势缓慢,两岸风景独好。

桃花岛——桃花岛位于扎拉桶村,因房前屋后遍地是桃树,每到春天,粉红色的桃花似彩霞映红了小岛,所以人们就把扎拉桶村称为桃花岛。

石门关——天然的大理岩经过亿万年的演化形成了江岸绝壁,当地人将此称为"纳依强","纳依"是仙人洞的意思,"强"是关口的意思,因此"纳依强"意为即使神

仙也过不去的关口。

全国乡村旅游重点村（或全国乡村旅游扶贫重点村）

★**秋那桶村**——怒江大峡谷北端的最后一个村子,有着茂密的原始森林、众多瀑布,在峡谷中穿行,沿途景色非常壮观。

★**秋那桶村雾里村**——茶马古道上的一个宁静美丽的小村庄,有时那里会被大雾笼罩,仿佛人间仙境,雾里村也因此而得名。

餐饮推荐

贡山:石板粑粑、琵琶肉、侠辣。

DAY4　贡山—六库
（行驶里程 250 公里）

早餐后离开贡山沿江南下,体验傈僳族溜索（溜索是怒江境内很有代表性的原始交通工具,至今仍然普遍使用中）。随后经过石玉亮、福贡,傍晚抵达六库。

路况:大部分为国家二级公路
1. 福贡至六库限速20公里/小时。
2. 贡山至福贡路况较差,容易堵车。
3. 路面经常有施工现场占到半边。

温馨提示:由于时常有路基沉陷或塌方施工,有通行时间限制,出发前看好时间前往。不然要在前方排队等候,到时间才可通行。

沿途特色景区

高黎贡山——被称为"世界自然博物馆"和"世界物种基因库",是中国国家级自然保护区、世界生物圈保护区、三江并流世界自然遗产的重要组成部分。

碧罗雪山——山中气候变化异常,飞瀑密布,高山湖泊云集,被人们称作万瀑千湖之山。

石月亮——大理岩溶蚀而成的穿洞,洞深百米,洞宽约40米,高约60米,沿着怒江北上,百里之外可看见石月亮。

全国乡村旅游重点村（或全国乡村旅游扶贫重点村）

★**赤恒底村**——少数民族特色村寨,发展草果、核桃、中草药等特色种植业。

★**巴坡村**——独龙族聚居村,地处独龙江大峡谷,独龙江大峡谷本身就是自然景观。

旅行锦囊

加油站:福贡、贡山、六库城镇均有加油站,途中加油站较少。

餐饮推荐

福贡:岩头小柿子、火鸡饭。
六库:手抓饭、瓦姑茶、泸水草果、老窝火腿。

△ 石月亮

△ 怒江第一湾

自驾必备

一、线路选择与出游技巧

（1）自驾车出行首先通过查询线路的路书判断线路的驾驶难度，从未有过长途自驾出行的，建议先尝试周边自驾游，逐步向更远道路、需要更多驾驶技巧的地区扩展。

（2）根据出行线路选择出行的车型，如进入山区，最好选择 SUV 这类的车型。防止出行中因为道路落石塌方后出现的坑洼导致车辆底盘刮伤损坏，无法继续前进的情况出现。

温馨提示： 不要在未经过同意和没有专业设备的情况下进入草原或沙漠戈壁，因为救援难度较大。

（3）在出游之前，一定要多考虑，多做攻略，当你漫无目的地站在一个地方翻手机问路人的时候，并不是临时搜索和求助就能解决问题。简单的攻略可以让你轻车熟路，在面对一些突发情况和骗局时也能冷静地面对。首先要自备零钱，虽然现在支付宝和微信已经很普及了，但也有一些地方需要现金支付，所以为了有备无患还是要准备一些现金。手电筒也是实用物品之一，手机的手电筒容易没电，遇到突发情况，手电筒能够解燃眉之急。随身的包包里记得放几个创可贴，不小心擦伤时它可以发挥很大的作用。

△ 祁连山自驾

二、行前准备：证件准备、设备检查、必备装备等

（一）证件类

自驾出行不是说走就走，只用带上身份证就行了，车辆的行驶证、保险单一定要带齐全，当然还有驾驶证和随行人员的身份证。如果需要前往边境地区还需要提前在当地公安局办理边防证。如果是外籍人士需准备好护照和中国的驾驶证。

（二）设备检查类

出行前一周左右到 4S 店为您的爱车做一个彻底的保养，以便您的爱车为您在旅途之中保驾护航。准备好拖车绳、搭铁线、打气泵，常用的易损汽车零件。这种准备不论是长途还是短途都是必备的。

（三）必备装备

（1）服装：衣服尽量以秋冬装为主（冲锋衣裤、羽绒服、排汗内衣、抓绒衣），夏装为辅。"三区三州"地区大部分是高原，昼夜温差特别大，一天可能会经历四季，注意防寒保暖，切勿感冒。鞋袜的话需要准备低帮徒步登山鞋、拖鞋、保暖舒适的袜子。帽子、手套、丝巾、围巾都是必备之品。准备的衣物一定要易于增减！

（2）个人用品：保温水壶、太阳镜（防紫外线能力越高越好！保护脸部面积越大越好），雨伞雨衣也必不可少。最重要的还是 50 倍以上防晒霜、润肤油、补水霜和润唇膏。

（3）食品：高能量零食（巧克力、牛肉干等），方便食品，便于保存的水果，功能性饮料和矿泉水。（路上难免会堵车，以便用于无法到达用餐点时补充能量，沿途均可以补给。）

（4）药品：感冒药、肠胃药、镇痛药、抗高原反应的药（红景天、肌苷口服液、携氧片）、葡萄糖粉、速效救心丸、抗菌消炎药、创可贴、维生素泡腾片（参考药品：西洋参含片、阿司匹林、必理痛、牛黄解毒片、感冒灵、喉炎丸，止咳水、白花油、胃药、纱布、眼药水及消炎药）、防蚊水。

"三区三州"地区 90% 是高原，需要准备一些抗高原反应的药物。

（1）肌苷口服液。

（2）葡萄糖粉口服液（高原反应会引起呕吐、无力，葡萄糖可以快速补充能量）。

（3）维生素泡腾片（补充维生素，提高免疫力）。

（4）西洋参含片（补气，有效对抗高原反应）。

（5）散列通 / 头痛粉（高原反应会引起头痛，影响休息。有效镇痛，帮助休息）。

（6）藿香正气液（对抗头晕、腹泻、呕吐）。

三、沿途保养

（1）在"三区三州"地区绝大部分县市没有 4S 店，只有在省会或者州府才有 4S 店，沿途会有很多的维修店。建议在每天出行前都前往附近的维修店留取电话，以备不时之需。

（2）进入无人区路段之前请提前为车辆做一次检查，因为无人区救援力量薄弱，沿途救援站会比较远。同时，一定要在进入无人区之前留下至少 2 个以上维修站的联系电话。

四、特殊路况与常见故障处理

1. 山路驾驶技巧

（1）确保燃料充足。尤其是职业司机，城区公路得保证油箱有一格（八分之一油箱容积）以上的燃油基本不会扔到半路，山区公路和乡道除非有把握，否则应保证油箱存有四分之一以上的燃油。

（2）关注车外的情况。山区行车不应隔绝外界闷头驾驶，要保持关注路况和车况。

（3）利用多种喇叭和灯光。山路上行车条件变差，超车、会车时都应该小心。喇叭和灯光是与路面其他车辆和行人沟通的重要途径，要会用、勤用，让其他车辆和行人知道你的存在、了解你的意图。

（4）控制车速。山路上视线不好，弯路、软基较多，控制好车速，不要心存侥幸。

（5）少用刹车。刹车其实是个很娇贵的系统，用多了效能和可靠性就会下降。多用油门和挡位控制车速，少用刹车，确保刹车完好是安全的最后一道屏障。

（6）保持足够的驱动力。手动挡用低挡和中速挡，不要用超速挡。确保足够的爬动力和下坡牵阻力。自动挡用运动模式或者 L3。

（7）不要急加速和急刹车。不仅仅是为了安全，一般车辆也经不起山路剧烈驾驶。

（8）靠近山体行车。山路外缘常有软基要尽量避开。

（9）视线放远、放宽。提前发现问题，提前采取措施。

（10）保持沟通。打开车窗注意外面情况，遇有对方鸣喇叭、变光提示要积极回应。

（11）多停山顶少停山下。

（12）只停直道不停弯道。

2. 沙地驾驶技巧

（1）进入沙漠前先给轮胎放气，沙漠中温度比较高，放气后胎压降低，可减少爆胎的危险，同时也是为了增加轮胎与沙子的接触面积，增加轮胎附着力，从而获得更好的动力，一般放到 1.2 个大气压就差不多了。

（2）起步的时候，切忌大油门以及低速四驱模式，这种大扭矩的起步方式很容易造成轮胎陷进沙子里。如果第一次起步没有成功就不要再次勉强尝试第二次了，强行起步，轮胎会非常容易"挖坑"，不如看看是不是需要倒车或稍微挖一下阻挡轮胎的沙子再继续起步。原地大油门挠沙子，只会越陷越深。

（3）行驶之中对油门的控制也非常重要，最好不要超过3挡，让发动机保持较高的转速是沙漠行驶的一个重要原则。因为挡位越高转速就越低，相对应的扭矩就变小，而在沙漠这种行驶阻力很大的地形行驶，高挡位很容易就熄火了。

（4）站得高，才能看得远。沙漠行车选择高处的线路可以更全面地、更合理地根据地形规划车辆行进线路。老司机的忠告"行车线路清，走高不走低"。

（5）一旦发现轮胎开始打滑要立刻松油门，不要试图靠踩油门冲过去。猛踩油门只能让轮胎空转越陷越深，并且轮胎过度空转还可能烧毁差速器。停好车后可以尝试倒车，如果倒车也打滑就赶紧拿来铁锹、沙板脱困吧！

（6）行驶过程中不要轻易停车，就算停车也不要踩刹车，让车子自然停下来。因为如果踩刹车会在轮胎前推起一堆沙子，重新起步会很艰难。

3. 冰雪路面驾驶技巧

（1）控制行车速度。冰雪路面比较湿滑，轮胎与地面的摩擦力会变小，从而使车子更容易出现打滑的问题。所以雪天开车或通过结冰路面时，要缓慢行驶，不随意超车，轻点油门，轻点刹车，慢打方向，任何大的动作或不妥操作都可能带来危险。另外在冰雪路面上，在同等车速下汽车的刹车距离会变长，这时候控制行车速度，加大与前车之间的距离，才能保证有足够的刹车距离，避免出现追尾现象。

（2）匀速保持直线行驶。在冰雪路面行车的时候，要注意集中注意力，提高警惕。行驶过程中最好能保持车辆匀速直线行驶，冰雪天气，驾驶员转方向盘要缓，油门及制动的力度都要轻柔，切忌动作幅度过大过猛。冰雪天气下，因为阴阳面不同，阳光照射强度不同，同一路段也会出现湿滑程度不一样的情况。当拐入一段背阴面的道路时，要注意减速缓行，以免出现不期而遇的冰面。

（3）刹车技巧。在冰雪路面上，刹车距离会成倍地增长，我们要尽量把制动距离增加到平时的3~4倍，提前判断，尽量早踩，但不要一脚踩死，因为抱死的轮胎更容易滑动！现在很多车型都配置了ABS防抱死系统，这在很大程度上可以保证冰雪路面的行车安全。

（4）降挡制动。当出现意外情况的时候，人们会下意识地赶快制动，以避免碰撞事故的发生。但是，如果是在冰雪路面上，紧急制动反而容易出现问题，产生侧滑，车辆的方向无法控制。在冰雪路面上制动，包括下坡都尽可能采用降低挡位来控制车速，用低挡位让轮胎转速降下来。对于自动挡的车辆，驾驶员可以强制把挡位从D挡降到2挡或是1挡。

（5）弯道坡道行驶必须提前减速。冰雪天气的时候，弯道和坡道是最容易出现汽车控制不良情况的路段。车主们在过弯的时候要提前减速慢行，同时慢打方向盘，这样才不容易出现侧滑的现象。上坡时应尽量保持低挡位并且避免换挡，下坡时应避免空挡滑行，还要注意不要踩死刹车，可以降低挡位利用发动机制动来辅助降低车速。

4. 常规故障处理

（1）换胎。准备工作，选择水平路面停车，同时开启危险警报灯，把车辆停好后拉起手刹。当确认安全后，在车尾左后方100米摆好三角警示牌。拆轮胎，将千斤顶置于车身下的钢梁处，并将千斤顶起重爪对准车身下方支撑点。最好把备胎先置于千斤顶盘车辆底盘下，防止千斤顶突然垮塌导致车辆下沉对刹车盘的伤害。然后摇动千斤顶将车身顶起，最后用扳手依次卸下需要更换的轮胎螺栓，并卸下车轮。安装轮胎，将备胎对准车轴和螺孔，把轮胎螺栓初步拧紧。最后将千斤顶放下，采用对角线的顺序将每个螺栓都拧紧即可。

（2）添加雨刮器水。在行驶过程中会不停地消耗雨刮器的水，雨刮器水是可以用自来水、矿泉水来代替的。在"三区三州"的沿途没有那么多的维修补给的情况下，可以用矿泉水来为雨刮器加注。

（3）高原行车全车仪表盘报警灯亮怎么处理？一般这属于正常的高原反应，多出现在日系和国产老款车型中，出现这种情况先停靠直道路边熄火，检查车辆是否有漏油或其他异样，如都没有可上车打火，尝试给油，听发动机声音是否跟平时一样，如未出现异样可驾驶汽车前行，再尝试给油判断动力是否跟平时一样。在汽车适应了高原以后，全车报警灯会自然熄灭。

△ 玉树可可西里

高原注意事项

1. 如果你从未进过高原，在进入高原之前，一定要进行严格的体格检查，如发现心、肺、脑、肝、肾的病变，或有严重贫血、高血压，请勿盲目进入高原。如果你只患有一般疾病，必须预先采取必要的预防措施，如随身携带氧气等。

2. 进入高原前尽量不要感冒，放松心态，不要心里紧张惧怕高原反应。准备一双舒适的防水运动鞋或休闲鞋。

3. 初入高原第一天不建议洗澡、洗头，不建议饮含酒精类饮料。当晚睡眠可能不会很好，建议靠在床上盖好被子睡觉，比躺下睡得更舒服。

4. 进入高原第二天还是不建议洗澡、洗头，不建议饮含酒精类饮料，建议用热帕子擦拭身体。

5. 第三天出行前可以洗头但是一定要把头发吹干才能出门，当天已初步适应高原、建议多次喝水，每次少量饮用，晨起后不建议饮用牛奶。

6. 切忌剧烈运动，高原地区温差较大应及时添加衣物防止感冒，如有感冒请立即停止前往高原，治好感冒后再前往高原，否则可能会出现肺水肿等高原病。

7. 高原风光好，但是日照强烈，空气干燥，昼夜温差大，所以要带上遮阳帽、墨镜、防晒衣、单衣、冲锋衣外套、唇膏、面霜。防止干燥，特别是防晒用的唇膏、防晒霜等，每天坚持用，可以有效防止水分的流失，可以增加身体的抵抗力。

8. 携带一些感冒药、止泻药等家居常备药品，以备不时之需，还要带一些预防高原反应的药物：红景天、肌肝片、葡萄糖，高原安等，进山前二天开始服用，路上也坚持服用，可以有效防止高原反应。

民族禁忌

藏族禁忌

忌吃驴肉、马肉和狗肉，有些地方也不吃鱼肉、飞禽等。忌讳在寺庙内吸烟、摸佛像、翻经书、敲钟鼓；对于喇嘛随身佩带的护身符、念珠等宗教器物，不得动手抚摸；不许在寺院附近砍伐树木，不得大声喧哗，也不准在寺院附近的水域捕鱼、钓鱼。遇到寺院，嘛呢堆、佛塔等宗教设施，须由左至右绕行。不得跨越法器、火盆，忌逆转经筒、经轮。忌讳别人以手触摸其头。不得在别人面前随便吐痰、脱鞋、脱袜或烘烤鞋袜、裤子；忌用单手接、递物品。

回族禁忌

饮食以米面为主，吃牛、羊、鸡、鱼肉等。逢年过节炸"油香""撒子"等食品。禁忌在饮食方面比较突出，主要讲究清真，禁止食用猪、马、驴、骡、狗、猫、鼠、鹰、乌鸦、蛇等动物。回民还禁止以食物作比喻。

维吾尔族禁忌

忌食猪、狗、驴、骡之肉和自死的禽畜肉及动物血，在南疆地区还忌食马肉和鸽子肉。进餐时，不能随便到锅灶前，忌用鼻子闻或用手乱摸乱抓食物，最忌讳打哈欠、挖鼻孔、吐痰。做客时不要拒绝主人提供的茶水和食品。

彝族禁忌

忌在家中吹口哨和大声喧闹。在彝族人家做客，忌讳以脚踢踏或跨越火塘，不许手摸火塘三角架。男人最忌他人触摸自己头上的蓄发，认为这是不可宽恕的行为。有的地方不食马、驴、骡肉。

羌族禁忌

有人生病时，在门上挂红纸条，忌外人来访。不得跨越火塘或用脚碰三脚架，不许在三脚架上烘烤鞋袜衣物。不准坐门槛和楼梯。饭后不能把筷子横放在碗上，不得倒扣酒杯。

傈僳族禁忌

不得蹬踏或移动火塘上的三脚架，也不能往上吐唾沫，不许伤害蜘蛛，传说是蜘蛛教会人们织布。出远门的人必须在年前赶回家里。丧事期间，死者的亲友和同村人都忌吃辣椒，否则会被认为不尊敬死者。

编撰人员：刘汉奇　洪清华　宋　磊　王小松
　　　　　易　辉　夏　晗　朱　强　张　欣
　　　　　李冠杰　李　明　熊佳荔　陆玉敏
　　　　　张金龙　乔秀锋　高　璐　潘明翔
　　　　　罗艳明

支持单位：景域驴妈妈集团
　　　　　中国旅游车船协会自驾游与露营房车分会